以农业现代化与新型城镇化协同发展为目标导向的现代农业规划研究

杜 楠 辛 桐 毛翔飞 著

科 学 出 版 社
北 京

内 容 简 介

本书在全面实施乡村振兴战略背景下，以我国农业现代化和新型城镇化（以下简称“两化”）的发展和相互关系作为切入点，对“两化”发展的内在关系、历史变迁、二者相互关系的演进过程及二者协调发展等方面做了梳理和研究。着重分析我国“两化”发展的相互影响，测算“两化”相互发展的协调度。基于上述研究提出了以“两化”协调发展为背景的现代农业规划方法。筛选了近年主持和参与的现代农业规划案例——河北省现代农业发展“十三五”规划及大理州“十三五”高原特色农业现代化发展规划，以这两个极具代表性的现代农业规划为例，深入探讨以农业现代化与新型城镇化协同发展为目标导向的现代农业规划研究，为全面实施乡村振兴战略献计献策。

本书适合从事农业经济管理、农林经济管理、农业规划等相关科研机构的专业研究人员和高等院校有关专业的师生阅读。

图书在版编目（CIP）数据

以农业现代化与新型城镇化协同发展为目标导向的现代农业规划研究/杜楠，辛桐，毛翔飞著. —北京：科学出版社，2022.2

ISBN 978-7-03-067455-5

Ⅰ. ①以… Ⅱ. ①杜… ②辛… ③毛… Ⅲ. ①现代农业-农业发展规划-研究-中国 Ⅳ. ①F322

中国版本图书馆CIP数据核字（2020）第256449号

责任编辑：辛 桐／责任校对：马英菊

责任印制：吕春珉／封面设计：东方人华平面设计部

科学出版社 出版

北京东黄城根北街16号

邮政编码：100717

http://www.sciencep.com

北京中科印刷有限公司 印刷

科学出版社发行 各地新华书店经销

*

2022年2月第 一 版 开本：787×1092 1/16

2022年2月第一次印刷 印张：13

字数：320 000

定价：98.00元

（如有印装质量问题，我社负责调换〈中科〉）

销售部电话 010-62136230 编辑部电话 010-62135397-2025

编 委 会

主　　著　杜　楠　辛　桐　毛翔飞

著作人员　付海英　朱晓禧　童　俊　张忠明　张高振

徐　鑫　井　梅　管小冬　李　堃　常瑞甫

肖运来　杨爱全　王能波　刘晓飞

前　言

农业是国民经济发展的基础，根据我国的大国特征、资源禀赋、发展水平及未来发展趋势，我国农业的发展始终要围绕国家的粮食安全与提升农民生活水平这一永恒主题。如果我国的农业不能为国家提供粮食保障，那么我国发展的稳定性势必会受到威胁；如果我国的农民不能通过增收来改善生活质量，那么农村的现代化进程必然会受到影响，城乡协调的发展局面便难以形成，中国发展的可持续性和全面建成小康社会的进程就要受到挑战。

城镇化是人类文明进步和经济社会发展的重要历史过程，是近现代以来推动人类社会前进的引擎，也是我国经济社会发展的重大主题之一。目前很多学者把城镇化看作新中国成立后中国最大的变化特征以及中国现代化的必由之路。中国的城镇化及与此主题有关的重大理论与实践问题将在未来很长的一段时间内成为影响中华民族伟大复兴、影响全面建成小康社会目标顺利实现的重大战略性问题。

本书从全面实施乡村振兴战略背景下，我国在现代化进程中农业现代化和新型城镇化（简称“两化”）发展的阶段和相互关系入手，从我国“两化”发展的内在关系、历史变迁、二者相互关系的演进过程及二者协调发展等几个方面做了梳理和研究。着重分析我国“两化”发展的相互影响，测算“两化”内部因子及二者之间相互发展的协调度。基于上述研究提出了以“两化”协调发展为背景的农业规划方法，详细总结了农业规划的基本程序、规划任务的确定、规划前期准备工作、起草阶段工作及征求意见和审批报备工作。通过筛选，整理出了近年主持和参与的现代农业规划——河北省现代农业发展“十三五”规划及大理州“十三五”高原特色农业现代化发展规划（河北是我国的“大粮仓”，大理州是极具高原特色的现代农业，一北一南，一省级一市域，一平原一高原），以这两个极具代表性的现代农业规划为例，深入探讨以农业现代化与新型城镇化协同发展为目标导向的现代农业规划研究，为全面实施乡村振兴战略献计献策。

由于水平有限，书中难免有不妥之处，敬请广大读者予以指正。

著　者
2020年11月

目 录

第1章 绪 论

1.1 研究背景

在中国社会经济发展进程中，工业化、城镇化和农业现代化的发展表现出一定的优先程度和相互关系，这些发展方式和模式的选择导致中国现代化进程中出现工农关系不平衡、城乡关系不协调等问题。新中国成立初期，政府在计划经济体制下调动有限的资源优先投入城市建设、保障城市人口的消费，因此总的来说，改革开放以前我国社会经济的发展政策带有强烈的“城市偏好”的倾向。

改革开放四十多年来，党中央始终把解决好农业、农村、农民（以下简称“三农”）问题作为全党工作的重中之重，实施了一系列前所未有的强农、惠农政策，我国城乡面貌发生了翻天覆地的变化。2010年10月党的十七届五中全会明确提出了“十二五”时期“在工业化、城镇化深入发展中同步推进农业现代化”的重大任务。随后党的十八大报告提出：“坚持走中国特色新型工业化、信息化、城镇化、农业现代化道路，推动信息化和工业化深度融合、工业化和城镇化良性互动、城镇化和农业现代化相互协调，促进工业化、信息化、城镇化、农业现代化同步发展。”这“四化”的协调发展是我国新一轮改革的内在要求。在这“四化”之中，随着工业化、信息化的持续推进，我国的农业现代化和新型城镇化（以下简称“两化”）发展处于最关键的时期。十九大报告强调中国特色社会主义进入了新时代，我们踏上了全面建设社会主义现代化国家的新征程。习近平总书记在会议上强调，“三农”问题作为事关民生发展、国家和谐稳定的根本性问题，必须始终贯彻其重中之重的重要地位，坚持农业农村优先发展，实现农业农村现代化，促进乡村振兴。十九届五中全会提出，优先发展农业农村，全面推进乡村振兴。坚持把解决好“三农”问题作为全党工作重中之重，走中国特色社会主义乡村振兴道路，全面实施乡村振兴战略，强化以工补农、以城带乡，推动形成工农互促、城乡互补、协调发展、共同繁荣的新型工农城乡关系，加快农业农村现代化。要保障国家粮食安全，提高农业质量效益和竞争力，实施乡村建设行动，深化农村改革，实现巩固拓展脱贫攻坚成果同乡村振兴有效衔接。

但同时，当前和今后一个时期，我国发展仍然处于重要战略机遇期。我国发展不平衡、不充分的问题仍然突出，农业基础还不稳定，城乡区域发展和收入分配差距较大，生态环保任重道远，主要表现在以下几点。

1.“两化”发展迅速，成就巨大，矛盾突出

我国是一个农业大国，农业是国民经济的基础，也是社会稳定的重要保障，农业的发展状况直接关系到国计民生。近年来，我国政府高度重视农业的发展，每年的中央一号文件都对农业的发展提出新的优惠政策和鼓励措施。尤其进入21世纪以来的这二十多年，是我国农业农村发展最快、农民得实惠最多的时期。从1978年到2018年，中国粮食产量从6000多亿斤增加到13 158亿斤[①]。农民人均纯收入连续8年较快增长，从2003年的2622元提高到2018年的14 600元，城乡居民的收入差距在缩小。但同时也要清楚地认识到，农业发展还存在一些困难。①农业生产成本高，价格低，比较效益差。包括劳动力、土地、资金等要素流动呈现单向性，农业科技含量不高，劳动生产率低，制约农业现代化健康发展；全球性供给过剩与我国粮食高库存所造成的主要农产品价格在低位徘徊等现象。②在近年农副产品需求旺盛的背景下，我国粮、棉、油、糖、肉、奶等主要农产品的进口数量在逐步增加，国际竞争日益激烈，低资源利用率、低竞争力和高风险的“小农经济”的弊端日渐显露。③立体式农业污染严重，农产品安全受到威胁。我国农业在飞速发展的同时，由其自身造成的污染也日趋严重，农药、化肥、地膜、饲料添加剂等不合理的使用，极大地制约了我国农业的可持续发展。④城乡发展差距较大，2018年我国农民人均纯收入14 600元，城镇居民人均可支配收入39 251元，是前者的2.7倍。

我国城乡面貌发生了翻天覆地的变化，其中城乡之间人口分布的变化更是令人惊叹。1978～2018年，城镇常住人口从1.7亿增加到8.3亿。如此持续、快速、大规模的常住人口城镇化进程同样带来了一系列问题。例如，常住人口增加，但其中绝大多数是没有融入所在城市的农民工，人口城镇化明显滞后；城镇化发展不均衡、空间布局和规模结构不合理，东部、中部地区发展较快，西部地区发展缓慢，呈东高西低的发展态势，城市和城市之间、城市和城镇之间的体系和功能不够明确；城镇化发展方式粗放，损耗大量资源能源，耕地占用过多、水资源短缺、环境污染；等等。

2．我国需要发掘新的增长空间，全面建成小康社会

在传统工业化拉动经济增长能量释放殆尽的情况下，城镇化是我国内需最大的潜力所在，是经济结构调整的重要依托。2018年我国城镇化率达到59.58%，根据国际经验，城镇化率在30%～70%这一区间是城镇化的快速发展阶段。在此阶段，城镇化可以有效拉动公用事业、服务业、建筑、交通、医疗保健、娱乐文体以及节能环保、新能源等产业升级和发展。由于我国人口基数大，若今后每年城镇化率只提高过去30

① 1斤=500克。

多年城镇化率平均增长率的一半，即半个百分点，则有近 700 万人口将由农村转移到城镇。

十九届五中全会高度评价了“十三五”时期决胜全面建成小康社会的决定性成就。党的十九大对实现第二个百年奋斗目标做出分两个阶段推进的战略安排，即到 2035 年基本实现社会主义现代化。展望 2035 年，我国经济实力、科技实力、综合国力将大幅跃升，经济总量和城乡居民人均收入将迈上新的台阶，关键核心技术实现重大突破，进入创新型国家前列，基本实现新型工业化、信息化、城镇化、农业现代化，建成现代化经济体系。十九届五中全会还提出了优先发展农业农村，全面推进乡村振兴。没有农业、农村、农民的现代化，也就谈不上全国的现代化，全面建成小康社会，重点和难点在农业、农村和农民。计划经济时期，靠工农业产品的价格“剪刀差”来支持发展工业和城市；改革开放后，以农村释放的大量廉价劳动力来加快获得国际制造中心地位；进入新世纪后，又以农村提供的低价土地来快速推进城镇化。我国工业化、城镇化进程中从农业、农民和农村获得的“红利”是巨大的。在新的发展阶段，强化以工补农、以城带乡，推动形成农工互促、城乡互补、协调发展、共同繁荣的新型工农城乡关系，加快农业农村现代化。

3．要规避风险，跨越“中等收入陷阱”

国际经验表明，人均 GDP 在 3000～10 000 美元的阶段，既是中等收入国家向中等发达国家迈进的机遇期，又是矛盾增多、爬坡过坎的敏感期。纵观全球各经济体的发展历程，很多国家和地区在人均 GDP 进入“中等收入陷阱”这一阶段之后，往往开始进入经济社会风险高发、矛盾集中爆发的时期，面临着“中等收入”的困扰。据世界银行统计，2018 年我国人均国民收入 9470 美元，已进入中上等收入国家行列，这一阶段面临的重大而又迫切的一项任务，就是实现增长机制和发展模式的深度转型，从而规避这一发展阶段可能出现的经济增长波动甚至陷入停滞，顺利跨越“中等收入陷阱”。我国作为一个人口众多的发展中国家，工业化和城镇化已进入加速推进时期，要注意借鉴国际经验，吸取相关教训，要高度重视城镇化与农业现代化协调发展。

1.2 研究综述

西方国家由于工业文明发生较早，产生了城市规模的扩大和人口的集聚，因此，国外学者对城镇化与农业现代化的研究起步较早，并取得了丰富的研究成果。国内学者对城镇化与农业现代化的研究相对国外较晚，但进展较快，研究内容和领域也逐步拓展，取得了一系列的研究成果。下面对国内外学者在农业现代化和城镇化方面的研究现状及发展动态进行梳理和总结。

1.2.1 农业现代化和新型城镇化的内涵

1．农业现代化（agriculture modernization）的内涵

关于农业现代化的内涵，学者们从不同角度对其进行分类和定义。早期有国外学者将发展中国家的农业生产变革分为三个阶段：第一阶段是农业生产力水平较低的阶段，此时农业生产的目的只是生产生活必需品来维持生存需要；第二阶段是农业生产向混合多种经营转变的阶段，随着需求多样化和市场的出现，农业生产不再只是满足自给自足的生产需求；第三阶段是农业生产力达到较高水平的阶段，此时的农业转变成为产品市场服务、满足多种需求的专业化农业（Todaro，1977）。20 世纪 90 年代，有学者提出了农业现代化是改造传统农业的过程，将农业划分为三类，分别是传统农业、现代农业和处于传统农业和现代农业之间的过渡农业，并提出改造传统农业的方法和途径，包括采取市场方式调动农民生产积极性、投入现代化生产要素打破传统农业的封闭体系、进行人力资本积累和投资提高农民自身素质等。到了 21 世纪初李斯特提出了农业现代化是农业生产专业化的过程，其中包括农业向农业和制造业或者农业、制造业和商业并存的经济结构转变。

早期，有学者从经济学资源配置的角度研究认为，农业现代化是通过有效配置资源来提高土地产出率、劳动生产率和资源利用率，是体制系统、生产力系统和流通系统三大系统有机结合的统一体（蒋伏心，1995）。也有学者认为农业现代化包括农业社会化（农业专业化和农业商品化）、农业经营管理现代化、农业技术手段现代化和农业调控现代化等方面（窦祥胜，2000）。温铁军（2000）将以往作为经济学外生变量的制度因素纳入研究范围，从技术创新和制度创新对农业领域技术进步和制度变革的影响探讨农业现代化进程。同时，他认为农业现代化是农业生产技术现代化的过程，同时也是农村一系列基本制度现代化的过程，而且这些从传统向现代化转变的制度，是农业现代化的前提。

近些年，国内学者更多地从“三农”政策的调整与创新方面进行深入研究（安佳，2019）；也有学者以马克思主义基本理论为基础，借鉴西方发达国家经验，结合运用多方面方法，分析我国农业现代化存在的问题并提出了相关的政策建议（迟清涛，2015）；陈江涛等（2018）确定了评价指标体系，运用熵权法对我国部分省份的农业现代化发展水平进行定量评价，得到了农业现代化水平空间分布状况，进行了相关分析，并从多方面提出了我国农业发展政策建议。

国内外学者从农业生产条件、农业资本投入、农业从业者素质、农业科技水平、农业资源配置、农业经营管理方式和农业农村制度等多方面对农业现代化进行了研究探讨，归纳来说，农业现代化是传统农业向现代农业转变的过程，其中伴随着生产力水平、生产技术条件、生产者素质、生产管理经验方式等多方面因素的不断变化提高，

是一个动态发展变化的过程。同时，不同国家的农业现代化过程存在差异，发展中国家在农业现代化过程中除了借鉴发达国家的经验，还需要考虑国家自身的特色和特定情况。

2．城镇化（urbanization）的内涵

urbanization在英文中既有城市化、都市化的意思，也可以翻译成城镇化。国外文献一般解释为“城市化”。我国处于社会主义初级阶段，在发展纲要中使用的是“城镇化”的概念。本书研究一般意义上的城镇化，故不对“城市化”和“城镇化”两种理解的差异进行辨析。城镇化出现在工业化之后，在工业化发展进程中带来的劳动力迁移和人口集聚不可避免地出现了城镇化这样的发展趋势。但在研究城市化的过程中开始重视城市和农村之间的联系和协调发展问题。

16世纪，重农主义学者鲍泰罗通过对当时意大利难以持续发展城市规模的研究提出，城市要想扩大的根基是农产品必须有剩余，这一论断为后来研究城镇化的学者提供了重要的参考，自此，开启了国外学者对城镇化方面的研究。

著名经济学家亚当·斯密曾提出了“绝对利益说”，开启了城市发展进程中地域分工理论的先河，从比较效益的角度对城市和农村关系进行了系统的研究，对引起城市和农村之间流动的原因和导致的结果进行了分析，由于工业化生产的比较效益较高，农村人口就会流向城市，导致农村经济的衰落（斯密，2002）。西班牙工程师赛达在《城市化基本理论》一书中首次使用了城市化概念，这标志着城市化理论研究有了一个新的开始。霍华德（2000）发表的《明日的田园城市》一文对后世城市化发展理论研究的影响很大，并指出在工业化条件下实现城市和农村结合的发展道路，从城市规划的角度强调城市和农村协调发展的重要性。

第二次工业革命以后西方国家出现了乡村不断城镇化的普遍事实，而且在此过程中也出现了种种弊病，如城市过于集中和盲目扩大而产生的种种问题，因此，学者们开始探索科学的乡村城镇化规律。刘易斯（1954）提出了著名的二元经济论，认为通过城镇的扩大和工业的发展能够不断吸收农村剩余劳动力，最终实现工业与农业的平衡，并从二元经济转变为一元经济，但是该理论假设城市已经实现了充分就业，明显与发展中国家的国情不符。针对刘易斯模型中忽视农业部门贡献的不足，部分学者对其进行了修正和发展，认为重视农业和农村的发展，才能最终实现经济的持续发展（Harris，1970）。

20世纪80年代以后，国外学者逐步将城镇化研究视角转移到了亚洲地区，雷诺（1981）通过对20世纪60～70年代东亚地区城市发展状况的研究发现，这一地区城市规模扩张较快，尤以韩国最为典型。此时的中国由于国家政策对人口迁移的严格规定，导致城市的发展受到限制。有学者通过对中国改革开放以来城镇化的研究发现，由于发展的不平衡，导致我国城乡居民收入差距不断拉大，因此，出现了大量的乡村人口向城市迁移，东南沿海城市规模的快速扩张最为典型，利用实证方法最后得出城镇化的发展战

略不能够带动经济增长（Bloom et al.，2008）。由此可见，关于城镇化的早期研究，不同的学者从各自的角度进行了不同的分析，研究结果也不尽相同。

综合来说，城镇化是随着第二、第三产业在城镇集聚过程中，农村人口不断向非农产业和城镇转移，使非农产业产值增大、城镇数量增加、规模扩大，农村生产生活方式不断向城镇生产生活方式转变，城镇物质文明和精神文明向农村普及的经济、社会发展过程。党的十六大提出“走中国特色的城镇化道路”的概念，也就是后来的“新型城镇化”。所谓“新型城镇化”，是以新型工业化为动力，以统筹兼顾为原则，推动城市现代化、城市集群化、城市生态化、农村城镇化，全面提升城镇化质量和水平，走科学发展、集约高效、功能完善、环境友好、社会和谐、个性鲜明、城乡一体、大中小城市和小城镇协调发展的城镇化道路。新型城镇化要求不断提升城镇质量内涵，更强调内在质量，由偏重数量规模增加向注重质量内涵提升转变。

3．农业现代化和城镇化的相互关系研究

（1）农业现代化与城镇化协调发展必要性研究

1972 年，亚当·斯密在其《国富论》一书中初步展现了工农业二元经济思想，探讨了城市和乡村之间的互动发展关系。19 世纪 40～50 年代，针对西欧一些国家城乡发展差距的现实，他提出了在社会发展过程中，城市与乡村之间的关系必然要经历三个辩证发展的阶段：第一阶段，城市开始出现，乡村在整个人类社会系统中仍然占据主导地位；第二阶段，伴随着工业文明的进步，城市化进程逐步加速，城市规模和数量迅速增加，在经济、社会、文化等方面城市与乡村的差异不断拉大，城乡分割、城乡对立等现象开始出现；第三阶段，随着城市化和工业化的进一步深入，城市与乡村之间的依存度不断加强，城市与乡村逐步走向融合，而且实践也证明了城市和乡村能够共同发展。霍华德（2000）提出了“田园城市”理论，最早探讨了统筹空间发展的城乡一体化建设。对于城乡之间的关系，刘易斯、芒福德通过分散权力的方式新设许多“城市中心”，这样可以避免特大城市的种种困扰，最终可以享受霍华德所提出的“田园城市”。岸根卓郎（1990）根据日本特殊的城乡关系和工农业发展面临的问题，提出了“城乡融合设计”概念。

在二元经济模型框架下，有学者认为农业的发展除了为工业提供源源不断的劳动力外，还为工业发展提供大量的农业剩余，因此，主张农业是有发展潜力的（Ranis et al.，1969），应该支持发展农业以及农村的工业以缓解城市就业压力（Todaro，1969）。可见，城镇化和农业现代化要想协调发展，既不能单方面偏向城镇化，也不能独立发展农业现代化，必须实现两者的协调发展。

（2）农业现代化与城镇化之间关系的实证研究

进入 20 世纪，一些学者针对农业现代化与新型城镇化之间的实证研究做了很多工作（金虎斌，2012；周占强，2012；蔡键等，2012；徐大伟等，2012）。例如，在时间序列数据的基础上构建VAR模型，对我国或某一区域的“两化”进行实证分析（马远，2010）。也有通过实证研究表明，农业现代化与城镇化呈反向变动趋势，农业现代化是城镇化的格兰杰原因，城镇化不是农业现代化的格兰杰原因，两者之间存在长期协整关系，长期均衡对农业现代化水平调整的幅度较小（王见，2011）。此外，基于时间序列数据的基础上构建VAR模型静态地分析城镇化与农业化的互动关系（王喜明，2007；刘玉，2007；柯福艳，2011），结果均表明，城镇化与农业现代化是互动互利、共生共荣的密切关系。

近年来，开始出现了部分学者研究我国“三化”或“两化”的协调度的测量（史静静，2019；宋瑾泽，2020）。对我国某一区域农业现代化与新型城镇化的协调度研究也开始出现，如闻忠旗（2020）、宋瑾泽（2020）和张宇婷（2019）分别通过构建农业现代化与新型城镇化内涵的指标体系，对安徽省、吉林省和山东省农业现代化和新型城镇化的协调发展程度进行测度。

（3）农业现代化与新型城镇化协调发展的影响因素研究

“两化”之间协调发展必然受到多种因素的共同作用，目前，学者的研究多数是从农业现代化与新型城镇化之间协调发展的机理对其影响因素进行定性分析，如技术进步、结构转变和制度变迁。同时，政府的主导作用也逐步增强，适度加快土地流转制度改革也会促进农业现代化与新型城镇化之间协调发展（王梦丹，2019），利用定量分析方法对农业现代化与新型城镇化之间协调发展的影响因素进行实证分析的研究成果较少。也有基于全国各省份的面板数据，利用耦合协调度对影响我国城镇化与农业现代化之间协调发展程度进行了实证分析，最后提出了基础教育水平、优化产业结构以及加大对经费的投入均可以提高“两化”之间的耦合协调度，而对农村金融支持力度的加大和提高经济发展水平对提高“两化”之间的耦合协调度并不显著（王莉叶，2020）。关于城镇化与农业现代化协调发展的影响因素的研究并不多见，且以定性分析为主，仅有的定量分析也只是以全国为研究视角，无论是理论触及的深度，还是研究纵横的广度，都有待进一步拓展。

（4）农业现代化与新型城镇化协调发展的空间差异研究

部分学者通过对我国不同地区的资源禀赋以及经济发展差异展开研究，得到了一些探讨我国不同区域农业现代化与新型城镇化相互关系的研究成果，如吴振明（2012）通过对我国西部地区农业现代化与新型城镇化之间的关系进行实证研究后认为，西部地区农业现代化与新型城镇化之间总体协调发展水平仍然较低，从空间差异来看，贵州、甘肃、西藏、青海等地区的经济发展水平较低，但协调度相对较高；而内蒙古、四川、云南、广西、重庆等地区的经济发展水平相对较高，但这些地区协调度相对较低。

1.2.2 城镇化进程中农业现代化发展面临的主要问题

增加农民收入和促进农村剩余劳动力转移是新型城镇化和农业现代化发展所要解决的核心问题，城乡二元结构、土地制度和金融制度等制度性障碍是制约二者发展的根源，学者们围绕这三大问题展开了大量研究（张俊彪，2019）。

1．农民市民化研究

从以人为核心的角度来看，城乡二元结构问题在一定程度上表现为农民市民化，农民市民化对现代农业的发展、城镇化进程以及农民收入的提高都起着非常重要的作用。农民市民化是推进工业化、城镇化进程的客观要求和核心本质，也是实现农村剩余劳动力转移的有效途径，有利于提升劳动生产率，有利于集约利用土地资源，有利于土地资源的优化配置及可持续利用，促进土地资源优势转化为农业经济效益优势，从而为现代农业的发展奠定基础。

根据主体是否发生转移，农民可以通过两条路径转化为市民，即异地转型和就地转型：异地转型是指“通过跨区域流动，进入城市务工，以产业工人的身份在城市安家落户，实现思想意识、生产与生活方式向城市居民的本质转化”；而就地转型则是指“在自然村落逐步向城镇聚合或转变的过程中，在区域内以各类企业职工的身份在家乡过上市民生活”。然而，一些制约性因素与障碍的存在，使得农民市民化过程受阻，主要是由于主体性和制度性制约因素与障碍的存在。其中，主体性制约因素主要体现在：①陈旧的农民观念和“小农意识”；②文化素质、技能素质、能力素质等人力资本水平不高；③城市文化的排斥，对城市生活的认同感和归属感的缺乏。制度性制约因素中，最主要的是城乡分割的户籍制度，与户籍制度相关的还有就业制度、教育制度和社会保障制度，另外，土地制度在农民市民化过程中也表现出消极的影响（梁亚楠，2020）。

针对以上这些问题，学者们纷纷从推动观念革新、推进相关制度和政策的创新、加强对农民的教育以提高人力资本水平、推进农业产业化经营和发展现代农业等方面提出了相关政策建议（荆扬，2019）。

2．土地流转问题研究

农村土地产权制度是农村经济制度的核心制度。自十届三中全会以来，我国逐渐形成了家庭联产承包责任制，这一制度极大地激发了农民的生产热情，促进了农村社会的发展。在家庭联产承包责任制下，农业生产用地碎化、分割限制了农业规模化、产业化发展，阻碍了农业生产效率的提高，已不适应我国城镇化和现代农业的发展要求。因此，亟须进行农业经营机制的改革创新，土地流转问题也就不可避免地成为其中的重要组成部分。

通过国外学者对农村土地流转问题的研究，我们可以发现，交易成本、劳动力状况、财富数量、产权制度等是影响农村土地产权资本化流转的主要因素。土地在市场自由交易可能会导致市场失灵，因此，政府必须对土地流转市场进行必要干预。只有当土地产权具有了商品化的属性后，土地产权才可以通过市场机制来配置和交易。国外土地产权制度与我国不同，但是国外学者对土地资本化流转的市场机制、影响因素研究对于我们开展相关工作还是有着重要参考价值的。

国内学者对土地流转的研究大致可分为成因、作用和阻碍因素三类，且大多都试图提出能够促进土地流转的政策性建议。关于农村土地流转的成因，学者们普遍认为，家庭联产承包责任制的内在缺陷是土地资本化流转内在动因，宏观经济发展促使农村劳动力转入二、三产业，使农村土地闲置、撂荒浪费严重是促进土地流转的外在动力，工业、农业之间的比较利益是农村土地加速流转深层次经济动因（钟真，2020）。刘启明（2002）认为，农村土地流转对优化土地资源配置，加速农业集约化、规模化经营起着重要作用，为农业产业发展，尤其是现代农业发展提供了空间。钱忠好（2008）认为现行的土地承包经营权、宅基地产权不明晰，缺乏安全性、排他性、可转让性，而土地的承包经营权责权利不对称，使土地产权转让受到限制。在我国农村缺乏土地流转中介服务组织，受到信息、文化水平和非农就业机会的制约，农民进行土地流转的范围狭小，流转期限短，流转规模小。在农村土地流转市场中，土地的供给明显小于土地的需求（韩旭东 等，2020）。

3．农村金融服务研究

在农村金融理论方面，很多国内学者对农村金融问题展开了广泛研究，积累了大量文献，在一定程度上推动了我国农村金融体制的改革和发展。国内对农村金融的研究有如下几个方面。

第一，农村金融对城镇化进程的促进作用研究。大多数学者认为城镇化与农村金融发展之间存在明显的正相关，但在两者因果关系上，不同的学者的看法不同。朱伟真（2020）的实证分析表明城镇化与农村金融之间相互促进、相互影响，金融中介的发展在加速我国城镇化的同时，又受益于城镇化水平提高带来的利好。

第二，农村金融对农村经济发展的推动作用研究。有关农村金融对农村经济发展的推动作用的研究成果较丰富（黄鸿星，2020），且大多采用了较先进的技术方法，如运用线性分析法、帕加诺模型以及其他实证方法等。不论采用何种方法，学者们得出的结论基本一致，认为农村金融发展对农村经济增长的带动作用是显著的。这一促进作用呈放大趋势，论证了金融机构效率所带来的经济促进作用在发达地区更为显著，而增加投资所带来的经济促进作用在欠发达地区更大。

第三，农村金融发展存在的问题研究。分析并解决农村金融发展存在的问题是推动农村金融发展的重要步骤，国内许多学者对此进行了广泛研究，分别从农村金融体系、农村金融体制、农村金融资源配置、农村金融抑制等层面研究了农村金融发展问题。吴亚辉（2019）认为，现有的农村金融体系存在着不完善、功能弱化、服务体系适应性差等问题，使得发展水平低下的农村金融并未对经济发展提供足够的助推和保障作用，甚至成为农村经济发展的障碍，严重阻碍了我国“三农”问题的解决和农村经济的发展。有学者认为现有的农村金融体制十分落后（郭连强，2020；高耿子，2020），不仅与农村发展之间不匹配，并且已经成为农村经济发展的重要障碍。

第四，农村金融发展政策建议研究。学者们针对农村金融中存在的问题提出了许多观点，分别从农村金融体系改革、农村金融机构改革、农村金融组织形式、农村金融创新等方面进行了阐述，为我国城镇化进程中农村金融发展与改革提供了理论方面的借鉴（桑军帅，2020；舒凯彤，2019）。

第 2 章　“两化”协调发展的理论研究

2.1　现代化进程中“两化”发展的内在关系

农业现代化为新型城镇化发展创造了基础条件。①农业现代化为新型城镇化发展提供了剩余产品。农业生产向现代化发展的过程中，随着农业劳动生产率的提高，农业产出大幅增加。农业剩余产品的出现带动了社会分工的发展，促使除农业外工业、服务业的出现和发展。农业剩余产品通过市场交易变成资金，支持新型城镇化发展。②农业现代化为新型城镇化发展提供了要素供给，促进了新型城镇化水平的提高。农业现代化的发展提高了劳动生产率，释放出越来越多的农业剩余劳动力。新型城镇化过程中，除第二产业发展迅速外，大量人口集聚促进了城镇生活服务业的发展，创造出更多的就业岗位进一步吸引农村剩余劳动力转移，满足城镇化过程中对劳动力的需求。大量人口在城镇的集聚，对城镇的交通、住房等基础设施和教育、社保等公共服务提出更大的挑战和更高的要求，形成推力促进城镇化规模体系的扩大和功能服务的完善。③农业现代化为新型城镇化发展创造了市场和需求。城镇就业的高收益吸引大量农村剩余劳动力转移，农业现代化的发展也使得农业人口收入不断提高，收入的增加创造出大量的需求，从而增加市场消费。农业发展过程中也需要投入大量的农业机械、化肥和工业品等，刺激城镇化的市场需求。

新型城镇化对农业现代化发展产生拉力作用。①新型城镇化的发展加快了农村剩余劳动力的转移。大量农村剩余劳动力从生产方式上向第二、第三产业转移、从生活方式上向城镇转移，新型城镇化带动了第二、第三产业的发展，从而加快了农村剩余劳动力向城镇转移集聚。农业剩余劳动力向外转移、农业就业人口比例下降推动了农业生产的规模化和集约化，降低农业生产成本，进而提高了农业生产效率。②新型城镇化的发展促进农业产业化经营。农业现代化发展过程中，农业从单纯生产农业初级产品满足农村和城镇人口消费，开始向农产品加工业转变，通过农业产业化经营来提升农产品价值和经济效益。农业产业化经营催生大批乡镇企业的出现，是在经济上连接农村和城镇的纽带；城镇作为农业资金、劳动力、技术和信息的聚集中心，是乡镇企业发展的依托和载体。城镇化发展通过促进农业的专业化生产、一体化经营和企业化管理来提高农业现代化水平。

总体来说，农业现代化和新型城镇化之间相互促进、相互影响。农业现代化为新型城镇化发展提供消费产品和劳动力，创造出巨大的潜在市场和消费需求；新型城镇化容纳了从农村转移出来的剩余劳动力，为农业产业化经营提供良好环境。农村和城镇是人类社会生活的两个部门，联系农业现代化和新型城镇化的关键在于人口流动。农业现代化水平的提高释放出大量农业剩余劳动力向城镇转移，工业化和城镇化的发展实现了他们在城镇就业和生活两大主要目标。

2.2　我国“两化”发展的历史变迁

2.2.1　我国发展农业现代化的历史探索

我国农业现代化经历了几十年的历史性探索和长期不懈的实践，从新中国成立初期以发展生产力为主要目的，一步一步转变为在生态文明建设的制度框架下大力发展生态循环农业，并取得了显著的成就。但是，在资源约束加大、人口压力加剧、国际环境复杂、农民增收难度加大的形势下，我国农业现代化也面临着严峻挑战。进一步转变增长方式，建立高效、优质、节约、友好的品种研发体系，鼓励支持新型经营主体品牌化经营，促进建立社会主义经济建设、政治建设、文化建设与社会建设（“四位一体”）的农业经济体系，是我国农业发展的未来方向。

新中国成立以来，“农业现代化”的内涵，依据不同历史时期所面临的不同形势，发生了较大变化。根据生产效益、生态效益和社会效益在农业实践中所占的比重，可以将我国农业现代化历程划分为三个阶段：以发展生产力为核心的农业现代化阶段；效率优先、兼顾环保的生态农业示范阶段；高效、优质、节约、友好的现代化农业阶段。

1．以发展生产力为核心的农业现代化阶段（1949～1984 年）

1949 年，我国粮食播种面积 16.5 亿亩（1 亩≈666.67 米^2），单位面积产量 68.62 公斤 / 亩，粮食总产量 1.13 亿吨，而全国人口总数为 5.4 亿人，人均粮食占有量为 208.9 公斤，比联合国粮农组织公布的温饱线——280 公斤低了 70 多公斤。提高粮食产量，成为当时的必然选择。

增加耕地是提高粮食产量的首要条件。有研究认为，粮食播种面积对粮食产量的产出弹性达 0.8，即粮食播种面积每增加 1%，粮食产量将增加 0.8%。新中国成立初期掀起的大规模垦荒运动，1949 年到 1956 年，共增加耕地 3.96 亿亩，增幅达 24%，粮食总产量增加 7957.2 万吨，增幅达 70.4%。

水利是农业的命脉。1953 年至 1957 年，群众性的小型水利建设效果明显，灌溉面积不断扩大，1957 年达 3.75 亿亩，比 1949 年增加了 1.36 亿亩。此后虽然社会主义建设遇到曲折，但水利建设规模大、力度强。

农业机械化是提高劳动生产率的关键。1952 年，我国开始试办国营拖拉机站，到 1983 年，全国农业机械总动力达 1.8 亿千瓦，排灌动力在抗旱防涝中基本替代了人畜力提水，粮、棉、油、饲料等农副产品加工也基本实现了机械化。第一产业的劳动生产率由 1952 年的 266.21 元 /（人 · 年），上升至 1984 年的 1041.25 元 /（人 · 年），提高了 2.9 倍。

化肥是粮食增产的重要物资。新中国成立初期，我国化肥产量不足 3 万吨。20 世纪 50 年代至 70 年代，我国先后从苏联和西方国家引进大型化肥化纤设备，同期又自行设计了几十个中型氮肥厂。1984 年，我国农用化肥产量达 1482 万吨，比 1950 年的 7 万吨增加了 210.7 倍。

种子是粮食增产的重要因素。种子行业经历了家家种田、户户留种，“四自一辅”（主要依靠群众自繁、自选、自留、自用，辅之以必要的调剂）、“四化一供”（种子生产专业化、加工机械化、质量标准化、品种布局区域化，以县为单位，组织统一供种）等阶段，为良种研发、繁育、推广提供了体制保障。1957 年，我国学者李竞雄和郑长庚主持育成了高产的玉米双交种‘农大 7 号’。1974 年袁隆平育成中国杂交水稻强优组合‘南优 2 号’。1982 年，全国基本实现良种化，水稻良种覆盖率 90%，杂交玉米覆盖率 70%，杂交高粱覆盖率 80%。

通过增强生产要素投入，我国农业生产力得到了较大发展。1984 年粮食总产量为 4.07 亿吨，比 1949 年增加了 2.94 亿吨；亩产量 240.55 公斤，比 1949 年增加了 172 公斤；人均粮食占有量 392.84 公斤，是 1949 年的 188.05%。

2．效率优先、兼顾环保的生态农业示范阶段（1985～2011 年）

1985 年 6 月，国务院环境保护委员会发文提出发展生态农业，为我国农业现代化指出了新的发展方向。

“生态农业”概念诞生于 20 世纪 30 年代。70 年代后一些发达国家率先掀起了以保护农业生态环境为主的替代农业思潮，发展生态农业被认为是其中的一种重要途径。我国在环境污染事件频发和首次联合国人类环境会议的触动下，开始了以“三废”（工业废渣、废水、废气）治理为主的环境调查和保护工作，学者们于 70 年代末提出了发展我国生态农业的建议。

在这之后，北京、浙江、重庆等地开始了区域性的生态农业试验，但是当时农业部门的主要精力在配合全国性环境治理上，并未及时给予相关政策支持。1985 年国务院环境保护委员会发文之后，全国 17 个省、自治区、直辖市先后建立了 19 个生态农业试点。1993 年，农业部等七部委研究决定在全国组织 50 个生态农业试点县。2000 年，七部委启动第二批 50 个生态农业示范县建设。尽管生态农业示范县建设在全国起到了较大的带动作用，但是数据表明，这个时期的农业经济主要特征仍然是效率优先。

家庭联产承包责任制激发了农民的生产积极性，农民最大限度地开垦荒地，耕地面积从1985年的14.5亿亩增加到了2011年的18.4亿亩。2011年有效灌溉面积达9.25亿亩，比1985年的6.61亿亩增加了2.64亿亩。农业机械总动力由1985年的20 912.55万千瓦，攀升至2011年的97 734.66万千瓦。第一产业劳动生产率由1985年的1162.7元/（人·年）提高至2011年的29 644.43元/（人·年），提高了24倍多。

此外，全国化肥产量由1985年的1322.2万吨升至2011年的6419.39万吨；亩均化肥施用量由1985年的8.24公斤，提升至2011年的23.79公斤。农药产量由1991年的76.53万吨，提高到2011年的178.7万吨，农药亩均施用量由0.34公斤提高到0.75公斤。通过市场开放和种业竞争，种子企业逐渐成为创新主体。据农业部数据显示，截至2011年，全国持有效经营许可证的种子企业达6991家，农业植物新品种申请量和授权量分别达9016件和3713件。

2011年，粮食总产量达5.88亿吨，比1985年的3.79亿吨提高了55.15%；粮食单位面积产量从1985年的232.2公斤/亩提升至347.25公斤/亩，提高了49.55%；人均粮食占有量提高到437.82公斤，超过粮食安全线（400公斤）37.82公斤。

这一阶段，我国在生态农业方面做出了有益且深入的探索和实践，取得了可喜的成绩，总体来看，具有效率优先、兼顾环保的特征。

3．高效、优质、节约、友好的现代化农业阶段（2012年至今）

在此阶段，农业现代化的内涵进一步扩大，并对我国农业现代化发展提出了新的挑战。

消费者利益与农业现代化直接挂钩。2005年之后，我国相继出现了“苏丹红事件”“三聚氰胺事件”“瘦肉精事件”“湖南毒大米事件”等，一系列的事件加快了《中华人民共和国食品安全法》的出台。

内源性污染成为现代化农业亟须解决的问题。20世纪80年代以来，我国畜牧业发展迅速。2017年生猪出栏量70 202.1万头，出栏肉羊30 797.7万头，家禽出栏量130.2亿只，畜禽粪便成为新的污染源。2017年全国畜禽粪污产生量约38亿吨，比2010年的32.5亿吨增加了5.5亿吨。虽然2017年的畜禽粪污综合利用率从2010年的37%提升至64%，但总体仍然偏低。另外，我国年产约9亿吨秸秆被大量焚烧，由此产生的二氧化碳等气体加剧了大气污染的问题。

农村居民人均可支配收入增幅下降。2014年，延续了10年之久的收储制度破冰改革，使得主要农产品价格下跌。这导致农民家庭经营净收入增幅下降，在农民人均可支配收入中所占比重由1985年的74.45%下降至2018年的36.66%。

由于成本高涨、收储制度改革滞后以及国际形势的变化，国家粮食安全出现了结构性矛盾。以大豆为例，据国家粮油信息中心数据显示，2012～2013年，我国大豆年度总需求量为 7465 万吨，但产量却只有 1360 万吨，严重供不应求。2016 年玉米总消费量 1.78 亿吨，而当年总产量却高达 2.65 亿吨，严重供大于求。如何以市场化手段调节供求关系，成为新形势下农业现代化面临的重要课题。

基于以上多种情况的出现，2012 年 11 月，党的十八大提出了生态文明建设，并纳入“五位一体”的中国特色社会主义总体布局，与经济建设、政治建设、文化建设、社会建设并列。2013 年中央一号文件提出创建生态文明示范县和示范村镇。2014 年 1 月，环境保护部发布了生态文明村（18 项）、镇（21 项）量化指标。2015 年 4 月，农业部印发《关于打好农业面源污染防治攻坚战的实施意见》，提出力争到 2020 年实现“一控两减三基本”（即严格控制农业用水总量，减少化肥和农药使用量，畜禽粪便、农作物秸秆、农膜基本资源化利用）的目标。2015 年 8 月，国务院办公厅印发《关于加快转变农业发展方式的意见》，明确把转变农业发展方式作为当前和今后一个时期加快推进农业现代化的根本途径。除此之外，2018 年中央一号文件提出了关于实施乡村振兴战略的意见，对农业现代化的长期目标和短期任务做出部署。

经过以上一系列的制度建设和政策推进，高效、优质、节约、友好等多方面诉求的农业现代化新内涵日益形成。

2.2.2 我国城镇化发展的历史探索

众所周知，我国经济社会发展已经进入了城镇化快速发展的中期阶段，也是全面建成小康社会和基本实现现代化的重要标志之一。我国城镇化发展经历了三个阶段，取得了较大的成就（侯捷，1998）。从总体上看，我国城镇化进程呈现出不断加快发展的基本态势，当然也有过不少和不小的挫折，大体上经历了以下三个时段。

1．新中国成立到改革开放前我国城镇化发展阶段（1949～1978 年）

1949 年城镇化水平只有 10.64%，经历了三年恢复和“一五”时期平稳发展、大起大落的“大跃进”与调整时期等阶段，到 1978 年，我国城镇化水平只提高到 17.92%，年均增加只有 0.25%，仅为 60 年平均值的三分之一；设市城市由 132 个增至 193 个，仅增加 61 个。这与我国选择的重工业化道路、户籍制度的建立以及城镇化水平起点低等因素有关。这一时期重点建设城市。“一五”时期除北京外有工业建设重点城市（如太原、包头、西安、武汉、大同、成都和洛阳等）7 座，重点扩建城市（如鞍山、沈阳、吉林、长春、哈尔滨等）20 多座，局部扩建城市（如南京、济南、杭州、昆明、唐山等）15 座左右；“三线”建设时期有十堰、成都、兰州、宝鸡、西宁、汉中等（侯捷，1998）。

2．改革开放以来到 20 世纪末，我国城镇化加速发展阶段（1978～2000 年）

1978～2000 年城镇化经历了返程时期、乡镇企业时期、工业园区和民工潮等阶段，城市化水平由 17.92% 上升到 36.22%，年均增加 0.83%，超过 60 年平均提高速度。这一时期我国城镇化进程明显加快，第一是因为明确了以经济建设为中心，第二是将我国工业化战略由重化工业转变为符合我国经济发展阶段的以轻纺工业为重点的工业化战略，第三是实施了城市中心带动区域发展战略、小城镇发展优先战略以及向沿海倾斜的区域发展战略。沿海大城市成为城市建设的重点，如20世纪80年代深圳的崛起，90年代浦东的发展；同时沿海地区还涌现出众多的中小城市和小城镇，典型代表有昆山、东莞、石狮等。

3．21世纪以来到2012年党的十八大召开（2001～2012年）

2001～2012年我国正式制定了加速城镇化发展的总体战略，提出大中小城市和小城镇协调发展的基本思路，经历了区域性中心城镇发展时期、城镇群发展时期等阶段。2010年城镇化率达49.95%，2000～2010年城镇化年均增加1.20%，速度进一步加快。城镇建设重点是区位条件较好的建制镇，区域性中心城市以及大城市复检的新城区，如天津滨海新区、郑东新区、沈北新区等；城镇规模扩大，城镇直接交往密度增加，分工协作的城镇群逐步形成，如长三角城市群、珠三角城市群和环渤海城市群等。

4．党的十八大开始至今，我国城镇化蓬勃发展

2012年党的十八大召开，提出要坚持走中国特色新型工业化、信息化、城镇化、农业现代化道路。新型城镇化的概念是党中央充分分析国内外经济发展的严峻形势，在我国进入经济发展的新常态的基础上提出的。从发展人的城镇化的角度出发，在五大发展理念的引领之下，不同于传统城镇化道路的更加具有中国特色的新型城镇化道路。2017年党的十九大报告中提出，以城市群为主体构建大中小城市和小城镇协调发展的城镇格局，为新时代我国推进新型城镇化提出了要求并且指明了路径。这一时期更加注重调节城市人口规模和经济增长，及时提出加快转变城镇化发展方式，坚持以人的城镇化为核心，坚定地走以人为本，四化同步、优化布局、生态文明、文化传承的中国特色新型城镇化道路，全面提高城镇化发展质量。

2.3　我国城乡关系的演进过程

1978年我国实行改革开放，农村经营体制开始转变为家庭联产承包责任制，一系列经济体制上的改革使得1978年成为新中国经济社会发展的分水岭，也是城乡关系发生重大改变的分水岭。新中国成立以来至改革开放前，农村人口向城市流动受到诸多政策上的限制，城乡之间有森严的壁垒，除去国有行业部门招工、教育招考转移和征兵随军提干等几种进入城市的方式外，其他都受到政府设置的门槛和配额限制，城乡基本处于隔离状况。1978年之后，国家逐渐放开农民进城务工的管制，农民的劳动自由开始逐步得到国家政策的允许和支持，城乡之间由隔离走向流动，但依旧受到户籍制度的种种限制和影响。进入21世纪后，随着户籍制度背后的隐性障碍受到越来越多

的关注和质疑，国家开始对户籍制度进行改革试点，虽然还没有对户籍制度完全放开，但城乡关系得到改善，并向城乡一体化发展。想要从更深层次来衡量城乡关系是否协调，可以从城乡政策体制、城乡要素流动、城乡服务投入等多方面的变化来分析。具体来看，城乡关系的演进可以分为以下4个阶段。

1．改革开放前城乡隔离导致城乡关系扭曲

从城乡政策体制上看，新中国成立初期为拉动经济发展，国家强制实行的“重工轻农”赶超战略、工业城市倾斜发展政策导致城乡关系扭曲，形成城乡隔离的“二元”结构。1953年实施的《关于实行粮食的计划收购和计划供应的命令》，开始由国家严格对粮食市场进行控制和资源配置。1957年之后国家开始严格限制农民和小商贩在自由市场从事经营活动，导致城乡交流的市场途径被切断。1958年全国发动的人民公社运动，用一种以公有制为基础、公有化程度非常高的方式将农民变成公社社员，参与共同劳动，农民几乎不拥有个人生产资料。通过这样的方式，国家对农村和农民的生活、生产以及思想行动等都进行了全面的统筹。这些政策破坏了市场价值规律对经济发展的作用，同时严格限制了农民自由支配、交易粮食的权利，割断了农村和城市两个主体的市场联系。从城乡要素流动上看，户籍制度严格限制了城乡之间人口的流动，成为阻碍农村剩余劳动力进入城市的一堵墙。

新中国成立初期，我国进入大规模经济建设阶段，城市出现大量就业机会，大量农民进入城市和矿区务工，在农闲时期尤其显著。然而城市经济发展处于刚刚起步期，吸纳劳动力能力有限，为此国家经常发布劝阻农民流入城市的公告，如1953年政务院发布《关于劝阻农民盲目流入城市的指示》，此阶段进城务工的农民被称为“盲流”。1958年颁布的《中华人民共和国户口登记条例》，明确将国民人口分为“农业户口”和“非农业户口”，严格限制农村人口向城市流动迁移。总体来看，“重工轻农”发展战略导致农业发展严重滞后，二元户籍制度则造成我国城乡之间长期隔离，大量剩余农村劳动力转移受阻，城乡发展受政治经济形势影响较大。

这个阶段，城乡关系严重扭曲的主要表现为城乡人口流动缓慢，城镇化水平停滞不前。新中国成立初期至1958年出台户口登记条例时，我国人口城镇化率从1949年的10.64%逐渐增加至1958年的16.24%，年均增长0.5%。随后出现自然灾害导致总人口数和农村人口数下降，城镇化水平出现非正常波动。1962年城镇化率下降到17.22%，到1978年城镇化率仅为17.92%，17年间城镇化水平仅提高0.7%，城乡隔离的户籍制度导致城乡人口流动几乎停止，城镇化水平停滞不前。

2．1979～1984年，城乡改革开始改善严重扭曲的城乡关系

党的十一届三中全会召开之后，掀起经济体制改革，首先发生变革的就是农村经营制度。随着家庭联产承包责任制的推行，人民公社制度走向瓦解，激发了农民生产的积极性，促进了农业生产力的解放，农民开始获得在农村的生产经营自主权。农村改革的全面推进也促使城市进行改革，城市出现了以“放权让利”为中心的一系列变

化，包括扩大企业的经营自主权、改革劳动力就业制度等，允许农村劳动力进城务工，同时城市农副产品等售价出现小幅提高。一系列的变化有效地增加了农民的就业途径，改善了农民的生活水平。

这一阶段最显著的变化就是，农民收入水平迅速增加，农村居民年人均纯收入从1978年的133.6元增加至1984年的355.3元，6年内增长了近2倍。城镇居民年人均可支配收入从1978年的343.4元上升到1984年的652.1元，6年内增加了0.9倍。城乡居民收入比从1978年的2.57下降至1984年的1.84，城乡收入差距明显缩小。由此可见，家庭联产承包责任制的实行初期给农村生产生活带来了极大的改善，大幅提高了农民收入，城镇劳动就业制度的松动给农村剩余劳动力转移提供了途径，二者结合，在极大的程度上改善了城乡间长年的隔离状态。

3．1985～2002年，初步改善的城乡关系呈现“固化”发展态势

20世纪80年代中期以后，国家经济体制改革的重心由农村转移到城市，城市进行体制改革，尤其是城市非公有经济成分的迅速增加和国有企业的改革，城乡之间的发展差距重新开始扩大。我国经济增长发展主要依靠城市的非农产业，地方财政收入占GDP的比重越高，城市从地方财政支出中所获得的收益就越大。农业的弱质性和相对较低的农村发展投入回报水平，使得政策制定者更倾向于将资金投入城市发展建设中，结果导致城镇发展的基础设施和综合环境越来越好，而农村依靠政府投入的发展则缓慢滞后。同时，附加在户籍制度背后的城镇社会保障、教育投入以及公共服务等隐性福利，成为改善城乡关系的巨大阻碍，城乡关系出现“固化”发展，城乡居民收入差距和生活差距开始逐渐拉大。

这一阶段的主要变化有：①城乡居民收入差距再次扩大，并呈现出加剧的趋势。城乡居民收入比从1985年的1.86上升至2002年的3.11。1998年世界银行在对国家居民收入水平的调查报告中显示，大多数国家的农村居民收入为城市居民收入的三分之二以上，城乡居民收入比超过2的国家极为罕见。我国的实际情况已经远远超出这个水平，至2001年我国城乡居民收入比已经超过3，而城镇居民的可支配收入中并未涵盖其所享有的各种实物补贴，如城镇居民中很多人享有的医疗保险、养老金、失业保险、最低生活救济等，如果把这些福利收入考虑进去，城乡收入差距可能更大。②国家对农村、农业基础设施建设的投入不够。农业生产效率的提高可以带来农民收入的增加，而改善农业生产的基本条件，如加大农田水利建设、农村基础设施建设等，是提高农业生产效率的有效途径。从国家对农业发展投入的资金来看，1978年国家财政用于农业基本建设方面的投资为51.14亿元，之后迅速下降到1982年的28.81亿元，直到1990年才恢复到1980年的投入水平。1978年到1997年20年间国家财政农业基本建设支出只增长了2.12倍，这个速度比1978～1997年农用生产资料价格年均上涨的速度还要低。虽然国家财政用于农业基本建设的支出从1981年开始在数值上呈递增趋势，但其占国家财政基本建设投资的比重却呈下降的趋势。这些数据表明，国家财政

收入中对农业基本建设的支出比重相对较低，增长速度较慢，如果将通货膨胀对生产资料价格等生产投入成本的影响考虑在内，农业建设支出的整体水平可能呈现出负增长。因此，国家财政对农业基本建设支出的不足，严重影响了农业生产条件和农村生活条件的改善，不利于农业的发展和农民收入水平的提高。

4．2003 年以来，城乡关系向城乡统筹和城乡一体化发展

2002 年是新时期城乡关系的一个转折点。2002 年 11 月，党的十六大报告中首次明确提出“统筹城乡经济社会发展，建设现代农业，发展农村经济，增加农民收入，是全面建设小康社会的重大任务”。城乡分割的二元结构逐步改变，政府开始着力进行基本公共服务一体化和城乡一体化建设，加大对农村居民的社会保障投入，建立相应的社会保障机制，并逐步为进城务工的农村剩余劳动力打造良好的务工环境和基本公共服务。具体表现在，相继出台一系列改善农村居民生产生活条件的社会保障试点工作，同时对城乡二元户籍制度进行改革。

① 农村居民医疗保险和养老保险相继开始试点。从 2003 年开始，以多发筹资、农民自愿参加为原则的“新型农村合作医疗”（以下简称“新农合”）试点工作全面展开，试点地区和覆盖范围不断增加，且补助标准和比例不断提高。根据数据显示，全国参合（参加新型农村合作医疗）人口从 2003 年的 0.8 亿增至 2011 年的 8.32 亿，新农合筹资力度逐年加大，医疗保障水平大幅提升。人均筹资水平从 2003 年的 30 元提高到 2011 年的 246 元，受益人次从 2004 年的 0.76 亿人次提高到 2011 年的 13.15 亿人次，政策范围内住院费用报销比例达到 70% 以上。到 2011 年底，城乡居民参加职工医保、城镇居民医保、新农合人数超过 13 亿，覆盖率达到 95% 以上，我国建立起世界上最大的医疗保障网。2009 年起开展新型农村社会养老保险试点，探索建立“个人缴费、集体补助和政府补贴”相结合的新农保制度。2011 年 7 月，中国又启动了城镇居民社会养老保险试点。据人力资源和社会保障部资料显示，截至 2011 年 11 月底，新农保和城居保两项试点总参保人数达 3.02 亿人，其中领取养老金的人数为 7966 万人，积累基金 1346 亿元。我国已逐渐为农村居民、城镇居民和城镇职工建立医疗保障和养老保障体系，保障城乡居民的医疗和养老问题。

② 户籍管理制度及其背后的附加利益开始改革。我国一直存在的二元户籍制度使得居民被划分为城镇户口和农村户口，同时受到户籍制度准入门槛的限制，又催生了一大批进城务工但没有城镇户籍的农民工群体和流动人口。我国流动人口规模从 1993 年的 7000 万增加到 2011 年底的 2.3 亿，占全国总人口的 17%。越来越庞大的农民工群体，或者说是流动人口的就业权利、享受务工城镇基本公共服务的权利、子女受教育权利等都存在很多问题，也逐渐受到越来越多的关注。我国 2003 年 12 月颁布的《关于将农民工管理等有关经费纳入财政预算支出范围有关问题的通知》中明确提到，地方各级财政部门要将涉及农民工的治安管理、计划生育、劳动就业、子女教育等有关经费，纳入正常的财政预算支出范围。2012 年 2 月，国务院办公厅发布《国务院办公

厅关于积极稳妥推进户籍管理制度改革的通知》，提出要继续探索建立城乡统一的户口登记制度，逐步实行暂住人口居住证制度。除特大城市和一线城市外，大部分二三线城市和城镇开始逐渐放宽落户政策。大部分省市在2012年出台了异地高考方案，为进一步解决外来务工人员子女的升学问题提出可行之策。

总体来说，我国城乡关系的发展经历了从城乡隔离到城乡二元再到逐渐向城乡一体发展迈进。随着国家对农村发展的重视和投入，“三农”问题得到进一步的解决，但仍存在诸多问题。

首先，城乡收入差距仍呈现拉大的趋势。城乡居民收入比在1979～1984年和1994～1997年两段时间内一度缩小，但仍阻挡不了差距拉大的趋势。2002年城乡收入比超过3，其后继续增加到2009年的3.33。从2010年开始，城乡收入比出现缓慢下降，但依旧在3的水平上。农村居民除了依靠土地产出，很难获得其他收入，农村土地、宅基地等流转经营权尚未放开或者市场化，城镇居民和职工获得收入和补贴的途径相对较多且收入水平相对较高，再者进入城镇务工的农民工大多在收入较低的行业，如果不通过一些途径增加农民收入，城乡收入差距将会进一步拉大。

其次，土地城镇化快于人口城镇化，流动人口市民化进程缓慢。近年来，随着城镇规模的扩张，大量城镇近郊的农业用地被征用，征地拆迁变成城镇化的一种方式，一些大型基础设施建设项目，加上中央和地方政府为突破基础设施滞后和为扩大内需、保持经济稳定快速发展而增加的基础设施投资，致使以失地农民为主的工程性移民加速增长。另外，一些地方出现以卖地来解决财政困难的“土地财政”现象，土地扩张产生了部分“被上楼”“被征地”的农民。这些失去土地或者房屋的农民如何安置，以及他们后续的生产生活安排，都是现阶段存在的问题。改革开放后，我国城镇化率从18.96%上升至2011年的51.27%，非农就业比重从29.5%增加至2011年的65.2%，非农就业比重的增加速度快于城镇化率增长速度。城镇化率与非农就业率的比重，经历了从60.7%缓慢下降再逐渐上升至78.6%的过程。我国城镇化水平一直低于非农就业水平，二者之间的差值反映出，非农部门吸纳的就业人口并未完全在城镇落户生活，虽然这部分人的收入来源于非农业生产，但是其常住地和户籍地均在农村，城镇化进程滞后于人口从事非农劳动的迁移速度。农村流动人口进入城镇工作基本无障碍，但其进入城镇生活居住、享受城镇居民的基本公共服务仍然受到地方财政投入、户籍制度和准入门槛等多方面的限制。

第3章 构建“两化”协调发展评价体系

本章从系统构建出发，全面综合选取多个衡量农业现代化和新型城镇化协调发展的指标，运用层次分析法（analytic hierarchy process，AHP）和主成分分析法（principal component analysis，PCA），对“两化”协调发展水平做出整体评价。

3.1 评价指标体系构建的原则

评价指标体系的构建，是基于对农业现代化和新型城镇化发展目标的认识，分析、比较和选择影响“两化”发展的因素，要达到指标体系的结构清晰合理、内容涵盖全面、指标可行有效的要求。因此，分析状况、构建评价指标体系、选取评价指标前，应该遵循以下几项基本原则。

1．科学性原则

为保证评价系统的完善性和客观准确性，必须遵循科学性原则。首先，要遵循社会经济发展规律和可持续发展原则，依照相关理论基础，明确评价体系的目的和意义。其次，采用科学的方法和手段确立评价指标，提出具有明确判定准则的定量或者定性指标。评价指标的选取关系到整个评价体系，因此，要保证评价指标选取的客观性和全面性，能科学有效地反映“两化”发展演化的状况以及各子系统与指标体系之间的相互关系。通过选取具有独立性和代表性的指标，从不同角度全面度量“两化”发展的程度，使评价目标和评价指标形成一个层次分明的有机整体。最后，选用科学的评估方法，选取合理的评价方式，通过选取来源可靠和准确性高的科学数据，采用科学的处理方法，保证整个评价系统的构建和评价有效。

2．系统性原则

要想全面反映“两化”丰富的内涵，评价体系系统地反映农业现代化及新型城镇化的协调水平，使其成为一个有机整体，同时保证各子系统、各层次的指标是具有完整性和相对独立性的复合系统。在系统构建中，全面考虑构建复合系统的目的和意义，以及各子系统间的相互关联和影响，评价指标体系能综合反映各子系统、各要素相互作用的方式、强度、协调性等多方面的内容，是一个受到多种因素相互影响、相互制约的系统变量。具体到各个评价指标，要求其能综合反映各子系统的主要特征和发展状况。特别是各子系统之间选取评价指标时，要考虑外界因素特别是社会经济发展指标对各子系统的影响，以及和“两化”之间的内在关系，要根据评价目的来确定影响的因素和权重，既要准确全面地反映农业现代化和新型城镇化的内涵，又能从不同角度评价其发展水平，实现动态测量的目的。

3．可操作性原则

指标体系在遵循科学性、系统性原则的同时，要考虑其可操作性。就是在把握好数据来源的基础上选取切实有效的评价指标，注重评价指标的实用性、可控性和可获得性。评价体系是一个实践性较强的体系，能通过设计操作，全面综合反映“两化”发展水平，指标数量之多，不仅需要收集大量的数据，还要对原始数据进行处理，这就要求我们在构建指标体系时充分考虑指标设置的合理性以及数据处理的可操作性。

4．动态性原则

要科学地分析农业现代化及新型城镇化的协调发展，评价指标的设置既要符合实际的发展过程，又要体现我国农业现代化和新型城镇化逐渐发展并与世界接轨的动态过程。对时间序列上的发展水平进行评估时，要保证所选指标的内涵和外延的稳定性，特别是数据统计口径和测算方法的一致性，根据不同情况选取绝对值数据或者相对值数据，以便于进行纵向比较，对其发展过程中存在的差异进行深入的评价和分析。

3.2　农业现代化的指标体系与内容

3.2.1　农业现代化系统评价指标的选取

农业现代化的发展是不断改造传统农业生产力的过程，伴随着农业生产手段的改进、农业科技含量的提高、农业经营管理方式的优化等变化。因此，在构建农业现代化系统、评价农业现代化发展水平时，应从农业生产投入产出水平出发，结合农业农村经济发展水平和农业生态环境变化等方面综合考量。鉴于以上评价思路，本节构建的农业现代化水平评价指标体系具体内容见表 3-1。

表 3-1　农业现代化水平评价指标体系

一级	二级	三级			
		编号	具体指标	单位	性质
农业现代化	农业生产投入	A1	从业人员人均机械总动力	千瓦 / 人	正向
		A2	每公顷化肥施用量	公斤 / 公顷	正向
		A3	有效灌溉面积比重	%	正向

续表

一级	二级	三级			
		编号	具体指标	单位	性质
农业现代化	农业生产投入	A4	单位耕地用电量	千瓦时 / 公顷	正向
		A5	劳均耕地面积	公顷	正向
		A6	第一产业就业人员	万人	逆向
		A7	农业支出占财政支出比重	%	正向
	农业综合产出	A8	土地生产率	元 / 公斤	正向
		A9	从业人员人均生产率	元 / 人	正向
		A10	劳均粮食生产量	公斤 / 人	正向
		A11	劳均肉类生产量	公斤 / 人	正向
		A12	劳均棉花生产量	公斤 / 人	正向
		A13	劳均油料生产量	公斤 / 人	正向
	农业经济水平	A14	第一产业增加值比重	%	逆向
		A15	第一产业就业人员比重	%	逆向
		A16	农村居民人均可支配收入	元	正向
		A17	农村居民家庭恩格尔系数	%	逆向
	农业生态环境	A18	农业用水量	亿米^3	逆向
		A19	森林覆盖率	%	逆向
		A20	农作物受灾面积	千公顷	正向

农业现代化评价指标体系为了评价农业现代化发展水平，选取了 4 个二级指标和 20 个三级指标，各评价指标的具体阐述如下。

1．农业生产投入

农业现代化的首要发展目标是提高农业综合生产力，农业生产力的提高主要依靠农业生产投入的加大。1950 年，我国提出改善农业生产手段和条件的农业现代化“四化”目标，即农业机械化、农业水利化、农业化学化和农业电气化。农业生产投入除了包含“四化”投入外，还有农业生产要素如土地、资本、劳动力等方面的投入，本层次选择了 7 个主要评价指标。

A1：从业人员人均机械总动力＝农用机械总动力 / 第一产业从业人员。

A2：每公顷化肥施用量＝化肥使用总量 / 总耕地面积。

A3：有效灌溉面积比重＝有效灌溉面积 / 总耕地面积 ×100%。

A4：单位耕地用电量＝农村用电量 / 总耕地面积。

A1～A4 分别反映了为实现农业现代化中机械化、化学化、水利化和电气化发展的投入水平。在经济发展程度和农业现代化水平未达到较高阶段时，农业生产中加大农业机械、化肥和电力的投入可以促进农业现代化的提高。当经济发展到较高程度时，开始注重农业投入的集约化和生态效应，即农机动力、化肥和电力的使用可能会造成环境负担，但是考虑本书选取的是1999～2018年中国的数据，我国还处于经济发展加速阶段，未达到发达经济水平，故认为此处都是正向指标。

A5：劳均耕地面积=总耕地面积/第一产业就业人数。反映农业基础生产条件水平。

A6：第一产业就业人员。反映农业生产的劳动力投入水平，随着农业现代化水平的发展，传统的以人力资本为主要动力的农业生产手段逐渐被现代化的生产手段所代替，第一产业就业人数会逐渐下降，就业人口向非农产业转移。

A7：农业支出占财政支出比重=国家财政支农支出/国家财政总支出×100%。反映国家对农业发展建设的投入水平。

2．农业综合产出

农业综合产出是从投入产出角度衡量农业现代化水平提高的重要维度，包括农产品产出、土地产出、劳动力产出等方面。本层次选择了6个主要评价指标。

A8：土地生产率=第一产业增加值/总耕地面积。反映农业生产要素土地的产出水平。

A9：从业人员人均生产率=农业劳动生产率=第一产业增加值/第一产业就业人数。反映农业劳动力的产出水平。

A10：劳均粮食生产量=粮食总产量/第一产业就业人数。

A11：劳均肉类生产量=肉类总产量/第一产业就业人数。

A12：劳均棉花生产量=棉花总产量/第一产业就业人数。

A13：劳均油料生产量=油料总产量/第一产业就业人数。

3．农业经济水平

农业现代化的发展目标之一是提高农业经济水平和农村居民生活水平，保障农村居民收入水平的不断增长，在此维度选取了4个主要评价指标。

A14：第一产业增加值比重=第一产业增加值GDP×100%。从农业产值比重反映农业经济水平，随着社会经济的发展和工业化的不断推进，农业占社会总产值的比重不断下降，是逆向指标。

A15：第一产业就业人员比重=第一产业就业人数/总就业人员数×100%。从农业就业比重反映农业经济水平的发展，随着工业化和城镇化的不断推进，以及农业现代化生产的集约化发展，农业就业比重会不断下降，是逆向指标。

A16：农村居民人均可支配收入。

A17：农村居民家庭恩格尔系数=农村家庭食品支出/现金消费支出×100%。反映出食品消费占总消费支出的比例，随着农业现代化的发展和农业经济水平的提高，农村家庭收入的提高，恩格尔系数会逐渐呈下降趋势。

4．农业生态环境

农业可持续发展是农业现代化发展过程中不可忽视的问题，其中包括保护耕地等农业资源、保持农业生态环境平衡发展、维护农业资源与环境的可持续利用等方面。本层次选择了 3 个主要评价指标。

A18：农业用水量。

A19：森林覆盖率＝森林面积 / 国土总面积 ×100%，是实现绿化程度和生态平衡状况的指标，反映农业可持续发展中的生态环境情况，森林覆盖率越高，说明土地抗水土流失能力越强。

A20：农作物受灾面积。

3.2.2　农业现代化评价体系测算步骤

通过数据收集和整理，本节采用层次分析法（AHP）和主成分分析法（PCA）进行系统计算。

1．各层次权重确定

在农业现代化发展过程中，首先是农业生产投入，由其带来农业综合产出，并提高农业经济水平。同时，随着经济可持续发展理念的不断深入，人们对农业现代化中农业生态环境的重视程度也越来越高，农业生产是直接依赖自然资源和自然环境的，环境遭受威胁和破坏对农业生产的损害也较大。鉴于以上分析，本书认为 4 个二级指标的重要程度依次为农业生产投入＞农业综合产出＝农业经济水平＞农业生态环境。依照判断矩阵构建标度，二级指标的判断矩阵见表 3-2。

表 3-2　农业现代化系统二级指标判断矩阵

	农业生产投入	农业综合产出	农业经济水平	农业生态环境
农业生产投入	1	2	2	3
农业综合产出	1/2	1	1	2
农业经济水平	1/2	1	1	2
农业生态环境	1/3	1/2	1/2	1

对表 3-2 的判断矩阵进行随机一致性检验。通过随机一致性检验，说明二级指标权重分布合理。通过对矩阵特征向量的归一化处理，计算出各指标权重，具体结果见表 3-3。

表 3-3　农业现代化系统二级指标权重

二级指标	权重
农业生产投入	0.4431
农业综合产出	0.2172
农业经济水平	0.2172
农业生态环境	0.1225

2．主成分分析法计算指标体系得分

如表3-4所示，农业现代化系统4个二级指标均通过了KMO检验和Bartlett's检验，符合做主成分因子分析的前提条件。依据主成分分析的因子分析法，4个二级指标提取公因子的情况见表3-5。

表3-4 农业现代化系统二级指标KMO检验和Bartlett's检验结果

检验方式	农业生产投入	农业综合产出	农业经济水平	农业生态环境
KMO值	0.667	0.854	0.745	0.508
Bartlett's Test p值	0.000	0.000	0.000	0.000

表3-5 农业现代化系统各二级指标公因子提取情况

二级指标	提取公因子			
	因子编号	特征值	方差贡献率/%	累计方差贡献率/%
农业生产投入	1	5.246	74.973	74.973
	2	1.279	18.419	93.392
农业综合产出	1	6.338	91.261	91.261
农业经济水平	1	4.765	94.291	94.291
农业生态环境	1	1.935	63.485	63.485
	2	0.824	27.479	90.964

3.2.3 农业现代化系统评价体系的评价结果

依据上述方法和所选数据，使用SPSS 25.0软件对农业现代化系统1999～2018年的发展水平做出综合评价，农业现代化系统各二级指标得分、系统综合得分情况和变化趋势见表3-6。

表3-6 农业现代化系统综合发展水平

年份	二级指标				综合得分
	农业生产投入	农业综合产出	农业经济水平	农业生态环境	
1999	−5.3859	−8.0139	−5.8494	−2.8841	−5.7822
2000	−4.4968	−7.1697	−5.0228	−2.9284	−5.0318
2001	−3.6034	−5.3956	−4.4257	−1.8159	−3.9829
2002	−2.7546	−3.0750	−3.5984	−1.7413	−2.8421
2003	−1.2150	−2.1239	−2.5188	−1.7390	−1.7824
2004	−0.7496	−1.7977	−1.8350	−2.0631	−1.3783
2005	1.5359	−1.1439	−1.4065	−1.9737	−0.1547
2006	−3.2759	−1.7782	−1 .1206	1.5379	−1.8559

续表

年份	二级指标				综合得分
	农业生产投入	农业综合产出	农业经济水平	农业生态环境	
2007	−3.1131	−1.5460	−0.1604	1.2344	−1.5731
2008	−2.6198	−1.2457	0.2223	1.2028	0.1699
2009	−2.4458	−1.1874	0.7828	1.2199	0.5054
2010	−1.6728	−1.0878	1.3782	1.1667	0.9858
2011	0.5874	2.0023	1.7730	2.6060	1.4255
2012	1.2086	3.1519	3.1639	2.3673	2.2249
2013	3.7310	5.1948	4.4585	2.1106	4.0303
2014	5.9452	6.9409	5.4901	2.2701	5.6177
2015	8.9464	9.9756	6.3850	1.4934	7.6852
2016	10.4321	11.2600	7.6311	1.7077	8.9149
2017	12.1139	13.7265	8.7189	1.5558	10.4154
2018	13.1401	14.8751	9.6513	2.6583	12.5612

从农业现代化系统综合得分来看，其发展趋势经历了先上升后缓慢下降又逐渐上升的过程。2008 年以前综合得分都小于 0，说明 2008 年以前农业现代化发展水平在 20 年总发展水平之下；2009 年开始，综合得分大于 0，显示出农业现代化开始迈向更集约、更高效的发展。4 个二级指标中：农业经济水平得分一直呈递增趋势，说明农业现代化过程中经济发展水平良好；农业生产投入得分经历了先迅速增加后大幅下降再迅速增加的过程，其中 1999～2004 年农业生产投入严重缺乏，导致同时期农业综合产出水平停滞不前；农业综合产出得分呈先迅速上升后几乎停滞再迅速上升的态势，受农业生产投入波动影响最大；农业生态环境的发展状况最差，虽然 1999～2011 年其得分呈上升趋势，但从 2011 年开始农业生态环境得分开始出现波动，农业生产资源的逐渐消化、耕地面积下降、人口规模庞大等因素，使得生态环境面临破坏的压力增大问题逐渐显现。

3.3　城镇化的指标体系与内容

3.3.1　新型城镇化系统评价指标的选取

城镇化是农业人口不断向城镇转移、非农产业不断向城镇集聚的动态发展过程。随着城镇数量的增加和城镇规模的扩大，城镇化的发展逐渐从数量上的发展转向内在质量的提升，这也正是我国提出的“中国特色城镇化道路”，即新型城镇化。因此，在构建新型城镇化系统、评价新型城镇化发展水平时，除了传统意义上对城镇经济发展水平的考量，更需要对城镇化质量和内涵进行全方位的评价。依照上述评价方向，新型城镇化系统评价指标体系具体内容见表 3-7。

表 3-7　新型城镇化系统评价指标体系

一级指标	二级指标	三级指标			性质
		编号	具体指标	单位	
新型城镇化	人口城镇化	U1	人口城镇化率	%	正向
		U2	非农就业比重	%	正向
		U3	非农产业人口占总人口比重	%	正向
		U4	城市人口密度	人 / 公里 ^{2}	逆向
	经济城镇化	U5	城镇固定资产投资占全社会固定资产投资的比重	%	正向
		U6	城镇居民人均可支配收入	元	正向
		U7	城镇居民人均消费支出	元	正向
		U8	城镇居民家庭恩格尔系数	元	正向
		U9	城乡居民收入比	%	逆向
	生活质量城镇化	U10	人均城市道路面积	米 ^{2}	正向
		U11	每万人拥有公共交通车辆	标台	正向
		U12	每万人拥有卫生技术人员	人	正向
		U13	每万人拥有医疗卫生机构床位数	张	正向
		U14	公共图书馆业机构数	个	正向
		U15	城镇职工养老保险覆盖率	%	正向
	居住环境城镇化	U16	城镇居民人均居住面积	人 / 米 ^{2}	正向
		U17	人均公共绿地面积	米 ^{2}/ 人	正向
		U18	建成区绿化覆盖率	%	正向
		U19	城市污水处理率	%	正向
		U20	环境污染治理投资总额	亿元	逆向

为了体现评价新型城镇化发展水平，选取了 4 二级指标和 20 个三级指标来构建新型城镇化评价指标体系，各评价指标的具体阐述如下。

1．人口城镇化

U1：人口城镇化率＝城镇人口总数 / 总人口数 ×100%。反映经济发展过程中人口向城镇集聚的水平。

U2：非农就业比重＝第二、第三产业就业人数 / 总就业人员数 ×100%。反映经济发展过程中劳动力向城镇集聚的水平。

U3：非农产业人口占总人口比重。

U4：城市人口密度。反映城镇化过程中人口向城镇集聚的程度，随着城镇化发展程度的提高，其对人口的吸引程度会增大，但人口密度过大对城镇生活环境产生一定的负效应。

2．经济城镇化

U5：城镇固定资产投资占全社会固定资产投资的比重＝城镇固定资产投资 / 全社会固定资产投资 ×100。反映出国家建设投资向城镇投入的水平。

U6：城镇居民人均可支配收入。指家庭成员得到可用于最终消费支出和其他非义务性支出以及储蓄的总和，即居民家庭可以用来自由支配的收入。反映城镇居民收入水平，是衡量城镇经济水平的重要指标之一。

U7：城镇居民人均消费支出。反映城镇家庭的整体消费水平。

U8：城镇居民家庭恩格尔系数＝城镇家庭食品支出 / 现金消费支出 ×100%。反映食品消费占总消费支出的比例，随着城镇化发展水平的提高和家庭收入的提高，恩格尔系数会逐渐呈下降趋势。

U9：城乡居民收入比＝城镇居民家庭人均可支配收入 / 农村居民家庭人均纯收入。反映城镇化过程中城乡居民收入差距，是衡量城乡均衡发展的重要指标。

3．生活质量城镇化

U10：人均城市道路面积。道路建设是城镇公共设施，在城镇建设中发挥出重要的作用，反映城镇居民出行条件。

U11：每万人拥有公共交通车辆＝公共交通运营车标台数 / 城区常住人口（万）×100%，是城镇基础公共品之一，反映城镇居民出行的方便程度。

U12：每万人拥有卫生技术人员。反映社会整体医疗人员配备情况。

U13：每万人拥有医疗卫生机构床位数。反映社会整体医疗条件水平，与 U12 一起综合反映社会医疗水平。

U14：公共图书馆业机构数。是居民接受知识和文化传播的重要途径，西方国家平均每 5000～10 000 居民拥有一家公共图书馆，我国目前平均每 45 万人拥有一家公共图书馆，远低于西方国家平均水平。

U15：城镇职工养老保险覆盖率。反映城镇职工的基本生活保障程度。

4．居住环境城镇化

U16：城镇居民人均居住面积。反映城镇居民拥有的居住面积，是体现城镇居住水平的重要指标。

U17：人均公共绿地面积。反映城镇绿化的绝对水平，是城镇居住环境的重要指标。

U18：建成区绿化覆盖率。反映城镇率的相对水平，是城镇居住环境的重要指标。

U19：城市污水处理率。反映城镇污染处理能力，是生活基础设施之一，城镇的集约化发展会提高城镇集中处理污染的综合能力。

U20：环境污染治理投资总额。

3.3.2 新型城镇化系统评价体系的测算步骤

通过数据收集、整理和计算，本节在《中国统计年鉴》、《中国城市统计年鉴》和国家统计局网站获取了上述20个评价指标1999～2018年的数据，采用层次分析法（AHP）和主成分分析法（PCA）进行系统计算。

1．各层次权重确定

在城镇化发展过程中，首先衡量其发展进程的就是城镇经济水平。城镇生活设施条件是吸引人口向城镇集聚的重要考察条件。不过，随着城镇化的发展，特别是新型城镇化对城镇质量和内涵的重视，居民对城镇生活质量的要求越来越高，其重要程度也不断提高。而在城镇化中期以后，开始重视环境保护，城镇居住环境成为可持续发展、建设"资源节约型与环境友好型"社会的考核标准。鉴于以上分析，4个二级指标的重要程度依次为人口城镇化＞经济城镇化＞生活质量城镇化＝居住环境城镇化。依照判断矩阵构建标度，二级标准的判断矩阵见表3-8。

表3-8 新型城镇化系统二级指标判断矩阵

二级指标	人口城镇化	经济城镇化	生活质量城镇化	居住环境城镇化
人口城镇化	1	2	3	3
经济城镇化	1/2	1	2	2
生活质量城镇化	1/3	1/2	1	1
居住环境城镇化	1/3	1/2	1	1

对表3-8的判断矩阵进行随机一致性检验。通过随机一致性检验，说明二级指标权重分布合理。通过对矩阵特征向量的归一化处理计算各二级指标权重，具体结果见表3-9。

表3-9 新型城镇化系统各二级指标权重值

二级指标	权重
经济城镇化	0.4637
生活质量城镇化	0.2541
居住环境城镇化	0.1411
人口城镇化	0.1411

2．主成分分析法计算指标体系得分

如表3-10所示，新型城镇化系统4个二级指标均通过了KMO检验和Bartlett's检验，符合做主成分因子分析的前提条件。依据主成分分析的因子分析法，4个二级指标提取公因子的情况见表3-11。

表 3-10 新型城镇化系统二级指标 KMO 检验和 Bartlett's 检验结果

检验方式	经济城镇化	人口城镇化	生活质量城镇化	居住环境城镇化
KMO 值	0.828	0.575	0.834	0.774
Bartlett's Test p 值	0.000	0.000	0.000	0.000

表 3-11 新型城镇化系统各二级指标公因子提取情况

二级指标	提取公因子			
	因子编号	特征值	方差贡献率 /%	累计方差贡献率 /%
经济城镇化	1	8.294	92.158	92.158
生活质量城镇化	1	3.492	58.202	58.202
	2	1.290	21.494	79.696
	3	0.995	16.579	96.275
居住环境城镇化	1	5.678	94.628	94.628
人口城镇化	1	4.853	97.054	97.054

3.3.3 新型城镇化系统评价体系的评价结果

依据上述方法和所选数据，使用 SPSS 25.0 软件对新型城镇化系统 1999～2018 年的发展水平做出综合评价，新型城镇化系统各二级指标得分、系统综合得分情况和变化趋势见表 3-12。

表 3-12 新型城镇化系统综合发展水平

年份	二级指标				综合得分
	经济城镇化	生活质量城镇化	居住环境城镇化	人口城镇化	
1999	−13.7495	−8.3965	−7.0913	−7.0001	−10.3721
2000	−12.1380	−7.0224	−6.6517	−6.0234	−9.1823
2001	−9.9894	−5.5420	−6.0687	−5.6301	−7.6554
2002	−7.3745	−3.9618	−5.2547	−5.5461	−5.8435
2003	−6.1653	−3.5421	−5.6850	−5.0970	−5.2567
2004	−6.0479	−2.4783	−4.8995	−4.2799	−4.6973
2005	−6.0439	−2.0413	−3.8507	−3.5202	−2.3253
2006	−5.1004	0.7384	−3.2085	−2.9114	−0.9885
2007	−3.7156	0.3679	−2.2787	−2.4754	0.0616
2008	−2.1857	1.2140	−1.8771	−1.6250	0.1681
2009	−0.7439	1.7210	−1.7995	−1.1099	0.2948
2010	0.5829	1.5714	−0.6106	0.5420	0.6245

续表

年份	二级指标				综合得分
	经济城镇化	生活质量城镇化	居住环境城镇化	人口城镇化	
2011	2.1834	1.6335	0.6565	1.6492	1.7478
2012	3.6668	2.1969	1.6171	3.2981	2.9459
2013	4.7069	2.4549	2.6189	4.2616	3.7499
2014	6.4850	2.7821	3.4240	4.6628	4.8255
2015	8.1280	3.2169	5.5777	4.5432	5.9809
2016	9.5645	0.8051	7.5099	5.8034	6.4644
2017	10.8107	2.6322	8.4085	6.5091	7.7313
2018	12.6340	4.5435	9.7661	6.8715	9.2877

从新型城镇化系统综合得分来看，从 1999 年到 2018 年城镇化水平呈稳定增长趋势。2006 年以前，综合得分小于 0，说明 2006 年以前城镇化发展水平在 20 年总发展的评价水平之下；2007 年开始，综合得分大于 0，显示出城镇化发展开始向新型城镇化迈进。4 个二级指标中，经济城镇化水平提高幅度最大，说明非农产业发展速度、城镇投资幅度加大带来城镇居民收入水平大幅提高。生活质量城镇化从 2006 年开始增长速度较快，2006 年之后增幅放缓，2016 年开始有较大波动，说明近年城镇生活质量受到城镇化进程的负面影响，但随着国家对城镇生活质量的重视，2017 年恢复到 2014 年水平，并呈递增趋势。居住环境城镇化呈稳定增长，城镇居住环境的变化趋势从 2015 年增速较缓慢，2001 年开始增速加快，反映城镇居住环境变化的良好趋势。

3.4 “两化”协调度测算

基于对“两化”发展内在关系的认识和“两化”同步发展内涵的理解，本书认为，要综合衡量“两化”同步发展水平，除了定性分析其是同步或者不同步外，还需要对同步发展的程度做定量测算。对于“两化”同步发展，不是简单地从新型城镇化和农业现代化系统的投入产出水平、发展变化速度等几个方面来衡量其是否同步，而是要从系统内部变化和系统之间的影响关系来综合考量。对于新型城镇化和农业现代化两个各自发展的子系统，其子系统内部的发展情况，包括物质流、能量流和信息流等系统控制参量的变化，是一个局部范围内协同作用的结果。同时，二者构成了相互作用、相互影响的系统。外部环境的变化，即为各系统提供的物质流、能量流和信息流等，使系统的序参量从无序变化走向有序协调。

因此，对于“两化”同步的定量分析，本书从协同理论出发，选取协调程度来衡量。各子系统内部选取的二级指标评价指标的含义不同，各子系统之间的相互关系也不同，因此，对子系统内部的协调程度的测算和子系统之间协调程度的测算将采用不同方法。

3.4.1 各子系统协调度测算

1．子系统协调度测算方法

本书运用常见的赋权方法——熵值确定权重法对农业现代化和新型城镇化各子系统的协调度进行评价和分析。熵值确定权重法通过判断各个因素的变化程度来决定权重，不易受主观性的影响。

以评价农业现代化系统发展水平为例，选取农业生产投入 A_1、农业综合产出 A_2、农业经济水平 A_3 和农业生态环境 A_4 这 4 个二级指标，如果用函数表示各二级指标对子系统发展水平的影响，可以记为 $S(A)=f(A_1, A_2, A_3, A_4)$，$f$ 为复合函数。开放条件下，系统的熵增量（$\mathrm{d}S$）由系统与外界的熵交换（$\mathrm{de}S$）和系统内的熵产生（$\mathrm{di}S$）组成。也就是说，对于一个开放系统，环境向系统输入的正熵与系统内自发产生的熵结合为系统总熵，总熵增加，导致系统无序化，农业现代化系统符合这一规律。但与此同时，在其发展过程中，环境输入的变化（如自然灾害、环境污染等）又可能带来负熵流，农业现代化系统也能通过自身调控机制有序化。从农业现代化系统的发展历程看，在其不断从无序走向协调的过程中，每一个新结构最初总是对旧结构的某种偏离，当偏离超过某个阈值，改变就发生，直至形成又一个协调秩序。

这里使用标量函数 $H\in[0, 1]$ 度量子系统的协调度，其值越大，表明系统各种因素的匹配程度和内外部的适应程度越高，系统的协调效果越好。首先构建系统评价指标体系并计算各子准则层权重，对原始数据进行处理后计算指标体系各子准则层得分和系统综合得分。计算出的协调度在 0 到 1 之间，越接近于 1，表示该序参量对该系统越协调。

计算出各序参量对系统的协调度之后，再计算系统整体的协调度。不同时期，各序参量对系统协调度的重要程度不同，欲求系统的整体协调度应考虑权重信息协调度 H 的大小（H 表示其协调程度），其不同区间可以作为不同协调程度的衡量标准。这里将其划分为 6 个区间：$H\in(0, 0.2]$ 为极度失调，$H\in(0.2, 0.4]$ 为严重失调，$H\in(0.4, 0.6]$ 为濒临失调，$H\in(0.6, 0.75]$ 为初级协调，$H\in(0.75, 0.9]$ 为良好协调，$H\in(0.9, 1]$ 为高度协调。

此外，对于子系统发展水平的协调关系测算，除了协调度之外，还有各序参量的贡献度，用 C 表示贡献度水平。协调度水平反映出子系统序参量发展变化速度与子系统发展变化速度之间的关系，贡献度则反映子系统序参量发展变化增量与子系统发展变化增量之间的关系，结合发展变化速度与增量两方面的变化，能更全面地反映子系统整体的协调发展情况。

2．农业现代化系统协调度发展状况

各二级指标的权重与指标体系各层次权重相同。系统内部各指标贡献率水平和变化见表 3-13。

表 3-13 农业现代化各二级指标的贡献度

年份	农业生产投入	农业综合产出	农业经济水平	农业生态环境
1999	0.4032	0.2011	0.2043	−0.0314
2000	0.5379	0.2245	0.2755	−0.0379
2001	0.6580	0.0050	0.3675	−0.0305
2002	0.5014	0.2556	0.2503	−0.0072
2003	0.3588	0.3843	0.1293	0.1276
2004	0.3304	0.4833	0.1723	0.0140
2005	0.5840	0.1947	0.2210	0.0002
2006	0.5396	0.1834	0.3843	−0.1073
2007	0.7903	0.1214	0.0796	0.0088
2008	1.2092	0.0847	−0.0408	−0.2530
2009	0.2137	0.1865	0.7312	−0.1315
2010	0.5365	0.1828	0.2877	−0.0071
2011	0.4031	0.0618	0.5310	0.0041
2012	0.6976	0.0471	0.2816	0.0263
2013	0.4955	0.3636	0.0464	0.0945
2014	0.3288	0.3267	0.3811	0.0366
2015	0.5912	0.2571	0.1692	0.0174
2016	0.5902	0.2499	0.1476	0.0123
2017	0.6142	0.3335	0.0983	0.0460
2018	0.5112	0.2373	0.2302	0.0214

从各指标对农业现代化系统的贡献率来看，农业生产投入的贡献度最大，但近期处于下降趋势，说明农业生产投入的集约性在增强。2012 年之前，农业经济水平贡献度在大多数年份大于农业综合产出，2012 年之后，农业综合产出的贡献度开始逐渐超过农业经济水平，说明农业经济水平的提高程度放缓，农村居民收支水平增加幅度下降。农业生态环境的贡献度最小，大多数年份都处于负值，其中 2000～2010 年负向波动较大，说明农业生态环境较脆弱。

农业现代化系统内部各二级指标对系统的协调度和总协调观测值分布见表 3-14。

表 3-14　农业现代化系统协调度

年份	二级指标				总协调度
	农业生产投入	农业综合产出	农业经济水平	农业生态环境	
1999	0.8320	0.8716	0.8103	0.7014	0.8043
2000	0.9552	0.9261	0.9596	0.8850	0.9410
2001	0.9653	0.9759	0.9885	0.8649	0.9607
2002	0.9894	0.9618	0.9143	0.8482	0.9487
2003	0.9629	0.8554	0.9167	0.8138	0.9097
2004	0.8420	0.9283	0.9197	0.6822	0.8597
2005	0.8236	0.9295	0.9563	0.6480	0.8563
2006	0.9759	0.9805	0.9879	0.8427	0.9633
2007	0.0970	0.5921	0.5198	0.4294	0.3463
2008	0.0304	0.4143	0.4032	0.3016	0.0102
2009	0.8968	0.9784	0.5094	0.7049	0.8038
2010	0.9170	0.9579	0.1059	0.7751	0.7246
2011	0.9030	0.8766	0.6030	0.8414	0.7304
2012	0.8170	0.6680	0.7609	0.5644	0.7621
2013	0.0846	0.3754	0.0292	0.0832	0.1379
2014	0.6085	0.9867	0.8224	0.6208	0.7323
2015	0.2793	0.8493	0.6841	0.3986	0.5154
2016	0.8191	0.9439	0.8500	0.7274	0.8432
2017	0.8721	0.9331	0.8146	0.4916	0.8263
2018	0.9940	0.9692	0.9655	0.9836	0.9806
变异系数	0.4535	0.3011	0.4956	0.4058	0.3776
均值	0.7413	0.8319	0.6941	0.6439	0.7392

注：此处，变异系数采用标准差系数，公式为：$CV=\frac{S}{\overline{X}}\times 100\%$。其中，$S$ 为标准差；$\overline{X}$ 为均值；CV 为标准差系数，其大小直接反映观测值的变异程度大小。

从系统协调发展水平的均值来看，1999～2018 年农业综合产出对农业现代化发展的协调度最高为良好协调，其次是农业生产投入，农业生态环境平均协调度最差仅有 0.6439，农业现代化系统总体平均处于基本协调水平。按照本小节第 1 条中列出的协调度划分标准，以 $H=0.6$ 为界限划分为协调和不协调两类，农业现代化系统 100 个协调度中有 20 个观测值不协调，其中系统总协调度有 4 个观测值不协调，协调度为 80%，农业综合产出协调度为 85%，农业生产投入协调度为 80%，农业经济水平和农业生态环境分别为 70% 和 65%。从不协调观测值的总体分布趋势来看，其个数随时间的延续呈现递减，从 2016 年开始，系统所有二级指标变化均达到协调水平。最后从系统各协调度 20

年随时间的波动情况来看，农业综合产出协调度的波动幅度最小，其变异系数为0.3011，农业经济水平协调度波动最大，其变异系数为0.4956，农业现代化系统总协调度波动水平与各二级指标相比处于中间位置，其变异系数为0.3776。

3．新型城镇化系统协调度发展状况

依照子系统协调度测算方法和3.3节建立的新型城镇系统评价指标体系，本系统的二级指标分别是城镇经济水平 U_1、城镇生活设施 U_2、城镇生活质量 U_3 和城镇居住环境 U_4。各二级指标的权重与指标体系各层次权重相同。系统内部各二级指标贡献率水平和变化见表3-15。

表3-15　新型城镇化系统各二级指标的贡献度

年份	城镇经济水平	城镇生活质量	城镇居住环境	城镇生活设施
1999	0.5769	0.2713	0.0611	0.0103
2000	0.5287	0.2863	0.0722	0.1127
2001	0.6547	0.2550	0.0539	0.0364
2002	0.6737	0.2875	0.0245	0.0143
2003	0.8905	0.0088	0.0168	0.0840
2004	0.0954	0.5003	0.1982	0.2062
2005	0.0049	0.3090	0.3979	0.2882
2006	0.3209	−0.5470	0.0678	0.0643
2007	0.8685	0.1345	0.1810	0.0849
2008	0.5937	0.2489	0.0518	0.1057
2009	0.8024	0.0970	0.0125	0.0881
2010	0.6289	−0.0424	0.1705	0.2430
2011	0.6717	0.0151	0.1690	0.1442
2012	0.5630	0.1237	0.1191	0.1943
2013	0.5882	0.0844	0.1688	0.1586
2014	0.7512	0.0800	0.1083	0.0605
2015	0.6470	0.1081	0.2594	−0.0145
2016	1.3697	−1.3013	0.5641	0.3676
2017	0.4544	0.3669	0.1001	0.0786
2018	0.5210	0.3230	0.1231	0.0329

从各二级指标对新型城镇化系统的贡献率来看，除个别年份外贡献率最大的均是城镇经济水平，说明城镇经济水平的提高对新型城镇化水平的提高带动能力最强。城镇生活质量贡献率呈先上升后大幅下降再上升的趋势，其对新型城镇化的贡献率仅次

于城镇经济水平，其中 2006 年城镇生活质量贡献率出现极值，从评价指标体系选取数据分析，原因在于 2006 年高中升学率和城镇职工养老保险率较 2005 年大幅下降导致城镇生活质量得分降低。城镇居住环境贡献率呈先上升后下降的趋势，说明城镇居住环境提高改善幅度变慢。城镇生活设施贡献率基本处于最末位，说明城镇生活设施基本已发展到一定水平。总体来看，城镇经济水平和生活质量的提高对新型城镇化系统综合水平提高的贡献最大，城镇居住环境水平有待提高。新型城镇化系统内部各指标对系统的协调度和总协调观测值分布见表 3-16。

表 3-16　新型城镇化系统协调度

年份	二级指标				总协调度
	城镇经济水平	城镇生活质量	城镇居住环境	城镇生活设施	
1999	0.8914	0.9043	0.9165	0.9631	0.9514
2000	0.9863	0.9571	0.9673	0.9772	0.9746
2001	0.9861	0.9565	0.9244	0.9040	0.9580
2002	0.9687	0.8864	0.8311	0.8155	0.9060
2003	0.9449	0.9095	0.9155	0.9643	0.9342
2004	0.9163	0.8237	0.9687	0.9475	0.9038
2005	0.9245	0.9074	0.8738	0.9064	0.9103
2006	0.8582	0.3490	0.8674	0.8727	0.7276
2007	0.9715	0.4750	0.9539	0.9114	0.8299
2008	0.9058	0.0970	0.7352	0.8586	0.6623
2009	0.9295	0.5955	0.4935	0.6582	0.7418
2010	0.2299	0.0353	0.0736	0.1711	0.1484
2011	0.3279	0.2037	0.6741	0.6621	0.3912
2012	0.9940	0.7114	0.4258	0.7302	0.8022
2013	0.9893	0.8560	0.7378	0.9990	0.9201
2014	0.9133	0.8577	0.9734	0.8377	0.8965
2015	0.9860	0.9335	0.6870	0.7673	0.8991
2016	0.9063	0.4425	0.7668	0.8218	0.7527
2017	0.9381	0.1577	0.9265	0.9283	0.7298
2018	0.9637	0.5917	0.9609	0.8645	0.8514
变异系数	0.2382	0.5021	0.2925	0.2195	0.2559
均值	0.8815	0.6258	0.7832	0.8242	0.7923

从系统协调发展水平的均值来看，1999～2018 年各二级指标对新型城镇化系统协调度平均水平差异不小。其中，协调度均值最大的是城镇经济水平为 0.8815，达到良好协调接近高度协调；协调度均值最小的是城镇生活质量为 0.6258，刚刚达到初级协调水

平；新型城镇化系统总协调度均值为0.7923，达到良好协调水平。新型城镇化系统100个协调度观测值中，有15个不协调观测值，其中系统总协调度有2个观测值不协调，协调度为90%；城镇生活质量不协调观测值有9个，协调度仅为55%；城镇居住环境不协调观测值有3个，协调度为85%；城镇经济水平不协调观测值有2个，协调度为90%；城镇生活设施不协调观测值仅有1个，协调度为95%。最后从系统各协调度20年随时间的波动情况来看，各子系统波动幅度差异较大，其中城镇生活质量协调度的波动幅度最大，其变异系数为0.5021，城镇生活设施协调度的波动幅度最小，其变异系数为0.2195。

4．小结

本节分别从衡量发展变化增量的贡献率和发展变化速度的协调度两方面对农业现代化及新型城镇化的协调度进行构建。

从贡献率测算结果看：①农业生产投入对农业现代化水平增加的贡献率最大但呈下降趋势，农业生态环境贡献率最小且负向波动大，农业经济水平贡献率逐渐被农业综合产出超过。农业现代化系统内部贡献率变化说明，农业生产投入的提高对农业现代化水平提高的带动作用最大，但近年其贡献度下降表明农业生产投入的范围、力度和集约性需要优化；农业经济水平贡献度下降，表明农村居民收入增加速度变慢、难度变大，一定程度阻碍了农业现代化发展；农业生态环境的脆弱性和恶化趋势影响了农业现代化的发展，需要加大对农业农村环境的重视和投入。②新型城镇化系统中，城镇经济水平对城镇发展的贡献率最高，表明提高新型城镇化水平，首先需要提高城镇经济水平，包括提高非农产值和非农就业比重、提高城镇居民收入、缩小城乡收入差距等方面。城镇生活质量贡献率仅次于城镇经济水平，但2003～2009年其贡献率波动较大，与其间社保体制改革和高等教育制度改革等关系很大，总体来说，在城镇经济发展到一定水平后，要提高新型城镇化水平就必须加强对城镇生活质量的改善，包括医疗条件、社会保障水平和教育环境等方面。城镇居住环境贡献率20年间下降了20%，说明城镇化进程中大量农村人口向城镇聚集对城镇绿化、拥挤度、住房条件等的改善产生了很大挑战。

3.4.2 系统间协调度测算

1．系统间协调度测算方法

系统间的协调发展，可以看成是为了实现复合系统整体有序发展的目标，各子系统间相互配合、相互调整而形成的各自自身状态、相互比例关系以及相互影响关系不断变化的过程。对于子系统间协调发展程度的评估，是对系统实际发展水平的观测值与其协调发展值接近程度的定量描述。

我们可以建立协调系数 $C\in[0,1]$ 的标度函数来衡量子系统间协调发展程度。协调系数 C 越大，表明子系统间的协调发展程度越好；协调系数 C 越小，表明子系统间的协调发展程度越差；C 的值越接近于1，表明协调程度越高。

系统中有农业现代化 A 和新型城镇化 U 两个子系统，在协调度测算时，具体包括以下协调系数。

C（U/A）：U 子系统对 A 子系统的协调系数；C（A/U）：A 子系统对 U 子系统的协调系数；协调系数 C 的大小表示其协调程度，其不同区间可以作为不同协调程度的衡量标准。这里将其划分为 6 个区间：$C\in$（0，0.2］为极度失调，$C\in$（0.2，0.4］为严重失调，$C\in$（0.4，0.6］为濒临失调，$C\in$（0.6，0.75］为初级协调，$C\in$（0.75，0.9］为良好协调，$C\in$（0.9，1］为高度协调。

2．农业现代化与新型城镇化系统协调度测算

对农业现代化与新型城镇化系统协调度测算时，首先依据二者评价指标体系结果，对一个子系统协调发展时对另外一个子系统所要求达到的发展水平进行拟合回归。1999～2018 年的农业现代化和新型城镇化综合发展水平得分均是时间序列数据，具有较强的自相关性，即上一期存量对当期发展水平有较大影响，因此在进行二者回归拟合时，引入因变量的滞后期作为自变量。农业现代化系统 A 和新型城镇化系统 U 的协调度，具体结果见表 3-17。

表 3-17　农业现代化系统与新型城镇化系统的协调度

年份	C（U/A）	C（A/U）	C（A，U）
1999	0.5043	0.4356	0.5177
2000	0.5206	0.5683	0.5421
2001	0.5214	0.6119	0.5799
2002	0.5209	0.6287	0.5843
2003	0.5321	0.6495	0.5891
2004	0.6195	0.6442	0.608
2005	0.6861	0.7013	0.7008
2006	0.5403	0.5675	0.5104
2007	0.604	0.5574	0.5758
2008	0.6298	0.5881	0.5911
2009	0.7056	0.6082	0.6561
2010	0.7191	0.6295	0.6426
2011	0.7124	0.6375	0.6206
2012	0.744	0.6411	0.6992
2013	0.7444	0.6483	0.728
2014	0.7464	0.6616	0.7357
2015	0.7924	0.6706	0.7153
2016	0.802	0.6853	0.7545
2017	0.8428	0.6957	0.7423
2018	0.8449	0.7091	0.7401
均值	0.6743	0.6269	0.6447
变异系数	0.1688	0.1639	0.1479

1999～2018 年，农业现代化对新型城镇化的协调水平 C（A/U）平均值为 0.6269，刚达到初级协调水平，其变异系数为 0.1639；新型城镇化对农业现代化的协调水平 C（U/A）平均值为 0.6743，达到初级协调水平，其变异系数为 0.1688，波动幅度略大于 C（A/U）；农业现代化系统与新型城镇化系统的协调水平 C（A，U）平均值为 0.6447，位于 C（A/U）与 C（U/A）平均值之间，但其波动幅度最小，为 0.1479。

从图 3-1 来看，农业现代化系统与新型城镇化系统之间的协调关系呈阶段性变化趋势：① 2000 年以前 C（U/A）值大于 C（A/U）值，表明新型城镇化对农业现代化的协调程度较好，即这段时期农业现代化发展水平离新型城镇化与其协调发展所要求的水平偏差较大，农业现代化发展相对滞后；② 2000～2006 年 C（A/U）值大于 C（U/A）值，表明农业现代化对新型城镇化的协调程度较好，即新型城镇化水平离农业现代化与其协调发展所要求的水平偏差较大，新型城镇化发展相对滞后；③ 2009 年开始 C（U/A）值大于 C（A/U）值且二者差距有扩大趋势，表明农业现代化发展水平离新型城镇化与其协调发展所要求的水平偏差又开始变大，农业现代化发展动力和支撑力不足。特别是从 2009 年中国房地产市场开始出现了波浪上升的局面，城镇化发展进一步提速，“两化”之间的差距进一步拉大。农业现代化系统与新型城镇化系统总协调系数 C（A，U）值呈曲线上升的趋势：2005 年之前，我国城镇化开始加速发展，城镇化发展对农业现代化发展有明显的挤出效应；2005～2009 年，在城镇化发展迅速的同时，农业现代化也开始加速发展；2010 年至今，城镇化发展与农业现代化的相互拉动效应开始显现，二者发展趋势逐渐平稳。

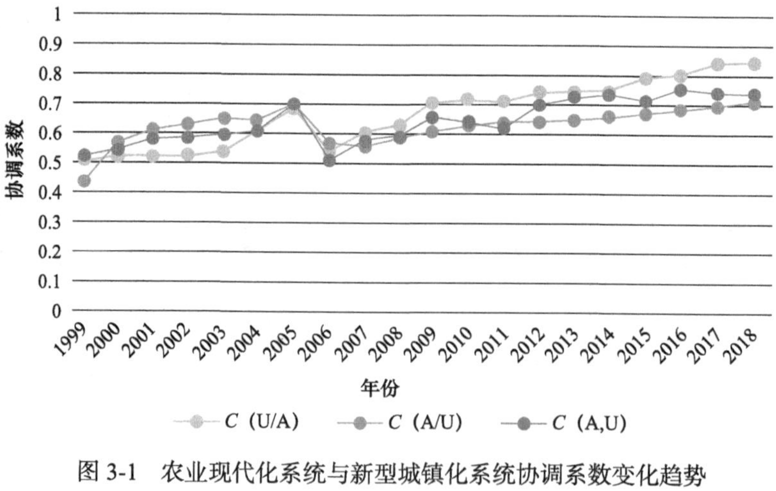

图 3-1　农业现代化系统与新型城镇化系统协调系数变化趋势

3．小结

本节计算了 1999～2018 年农业现代化 A 与新型城镇化 U 两个子系统相互之间的协调系数，分别从一个子系统对另一个子系统的协调系数和子系统间的协调系数两方面进行了测算。

从一个系统对另一个系统的协调发展情况看，本节计算了两个子系统间的相互发展协调系数，主要结果有：①纵向上，*C*（U/A）达到初级协调水平（0.6734），变异系数为 0.1688；*C*（A/U）均值为 0.6269，处于初级协调水平，变异系数为 0.1639。②横向上，1999～2018 年子系统相互发展协调系数的平均值整体变化呈先增加后减少的趋势，但都基本处于良好协调水平；历年子系统相互发展协调系数的波动较大，变异系数整体呈先下降后上升的趋势。协调系数平均值较小的年份对应的变异系数一般较大，说明各子系统相互发展协调系数差异较大的时候，整体协调发展平均水平较低。

从两个系统间的协调发展情况看，主要结果有：1999～2018 年农业现代化和新型城镇化系统的协调系数平均值为 0.6447，达到初级协调水平。

第4章 以“两化”协同发展为目标的现代农业规划方法

4.1 农业规划程序概述

国家级专项规划是指导特定领域发展、布局重大工程项目、合理配置公共资源、引导社会资本投向、制定相关政策的重要依据。国家级专项规划按照《中共中央 国务院关于统一规划体系更好发挥国家发展规划战略导向作用的意见》(中发〔2018〕44号)、《国家级专项规划管理暂行办法》(发改规划〔2007〕794号)的规定进行立项、起草、衔接和论证、报批、实施等工作。其他专项规划则按照《国务院关于加强国民经济和社会发展规划编制工作的若干意见》(国发〔2005〕33号)进行管理。根据上述规定，农业规划编制可划分为以下5个阶段。

1．任务确定阶段

农业规划一般由各级人民政府农业部门提出规划编制计划并组织编制，初步确定规划主题及规划团队范围后，与规划咨询机构接洽。规划咨询机构根据接洽情况及初步考察结果确定是否合作，如果同意合作，则制订规划大纲和工作方案，签订规划编制合同，确立规划编制任务。

2．前期准备阶段

确立规划编制任务后，规划咨询机构围绕规划主题召集相应专业的人员组成规划编制团队，依据大纲和专业结构进行分工，部署规划调研和编制工作，搜集相关资料，进行现场调研，并对调研期间及之前收集的资料进行系统整理，为规划编制工作做好准备。

3．规划起草阶段

这一阶段的主要任务是研究分析、明确思路、起草规划。农业规划的分析主要是对产业发展的经济社会背景、产业本身各环节、产业支撑保障体系等的分析。确定产业发展的指导思想、基本思路、发展理念、发展重点等。同时慎重起见，应就分析结果及初步确定的思路、理念等提出倾向性的意见，提交委托方。经双方讨论后，确定更加详细的规划框架，并据此起草规划初稿。规划初稿需要对产业发展目标、产业发展重点、产业布局、重大工程项目的安排、投资等进行明确的表述。

4．征求意见阶段

规划初稿完成后，需要广泛征求规划区域相关部门、相关主体及有关专家的意见，与相关规划进行衔接。在充分征求各方意见后，对规划草案进行修改和完善，形成规划送审稿。

5．评审报批阶段

规划送审稿完成后，提交专家组评审。规划编制人员向专家组汇报规划主要内容，回答专家组问题。专家组经讨论形成书面评审意见。如果通过评审，则吸取专家组意见后修改，完成终稿，提交有关部门报批。如未通过评审则继续修改，再次组织评审。农业规划编制程序如图 4-1 所示。

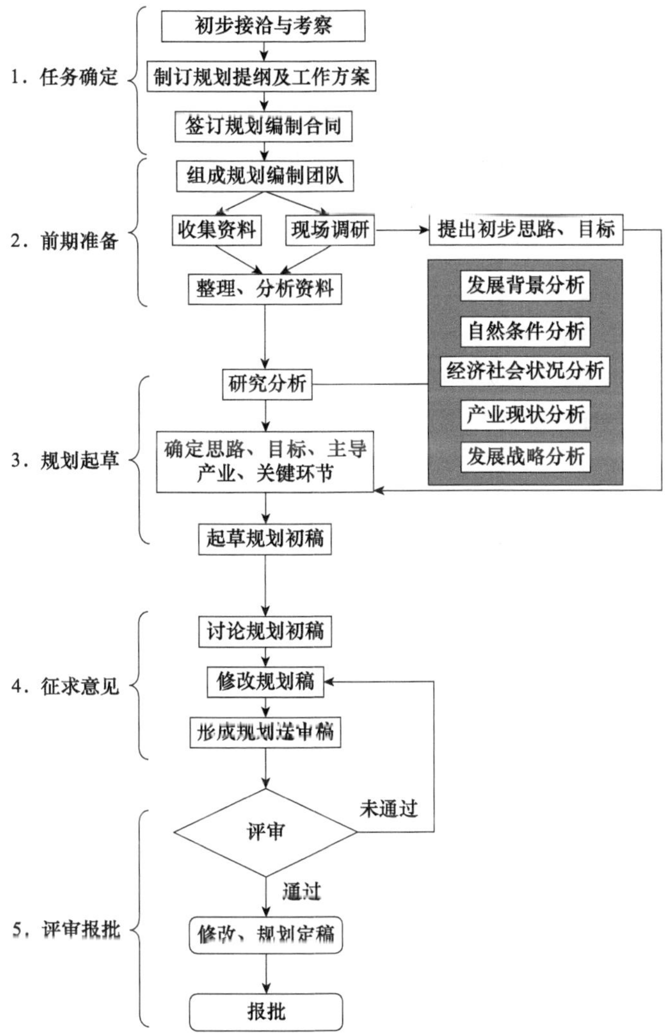

图 4-1　农业规划编制程序

4.2 规划任务确定阶段工作要点

农业部门自主或根据上级指示和要求提出规划主题、规划范围、规划期等初步设想，初步确定规划团队的范围，规划团队或由当地政府组织人员组成，或由专业咨询机构人员组成，或者二者兼有。如果确定由专业咨询机构编制，则通过公开招标、定向约请、行政指定等方式确定规划咨询机构，并与规划咨询机构进行接洽。双方初步接洽时针对规划主题、规划范围、规划期、规划进度、规划深度等问题进行探讨，如果能够达成初步的共识，则确定进行首次现场调研的时间。

首次现场调研人数较少，主要是了解总体情况，为确定规划任务量以及是否接受规划任务委托提供依据。由于委托方在这一阶段对规划主题、规划思路等问题大多只有方向性的认识，尚不具体和清晰，规划咨询机构在初步调研时需要利用经验、专业知识等提出问题和建议，引导委托方进一步明确思路和认识。根据现场调研结果，与委托方进一步协商，明确规划的产业范围、时期、区域、性质（发展 / 建设 / 开发）和深度，形成大纲和工作方案。工作方案中明确规划参与人员范围、工作进度、成果形式等。如果双方能够就上述事项以及规划编制费用等达成一致，则签订规划编制委托咨询合同。委托咨询合同包括双方基本信息、合同有效期、规划内容、双方权利与责任、工作经费、付款方式、成果形式、验收标准、保密约定、违约条款等内容，经双方签字盖章后生效。规划编制任务由此确定。

4.3 规划前期准备阶段工作要点

4.3.1 规划团队组织

规划任务确定以后，需要组织规划编制团队。规划人员的组成根据规划的区域、产业、深度来确定。

1．人员的专业结构

规划团队人员的专业结构配置是保障规划科学性的重要环节。规划人员的专业应与所规划的产业相匹配。一般来说，应选择熟悉规划产业的人员。例如，畜牧业规划应配备畜牧学专业或相关专业的人员。除了与规划产业直接对应的专业人员外，还需要配备管理类、经济类专业的人员。根据规划的要求，在规划团队中需要有农业政策研究方面的专家，以便从宏观角度对规划涉及的产业方向进行定位，管理学和经济学专业的人员可以对规划区域的经济社会状况、市场需求、产业链等进行分析。根据所规划的产业，还可以选择农学、食品工程、水利工程或环境学等学科的人员，从不同的角度对产业发展中的问题做出专业的判断，提出相应的解决办法。如果需要，还应邀请熟悉规划区域的有关专家参加。

2．人员配置中的其他因素

一般来说，参与规划编制的人员也需要参与规划调研，因此在人员配置上，要综合考虑各种因素。在人员组织方面，不仅要考虑专业的配比，还需要考虑语言沟通能力、身体素质、性别等因素。对于可能遇到语言障碍的规划区域，应尽可能配备熟悉当地方言的人员，以便在规划调研时有效地收听与反馈信息。对于一些自然条件较为恶劣的区域，应尽可能选择身体素质较好的人员，以保障规划调研和编制工作的顺利进行。

3．规划任务的分配

规划工作的综合性强、工作量大，而且有一定的时间限制，个人单独完成的难度很大。一般来说，规划任务要分解为几个相对独立的任务单元，由规划团队中的人员分别承担，再将完成后的任务单元综合起来。规划主要由背景分析、产业发展现状分析、主要产业发展规划、重点工程建设规划、支撑保障体系规划、投资与效益分析、政策建议与保障措施等部分组成，这些都可以成为相对独立的任务单元，有的内容还可以细分为更小的单元，分别由不同的成员分担。例如，“主要产业规划”中不同的产业由相应专业的人员承担。规划任务的分配应在规划动员时做出明确安排，参与规划的人员应该有足够的能力、精力和时间完成所担负的工作任务。在规划调研时，规划人员可根据各自承担的工作任务重点调研。

规划编制组一般由组长或主持人负责协调整个规划编制过程中的各项事务，包括委托编制规划的合同起草、大纲制订、工作方案制订、与委托方沟通、与编制组成员沟通协调、编写章节分工、统稿等。其他小组成员则负责完成所分配的任务。

在规划编制正式开始前，规划组长应与规划委托方和规划团队组成人员就规划的思路达成一致意见，明确各部分的思路和重点，商定交稿时间，然后由规划团队成员分头写作，担负部分工作的人员分别完成各部分的写作后，再汇总起来，由统稿人统稿。

4．规划中的分工与合作

规划需要分工，也需要合作。规划既具有综合性，也具有统一性，规划各部分的写作都需要围绕确定的规划思路来进行。因此，在规划调研和编制过程中，规划团队成员之间既有明确的分工，也需要密切合作。不同成员承担的规划编制内容在逻辑上应保持一致，在顺序上也具有一定的承接关系。例如，规划中的背景和现状分析部分为后面的内容奠定基础，投资与效益分析依据重点工程建设等部分的项目规模、内容等进行估算，这些都需要承担相应部分的成员相互沟通，密切合作。

建立良好的合作机制是规划顺利完成的重要保障。规划是根据现状对未来发展做出的谋划，发展思路和目标的确定、发展重点的判断、项目的设计、发展机制的创新等工作既需要经验学习，也需要创新。新的思想往往潜藏于个体中，只有将潜在的思想激发出来，才能形成新的成果。因此要创造宽松的环境，规划过程中保持积极、通畅的沟通，使具备不同知识和经验的人充分交流，相互激发其潜能。在组织结构上，扁平式结构比垂直式结构更能激发团队成员的积极性和创造性。

在规划编制中，应充分利用团队成员的不同风格和不同专业背景。有些成员喜欢从宏观和长远的角度考虑问题，有些成员则比较关注具体的活动和技术层面的问题；有些成员关注市场前景，有些成员关心配套产业或设施，有些成员关注环境改善等。这些问题在现代农业规划中都需要考虑，只是在不同的阶段考虑重点不同，需要规划的组织者进行引导和协调，引导成员将注意力集中到当时关注的重点上，并在后面的阶段提供机会让关注其他方面的成员发挥其思考风格或专业的优势。

4.3.2 规划资料收集与现场调研

1．规划调研清单

在调研的准备阶段，需要先通过网络资源或书籍收集与规划区域有关的资料，初步了解规划区域的地理条件、经济发展条件和社会人文条件。其中，地理条件包括区位交通、地质地貌、气候和自然资源等；经济发展条件包括经济发展水平、产业结构、人均收入等；社会人文条件包括人口、民族、风俗文化等。在初步了解规划区域概况之后，针对当地农业产业发展状况和规划的要求，预先提出一些问题，带着问题进行实地调研，这样会使调研更具有针对性。

一般要在规划调研前准备资料清单，便于委托方准备资料，也为调研和后期规划编制提供基础。资料清单尽可能做到完整、周密，能够涵盖规划编制所需的全部当地资料，资料清单发出前最好请规划组成员进行补充，并汇总整理，做到清楚明了，便于委托方进行资料收集，尽可能避免多次发清单给委托方的情况。

此外，规划组成员也要收集国家的相关政策、主导产业发展趋势、技术应用趋势等资料，对规划区域的农业发展和主导产业发展形成初步的判断。

现场调研是规划所必需的步骤。规划以现状为起点，科学的规划建立在对现状的充分了解上。尽管前期会收集大量文字资料了解规划区域，但这不能替代现场调研。规划的客观性和科学性都以真实的信息为基础，现场调研是获取这些真实信息的重要手段，可以使规划编制更具针对性。现场调研也是规划委托方和编制方协调沟通的良好机会。

现场调研重要又繁复，同时涉及委托方和编制方的人力、物力、财力资源的调动，因此需要事先周密安排，制订调研方案，控制调研过程，以取得预期效果。

2．调研方案

成功的调研需要周密的组织和设计。调研方案是整个调研的行动纲领，是保证调研顺利进行的重要前提。社会调研方案一般包括以下内容。

① 调研目标：包括研究成果的目标、成果形式的目标和社会作用的目标。

② 选择调研单位：对象、地区、范围。

③ 选择调研方法：观察法、问卷法、访谈法、文献收集法。

④ 调研工具：包括器具类的如照相机、录音机、摄像机、交通工具等；文书性的如访问提纲、调研问卷、统计表等。

⑤ 调研人员的组织：包括课题负责人的确定、分组及分组负责人的确定、调研人员的选择、培训和管理等。

⑥ 调研经费筹措。

⑦ 调研时间的安排，如农业调研避开农忙，企业调研避开年终结算。

⑧ 其他工作：其他与调研相关工作，如对调研的宣传工作。

3．规划中现场调研的目标

规划中的现场调研不同于一般的社会调研，其他社会调研往往围绕一个课题，对特定的假设进行检验，有一系列的指标和变量，调研成果往往通过调研报告、论文或著作的形式体现出来，而农业规划中的现场调研则着重于了解产业现状、产业发展环境、不同群体对于规划可能涉及项目的态度等，为形势判断、前景预测、项目设计等提供支撑。调研的成果不一定单独以报告的形式体现出来，而是经系统整理后融入规划文本当中。因此，规划的前期调研主要是到规划区域查看现场，与规划涉及的利益主体交流意见，了解产业发展现状及其进一步发展的条件，收集相关资料，为规划编制打好基础。

4．调研对象的选择

现场调研一般在拟定的规划区域内进行，根据规划资料收集的需要，在规划区域内选择不同的点进行调研。

（1）社会调研

根据调研对象选择方式的不同，社会调研可以分为普查、抽样调查、个案调查和典型调查。普查和抽样调查可以全面了解调查对象的状况，但一般耗时长，需要调集的人力、物力多，成本高。个案调查一般需要较长时期的追踪调查，而且只限于了解个案本身的问题，难以推及整体状况。规划现场调研的时间一般比较有限，这 3 种方法都不常用。规划中使用较多的方法是典型调查，即在对调查对象进行初步分析的基础上，选取若干具有代表性的对象作典型，对其进行周密系统的调查，以了解调查对象总体的情况。根据规划区域和重点产业的不同，调研对象也有所不同。与普查和抽样调查相比，典型调查相对灵活，所需的时间、人力、物力都相对较少，而且比普查和抽样调查更深入，如果选择的典型代表性强，调研方法得当，可以很好地了解整体状况。典型调查的关键在于调研对象的选择，高质量的调研需要选择者对规划区域有一定了解，并具有客观的态度和良好的判断能力。在规划当中，典型的选择一般由委托方和规划方共同协调完成。在选好典型之后，调研的质量就取决于调研的组织、调研方式的选择、调研过程的控制等因素。可以根据需要，与委托方就调研方案进行协商，合理安排调研对象与进程。

（2）政府部门调研

规划的调研对象包括与规划相关的各利益主体，包括政府部门、协会、企业、农户和合作组织等。规划的执行离不开相关利益主体的参与和协调，在调研当中需要了解各利益主体的诉求，从中发现产业发展可以利用的潜力和主要依靠力量。

针对政府部门的调研侧重了解规划区域农业发展的总体情况，以及规划所涉及的各部门对农业发展的意见和导向。将提出规划或准备实施规划的部门应作为重点调研对象，在调研中尽可能明确对方基本的思路，如果对方基本思路不清晰，则需要通过提问、讨论等方式共同探讨，进一步明确。一般来说，对于政府部门的调研宜采取座谈的形式，以便集中听取不同部门的意见。对于与规划直接相关的重要部门，如果需要也可以单独访谈。农业规划中的座谈分为综合座谈和专业座谈。

一般来说，综合座谈包括规划区域政府主管农业的领导或主管农业的部门（如农业与农村工作办公室）、发展与改革部门、国土局、财政局、统计局以及其他需要沟通的部门。对不同的部门要了解的重点不同：主要向政府中主管农业的领导和农业综合协调部门了解规划区域的自然资源状况、农业发展的总体情况，就农业发展的总体思路进行交流，并取得农业综合协调部门的支持，以便协调规划中的事务；主要向发展与改革部门了解规划区域的整体情况，包括人口、总体经济状况、主要产业、农业在社会经济中的总体定位、总体规划等；主要向国土部门了解土地利用现状、土地利用规划等，了解土地整理状况、可以开发为农业用地的土地面积，并协商地图、土地利用规划等资料的获取；主要向财政局了解财政收入状况、财政支农项目的运行状况及未来的财政支农预算；主要向统计局协调规划区域统计资料、分县域（乡镇）的农业生产条件和农业生产情况资料；向林业局等其他需要沟通的部门了解相应的情况。在开座谈会之前，可以将需要了解的主题发给对方，以便对方事先提供纸质或电子版的书面材料。

综合座谈侧重对规划区域总体情况、农业总体情况及其外部发展条件的了解，专业座谈则主要是对农业本身的了解，更加具体和深入。专业座谈主要针对农业部门的各有关机构，如畜牧兽医局、经济作物站、经管站、土肥站、农业信息中心、质检站、农技推广站等，根据确定的主导产业了解各主导产业的技术支撑、公共服务等情况。在专业座谈之前，最好能够根据已有的资料或调研中的感受提出一些问题，以便使座谈更有针对性和更加深入。如果同时有多个主导产业且参与调研人数较多，可以根据专业将人员分组与相应部门座谈。

（3）农户和企业调研

对于农户和企业的调研需要分不同的规模，着重了解生产技术条件、市场销售状况和当前存在的困难等。由于时间和经费的限制，对于农户和企业的现场调研往往采用典型调查的方式。根据当地的农业产业发展特点，选取重点产业的相关农户和企业进行调研，农户可以分为普通农户和专业户，企业也分为大、中、小型企业，在选取调研对象的过程中，尽可能兼顾到不同的区位条件（如距离市场的远近）、地形条件、发展水平等，使所选农户或企业具有相当程度的代表性。企业的选择不仅要有生产型企业，也要有销售型企业。此外，调研还应涉及专业市场、农业专业协会、农民专业合作组织等。

无论面对哪一种组织的调研或访谈，选择的被访谈人都应对所调研问题有足够的了解，政府部门主管人员、企业领导或主要业务主管人员、农户中的户主等都是理想的访谈对象。

在调研结束后，根据需要可以再次与规划的委托方进行座谈，对调研得到的初步印象、发现的问题以及基本的思路进行交流，共同探讨规划的思路、发展目标、布局、规模等重要问题，就以上问题形成一致的意见，并将规划委托方的规划思路明确地落到文字上。

5．调研方法的选择

常用的调研方法主要有文献收集法、观察法、访谈法、问卷法等，规划现场调研可以将观察、体验、访谈、座谈相结合，以争取在有限的时间内尽可能多地获取所需信息。

（1）文献收集

文献收集在规划编制的不同阶段都会用到。在进入规划区域进行实地调研时也需要进行文献收集，主要是收集当地有关规划区域气候、地理等的文字资料，当地经济、社会发展现状介绍资料（如政府工作报告、工作总结），当地与规划有关的政策文件、会议记录、统计资料（如年鉴、报表），以及可能需要对接的相关规划等。在现场的资料收集过程中需要考虑规划区域的部门设置及分工状况，尽可能将需要的资料列出清单，并按部门归类提交给对方。在现场调研结束后，也可以根据调研情况以及规划编制的需要继续收集相关文献，如有关的国家宏观政策、产业发展趋势等。

（2）实地观察

实地调研要做到"勤问、勤看、勤记"。调研过程中，通过观察和体验可以了解规划区域的地形、地貌、植被、气候、交通、社会发展水平、文化风俗等，并能够发现新的问题。观察不是一个独立的环节，它贯穿于整个现场调研当中，参加调研的人员要有意识地观察和发问。在参观调研时，可以将与规划有关的基础设施状况、生产条件等进行拍照，以便交流，一些地方会将已经取得的成就或未来的发展蓝图在宣传栏中展示，如果与规划相关，也可以拍照或找相关人员索取宣传材料。

（3）访谈

访谈是规划调研中交流意见、获取信息的主要渠道。这是一种面对面的调研方式，具有较大的灵活性和互动性，可以从多个方面判断被调研人的态度，及时发现调研前未考虑的问题并进行补充。

访谈可以是个别访谈，也可以是集体访谈，集体访谈即座谈会。无论是哪一种访谈，都最好事先拟好访谈提纲或调研问卷。对于政府部门的调研，可以采用座谈与问卷相结合的形式，对于农户和企业一般采用个别访谈方式，可以用问卷或访谈提纲来进行。开座谈会首先要确定会谈的主题，根据主题选择参会人员，在会前应将主题和主要内容通知参会者，以便提前准备资料。在座谈当中，调研者应引导座谈者围绕访谈提纲发言或讨论，会上不便深入了解的问题可以留待会后单独访谈。座谈结束后要将已解决的问题和未解决的问题分类，对未解决的问题或者会上不便深入了解的问题进行补充调研。为了会后调研方便，应在座谈会前或会议期间留下参会者的联系方式。对于政府部门的问卷则主要是为了获取统计报表中没有体现出来的数据。

对于企业和农户的调研则需要深入企业或农户中。有效地收听与反馈是现场调研成功的关键。在到每一个调研点之前，应尽可能事先了解调研点的概况。如果遇到语言沟通问题，需要提前请委托方协助。在访谈开始前要向被访谈者说明调研目的、内容和方法等，以取得对方的支持与配合。在调研中要尊重对方的风俗习惯，到生产现场调研时尽可能不干扰其正常生产活动，对方有特殊要求的，应予以配合。例如，消毒、避让等。在对方做情况介绍时认真倾听，发现有价值的问题及时提问，如果被访谈者允许，可以留下对方联系方式，以便补充调研。

访谈时要注意使用正确的提问方法。规划调研需要在较短的时间内获得所需的大量信息。为了提高调研效率，不仅要选择合适的调研对象，而且要注意提问的方式，使访谈对象能够正确理解所提的问题，并引导访谈对象针对性地回答。在提问中应避免宽泛的问题，为了得到有效的信息，调查者首先将自己关心的问题明确化，尽可能将想要了解的问题细化为被访谈者容易理解的小问题。例如，了解畜牧业的发展情况，可以将问题明确为畜牧业的产值、产值增长状况、每年出栏的畜禽数量、出栏率等。提问时对问题的表述要注意对方的表达习惯，避免使用对方难以理解的专业术语，必要时可以将专业术语通俗化来提问。对于有可能被认为是隐私的问题，应注意提问的场合和技巧。例如，被访者一般不愿意透露自己真实的收入状况，可以通过分别调查收入和成本间接估计收入状况。在提问当中需要避免可以用简单的“是”或“不是”回答的问题，为了访谈对象能够深入介绍情况，问题应该具有一定的开放度。另外，在提问时应避免加入提问者主观导向，否则不利于了解真实的信息。

6．调研中的其他事项

调研时间根据资料收集情况和双方工作安排情况进行协调。出发调研前应先充分利用收集到的资料，捕捉委托方的主要思路和想解决的问题，根据材料和规划的需要预先提出问题。参与规划编制的人员往往都需参与现场调研，在进行调研之前应进行动员，介绍规划区域的基本情况，明确调研目的、思路、时间安排、分工、调研纪律、注意事项等，同时准备好相机、录音设备等以便记录有价值的信息，还要准备访谈提纲、问卷、地图等纸质性资料。在现场调研过程中，应利用各种现场调研方法充分了解规划委托方的想法和当地社会经济状况、产业发展状况等信息，收集文本资料、地图资料等。此外，调研间隙应及时整理调研笔记，检查调研问卷，这样的工作最好在当天进行，如有重要信息的遗漏，可以及时补充调研。在分组调研的情况下，各小组之间应对当天调研过程中遇到的问题进行沟通，如果发现问卷或访谈提纲与当地情况不适应，应及时调整和补充，以便后面的调研取得更好的效果。在调研结束后，应汇总调研资料并共享，由专人负责保存。在对收集到的资料进行分析整理后，如果需要，可进行补充调研。

在调研出发前应提前安排现场调研时的交通、住宿事宜及行程。通知对方调研团队的人员构成，包括职务和性别，以便对方接洽和安排住宿。赴调研点之前，最好能够拿到行程安排，以提前了解调研点的基本情况，使调研更有针对性。在调研过程中，如果发现调研点安排与调研目的不符，需及时调整。接洽过程中可以适时了解对方对整个产业的看法、主要的布局地点、典型调研地点等。在调研时间和调研经费的安排上，需要委托方和规划编制方相互协调，合理安排，在能够获取规划资料的前提下，尽可能节约时间和经费。

7. 调研资料的审核和整理

规划的现场调研结束后，要对调研中获取的资料进行审核和对照，去伪存真，去粗取精，更正错误数据，补充缺漏数据，去除冗余资料，使资料尽可能真实、准确和完整。如果在一个问题的表述上有不同的数据，则需要与委托方确认，统一数据。要舍去明显违背社会常理或前后矛盾的资料。对于鉴别后的资料进行进一步整理和汇总，使其系统化、条理化，便于参与规划的人员分享。在此基础上，根据规划各部分的写作需要进行分析。

为了积累调研经验，不断提高现场调研水平和工作水平，在调研或结束规划后应进行总结，采取总结座谈、撰写调研报告或总结报告等形式，总结调研中发现的新问题、新模式及调研工作中的经验和教训。

4.4　规划起草阶段工作要点

4.4.1　规划分析

规划分析是规划当中最重要的工作，规划编制是提出问题、研究问题、分析问题、解决问题的全部过程。规划的水平高低，很大程度上取决于研究分析是否深入、是否抓住了关键问题并提出恰当的解决方法。规划文本实际上只是研究分析结果的系统化和条理化。

规划分析的具体任务包括：对调研资料和文字资料进行整理和分析；深入分析规划编制时的政策背景、市场背景、规划区域的社会经济状况、自然资源状况、产业发展面临的机遇与挑战、产业本身的优势与劣势；对规划区域所处的社会阶段、产业发展水平、目标市场做出基本的判断等。通过对产业链各环节的梳理，找出制约产业发展的关键问题和薄弱环节，并给出适合规划区域社会经济发展方面实际问题的解决办法。

1．背景分析

产业发展背景主要采用 PEST 分析法。PEST 分析是产业发展宏观环境的分析方法，“P”“E”“S”“T”分别代表政治（political）、经济（economics）、社会和文化（social and cultural）以及技术（technological）。农业现代化和新型城镇化进程同样体现在以上各个方面，在“两化”协同背景下进行现代农业规划背景分析，更应关注伴随城镇化进程的政治、经济、社会文化和技术环境变迁。

政治即产业发展的政治法律环境，包括政治制度与体制、政府的政策、国家法律法规等。政治法律环境对产业发展具有直接的影响，产业发展只能在既定的政治法律框架内进行。对于农业产业来说，国家基本政治经济制度、土地制度、农村基本经济制度都构成了农业发展的政治法律框架，这些框架是规划分析的潜在前提，但一般不体现在规划文本中。国家高层对发展阶段的判断，政府对特定产业的导向往往通过相应的政策文件、规划等体现出来，在产业规划中要进行分析，并将这些政策文件、规划作为依据，尤其要注意新政策、新导向。

经济即产业发展的经济环境，包括社会经济结构、经济发展水平、宏观经济政策、消费者的收入水平和支出模式、社会购买力、经济增长率、就业水平等因素。经济环境决定着特定产业的市场需求状况、基础设施状况、产业所需劳动力供给状况及其成本、相关产业的配套状况等。经济环境直接影响着农业产业的发展方向，为产业的发展提供动力和支撑。对宏观经济环境的分析结果一般也不在规划文本中体现，但是规划编制人员对此要有一些基本的判断，才不会导致后面的分析出现大的偏差。规划区域的经济社会状况要体现在规划文本中。

社会和文化环境包括规划区域和目标市场所在区域的人口状况、文化传统、生活方式、风俗习惯、宗教信仰等因素。这些因素对人们的消费习惯、生产包装工艺都有不同程度的影响，从而形成不同的产品需求和消费群体。对社会和文化环境的分析，可以融入市场分析当中。

技术环境包括社会的科技水平、科技力量、国家科技体制、科技政策等要素。技术环境对于农业产业技术变革乃至产业发展方向都具有重要的影响，在现代农业中，技术环境对农业产业的影响日益加深。在农业规划中，要关注技术环境的变化，判断其发展趋势，为产业发展中的技术模式等奠定基础。

总的来说，产业发展背景的分析需要站得高、看得远，既要着眼于规划区域和特定的产业，也要放眼全国甚至全球。规划人员对政治法律框架、宏观经济发展形势、技术变化趋势等宏观情况应了然于胸，在规划分析时以这些知识作为潜在前提，对规划区域和特定产业的发展方向做出基本判断。

2．自然条件分析

自然条件是农业产业发展的基本条件。自然条件分析主要从规划区域的地理状况、自然资源两方面来进行，在说明产业发展基本自然环境的同时，也为产业选择、技术模式选择等做好铺垫。可以借助规划区域的地方志、基本情况介绍等资料进行分析。

（1）地理状况

地理状况往往通过规划区域的土地面积、地理坐标、各类地形所占的面积或比例、海拔等指标进行分析。通过经纬度和海拔可以大致判断规划区域的光热条件；通过地形可以判断农业发展的有利和不利条件。一般来说，平原耕地资源较为丰富，交通便利，如果气候适宜，则发展种植业的条件较好，适于大规模生产；山区耕地资源较少，交通不太方便，大规模生产面临的困难较多，同时，山区由于海拔差异较大，会形成立体小气候，气候和物种更为多样，发展特色农业、林业和旅游业具有优势；高原地区发展畜牧业和旅游业有优势。

此外，通过分析规划区域的交通区位即周边地区及与其他地区的交通联系，可以判断规划区域是否邻近大的目标市场，是否可以与周边地区资源互补，是否可以接受周边地区辐射，是否便于产品运输等。

（2）自然资源分析

自然资源分析主要通过土地资源、气候资源、水资源、森林资源等方面的指标来进行。

土地资源包括耕地、林地、草地等，可以通过不同土地类型的结构来判断产业发展的大致方向。如果耕地比例大，则适于发展种植业；如果草地比例远远大于其他类型土地，则可能适合发展草食畜牧业。还可以结合耕地坡度分布、土壤类型、土层深度等来分析，以便为重点产业的确定及相应技术措施的采纳提供依据。例如，坡度对种植业的影响：一般来说，坡度 15° 以下为农耕地的适宜坡度，苹果、板栗、梨、桃等果树可以在坡度小于 25° 的地方种植，但核桃需要在坡度小于 10° 的地方种植。一般阳坡水土流失和干旱程度大于阴坡，阴坡水土流失不严重、湿度较好，但阳光不足，只适合耐阴林。

气候资源包括气温、降水、光照等方面的指标。一定年限内的平均气温揭示规划区域内的一般温度水平，最低气温和最高气温是规划区域内的极端温度，如果超过主导产业生物生长发育的极端温度，则需要采取相应措施应对可能出现的风险。积温表明作物在生育期内对热量的总要求，农业中常用的积温主要是≥10℃积温，这一指标可衡量规划区域热量条件符合哪些作物生长需要，也是作物熟制划分的主要依据（见表 4-1）。无霜期指某地春季最后一次霜冻到秋季最早一次霜冻出现之间的天数。无霜期内各种作物都可以安全生长，无霜期的长短是作物布局和确定种植制度的重要依据。降水量是反映规划区域降水多少的指标，降水量可以分为年平均降水量和各月降水量或主要月份（一般是作物生长期）降水量。降水可为作物生长提供水分，年降水量在200毫米以下的地区为干旱区，年降水量在200～500毫米的地区为半干旱区，干旱区和半干旱区要辅之以地表水或地下水灌溉才能进行农作生产；年降水量在500～1000毫米的地区为湿润区，年降水量＞1000毫米的地区为潮湿区，降水量大的地区需要关注排水问题。降水（尤其是降雨）的集中程度对不同作物的影响也不同，而且对水利设施以及栽培措施等也有不同的要求，需要根据情况具体分析。

表 4-1　积温与熟制

温度带	范围	≥10℃积温 /℃	作物熟制
寒温带	黑龙江北部、内蒙古东北部	＜1600	一年一熟。早熟的春小麦、大麦、马铃薯等
中温带	东北和内蒙古大部分地区、新疆北部	1600～3400	一年一熟。春小麦、大豆、玉米、谷子、高粱等
暖温带	黄河中下游大部分地区和新疆南部	3400～4500	两年三熟或一年两熟。冬小麦复种荞麦等，或冬小麦复种玉米、谷子、甘薯等
亚热带	秦岭、淮河以南，青藏高原以东	4500～8000	一年两熟到三熟。稻麦两熟或双季稻。双季稻加冬作油菜或冬小麦
热带	滇、粤、台的南部和海南	＞8000	水稻一年三熟。甘蔗

水资源指标包括水资源总量、水域面积等指标，水资源总量是地表水和地下水量的合计，可以结合人口总数计算人均水资源拥有量，不过能够用于农业的水资源还取决于工业用水量、生活用水量以及水质等因素。水域面积是区域内水体覆盖的面积，可以为确定水产养殖规模提供参考。

森林蓄积量、森林覆盖率不仅可以反映规划区域的森林资源，也可以反映其环境状况。

3．经济社会条件分析

经济社会条件分析包括城镇化背景下的人口状况、经济发展状况、社会发展状况等，经济社会条件分析可以勾勒出农业产业发展的基本社会环境，为判断产业发展的依托条件和制约因素提供依据。

（1）人口状况

人口状况分析主要采用人口数、城镇人口比例、农村人口总数、少数民族人口数、农村劳动力数、农业劳动力数、农户户数等指标。人口数是判断本地市场规模、人均资源占有量等的基础数据，往往与其他总量数据结合起来使用。城镇人口比例（或城市化水平）是经济社会发展的一个重要指标，一般来说，城市化水平低于30%，是城市化的起步阶段；城市化水平高于30%，会进入一个加速发展期，持续上升到60%左右，是快速城市化阶段；城市化水平高于60%后，城市化速度减缓，城市化水平稳定在70%～80%，进入城市化成熟阶段。城市人口比例高的地区，往往经济发达，农产品的商品化程度高，同时为了防止加重城市垃圾处理负担，农产品尤其是蔬菜大部分应以干净便利的形式进入市场。农村劳动力数，尤其是农业劳动力数，是反映农业劳动力资源的重要指标，将这一指标与生产规模数据结合可以判断人均生产规模，与农业增加值结合可以判断农业生产效率，与耕地面积结合可判断劳均耕地；如果有劳动力的平均受教育年数或某种文化程度以上人口所占比重数据，还可以判断劳动力的文化素质。

（2）经济发展状况

经济发展状况可以通过生产总值、三次产业结构、人均生产总值、城镇居民人均可支配收入、农民人均纯收入、恩格尔系数等指标来分析。

GDP 是一定时期一定范围内各生产单位生产的增加值总和。增加值是一定时期新创造的价值。可通过计算各产业增加值占生产总值的比重来分析产业结构和工业化程度。按照库兹涅茨的理论（见表 4-2），当第一产业的比重下降到 20% 或以下，第二产业比重高于第三产业，且在 GDP 构成中占较大比重时，工业化进入中期阶段；当第一产业的比重降到 10% 以下，第二产业的比重上升至最高水平，转为相对稳定或有所下降，第三产业在 GDP 构成中比重最大时，工业化进入成熟期，开始向工业化阶段即发达经济过渡。根据第二产业和第一产业增加值的比例可以判断经济所处的工业化阶段。

表 4-2　库兹涅茨指标

经济发展阶段	初级产品阶段	工业化初期	工业化中期	工业化后期	发达经济阶段
第二产业与第一产业增加值之比	<1	2～4	4～6	6～8	>8

人均 GDP 是判断经济发展水平的关键指标，它反映了人均创造的价值和人均占有的经济资源，由于人口总数不同，地区与地区、国家与国家之间经济水平的比较主要依据这一指标。这一指标也指示着经济发展的不同阶段，以及社会所处的消费阶段。根据国际经验和规律，人均 GDP 1000 美元是经济社会发展的一个转折点。人均 GDP 1000 美元以下时，居民主要是以解决生活基本需求为主，对农产品的消费主要以数量满足为主；人均 GDP 1000 美元以上时，需求开始转向追求更高的生活质量和多层次消费，对农产品的需求呈现多样化，更加注重质量和便利性。

城镇居民人均可支配收入和农民人均纯收入分别反映了城镇居民和农村居民的收入水平，也反映了其潜在的购买力，当然，要将这种潜在购买力转化为实际的购买力还需要其他条件。在农业规划中一般更加注重农民人均纯收入的变化。农民人均纯收入不仅反映农民的平均收入水平，也在一定程度上反映农民的农业投入能力。农民人均纯收入既包括现金收入，也包括实物收入，而且工资性收入等来自非农业活动的比例正在增加，如果有收入结构数据，则可以结合起来分析。

此外，还可以通过通公路的行政村比重、通电话的行政村比重、通自来水的村比重等指标反映农村基础设施状况，农村基础设施对于农产品的运输、销售和信息传递都具有重要的影响。

4．产业现状分析

农业产业现状分析包括农业经济水平、农业产业结构、农业生产条件、农业生产水平、农业产业化水平、农产品质量水平、农业支撑条件等的分析。

农业经济水平主要通过农林牧渔业总产值来反映，可以通过分析其增长速度、所占参照对象（如上级行政单位）的份额来判断农业经济发展水平。

农业产业结构主要通过农林牧副渔①总产值占农业总产值的比例来反映，通过分析可以判断整体农业经济以哪种产业为主。当然，这只是反映了第一层级产业的状况，对于第二层级、第三层级的产业结构，也可以通过相关的数据进行更为深入地分析。

农业生产条件具体包括耕地中的水田面积、旱地面积构成、耕地坡度结构、土地质量结构（高、中、低产田所占比例）、各种类型的水库数量和库容、有效灌溉面积、高标准农田面积、农机总动力、耕种收综合机械化率、标准化养殖小区数量、各类型沼气池数量和容量等指标。其中，耕地坡度对农业布局及设施配套具有重要参考意义（见表 4-3）。有效灌溉面积指具有一定的水源，地块比较平整，灌溉工程或设备已经配套，在一般年景下当年能够进行正常灌溉的耕地面积。根据有效灌溉面积占耕地总面积的比例可以判断耕地水利配套的总体水平。灌溉水利用系数是衡量灌区从水源引水到田间作物吸收利用水的过程中，灌溉水利用程度的一个重要指标。按照《国家农业综合开发高标准农田建设示范工程建设标准（试行）》，灌溉水利用系数大型灌区不应低于 0.50，中型灌区不应低于 0.60，小型灌区不应低于 0.70，井灌区不应低于 0.80，喷灌区、微喷灌区不应低于 0.85，滴灌区不应低于 0.90。农机总动力一般与耕地总面积相结合计算百亩农机总动力，并用百亩农机总动力进行地区之间的比较。标准化养殖小区数量、沼气池数量和容量是畜牧业养殖条件和废弃物处理能力的主要指标。

表 4-3　坡度类型与农业土地利用

坡度	坡度类型	水土流失	农业生产适宜性	应对措施
＜3°	极缓坡	无	适宜农耕，可机械耕作	
3°～7°	缓坡	轻微	可农耕，可机械耕作	注意保持水土
8°～15°	中坡		可农耕	工程水土保持
16°～25°	微陡坡	普遍	可农耕，亦可林业	工程水土保持或林业水土保持
26°～35°	陡坡	易滑坡	不宜农业，只能林业	
＞35°	极陡坡	易崩塌、滑坡	不宜农业，只能林业	

① 农林牧副渔指种植业、林业、畜牧业、副业和渔业。其中，副业指农业生产部门在从事上述各业以外的其他生产事业。

农业生产水平包括生产规模、产量、单产、科技水平等方面的指标。规模方面的指标主要包括播种面积（种植业）、出栏量（畜牧业）等，产量指标包括各类种植业产品产量、肉类产量、禽蛋产量等，种植业的单产主要是单位播种（或单位土地）面积上的产量，畜牧业在奶业中会涉及单个奶牛的泌乳量等指标。种植业中的标准化示范园基地数量、面积，灌溉水利用率，测土配方施肥面积，主要作物良种率，设施种植面积等都可以反映其技术水平和设施状况。畜牧业的类似指标中有标准化养殖小区数量、标准化养殖规模等。

农业产业化水平指标包括农产品产后商品化处理率或农产品加工转化率、各级龙头企业数、各种类型的储藏设施（如气调库、冷库）数量及其冷藏和保鲜能力、加工能力、知名品牌数。农业组织化程度包括专业合作组织和协会数、专业合作组织的行业分布（如种植业、养殖业）、等级（国家级、省级等）、参加专业合作组织的农户数、合作社成员的产品产量或合作社出售的产品量。可以根据参加合作社的农户数占总农户数的比例判断农业组织化程度。农业的专业化程度和规模化水平也是判断农业产业化程度的重要指标。专业化程度可以用某一区域某一类产品的播种面积占全部播种面积的比重来判断（仅限于种植业），或者用某一区域从事某产品生产的农户数占总农户数判断，也可以根据“一村一品”的村数来判断。在养殖业中规模的划分如表 4-4 所示，可以根据不同规模养殖户的户数和养殖数量及其占总养殖户和养殖数量的比例判断规模化程度。

表 4-4　养殖业规模的划分

品种	单位	分类数量标准（Q）			
		散养	小规模	中规模	大规模
生猪	头	$Q\leqslant 30$	$30<Q\leqslant 100$	$100<Q\leqslant 1\,000$	$Q>1\,000$
肉鸡	只	$Q\leqslant 300$	$300<Q\leqslant 1\,000$	$1\,000<Q\leqslant 10\,000$	$Q>10\,000$
蛋鸡	只	$Q\leqslant 300$	$300<Q\leqslant 1\,000$	$1\,000<Q\leqslant 10\,000$	$Q>10\,000$
奶牛	头	$Q\leqslant 10$	$10<Q\leqslant 50$	$50<Q\leqslant 500$	$Q>500$
肉牛	头	$Q\leqslant 50$	$Q>50$		
肉羊	只	$Q\leqslant 100$	$Q>100$		
淡水鱼	亩	$Q\leqslant 30$	$Q>30$		

注：①各品种分类数量标准均按饲养规模确定，饲养规模的含义请详见指标解释。
②肉牛、肉羊和淡水鱼只分散养和小规模饲养两类。

指标解释：饲养规模指所调查产品的饲养数量（养殖面积），用于区分散养和小、中、大不同规模类型。饲养规模一般按调查期（一般为一年）内平均存栏数量确定，平均存栏数量＝（期初存栏数量＋期末存栏数量）/2。淡水鱼的饲养规模按照调查户的淡水鱼养殖总面积计算。

农产品质量水平由以下指标反映：通过无公害农产品认证的基地面积（或农产品

产量)、绿色农产品认证的基地面积(或农产品产量)、有机产品认证的基地面积(或农产品产量)、通过地理标志产品登记的基地面积(或农产品产量)、优质产品率(如优果率、优质米率)等。

科技支撑条件包括农业科技人员数量、职称结构、专业结构、承担科研课题情况，引进、推广的良种品种数，科技示范基地数量，科技示范村个数，培训农民人数等。信息化水平包括各级信息服务机构数、近一年来发布的信息数量、拥有信息服务站的乡镇比率、农业网站数或农业企业网站数、物联网应用情况等。农技服务条件包括农技推广站数量。农业机械化服务条件包括农机服务人员数量、社会化农机服务队(或合作社)数量。质量安全检测条件包括检测人员数量、检测仪器数量、可检测项目数等。农业执法条件包括农业执法人员数量、执法车辆数等。沼气服务条件包括沼气服务网点数，经培训的建池工人数，经认证的技工人数，高、中级技工比例等。可以直接通过上述比率或通过与参照对象对比来判断科技支撑情况。

5．发展战略分析

在以上分析的基础上，可以综合各方面的情况，对产业本身及产业发展的内外部环境做出判断，分析产业未来的发展方向、发展目标、发展思路、发展重点，这可以借助战略思维、系统思维、结果导向思维等方法。

SWOT分析是一种将组织内部条件和外部环境相结合进行综合分析的方法，S(strength)是优势，W(weaknesses)是劣势，O(opportunities)是机会，T(threats)是威胁。作为一种常用的战略分析方法，SWOT分析的主要作用在于帮助决策者认清产业发展的现状和面临的环境。通过分析产业发展的优势与劣势、产业发展外部环境中的机会与威胁，为制订产业发展战略提供依据。

(1)优势与劣势(SW)分析

优势与劣势(SW)分析主要针对规划区域内某一产业本身的发展状况，优势和劣势是相对于与其有竞争关系的其他区域的相同或类似产业而言的。竞争优势的来源比较广泛，在分析时需要站在产业面对的潜在用户的角度，从整个价值链的每个环节进行分析。对于农业产业而言，可以从以下几个方面进行分析。

① 产品的独特性：是否容易被其他地区的同类产品取代，一般来说，独特性越强的产品，其利润空间越大，竞争优势越强。

② 产品品质的可靠性：生产技术是否成熟、稳定，生产组织能否保障可靠的产品品质。

③ 产品上市的季节：是否能够与其他地区错开上市季节，以获取季节差价。

④ 产品的生产成本：是否能够以低于其他地区的成本生产同样的产品。

⑤ 产品的运输成本：距离目标市场的远近、产品是否便于运输、交通是否便利。

⑥ 产品储运条件：对于需要保鲜的产品是否有足够的储藏设施和运输设施。

⑦ 产品加工深度和产品线的宽度：加工工艺是否先进、工艺是否容易被模仿、增

加产品附加值的能力、加工产品的种类。

⑧ 产品销售渠道：是否有通畅的销售渠道。

如果农业产业在上述几个方面具有有利于潜在用户的特点，则具有竞争优势，否则处于劣势。

（2）机会与威胁（OT）分析

机会与威胁（OT）分析针对的是产业发展的外部环境及其对产业的影响。外部环境包括政策环境、市场环境等，是规划区域内产业自身难以控制的因素。对于产业发展有利的外部因素即为机会，对产业发展不利或削弱产业竞争优势的外部因素即为威胁。由于全球经济一体化、消费需求多样化和产业之间的关联性，产业的外部环境分析需要更为广阔的视野。

促进产业发展的外部机会包括政府对该产业发展的政策支持、新兴市场、上下游产业的快速发展等，威胁产业发展的因素包括政府的管制、国际市场的进口限制、技术壁垒、竞争对手的兴起和强大、关联产业发展受阻等。

（3）SWOT 分析中的战略选择

SWOT 分析的结果一般会用 SWOT 矩阵的形式展现出来，根据其中的优劣势对比状况和面临的机会与挑战，可以制定不同的应对战略。

① S-O 战略：发挥优势，利用机会。

对于优势较为突出且面临良好发展机遇的产业，可以采取 S-O 策略。利用竞争对手的劣势，突出本区域该产业在产品质量或技术上的优势，更好地满足用户的需求，争取抓住长期的需求，巩固和扩大市场。

② W-O 战略：利用机会，克服弱点。

对于产业基础较差但又面临良好发展机遇的产业，可以采取 W-O 战略。抓住政策机遇和市场机遇，尽快增强产业基础，提高技术水平，延伸和拓展产业链，提升产业竞争力。

③ S-T 战略：利用优势，回避威胁。

对于产业本身优势突出但面临威胁的产业，则采取 S-T 战略。利用产业本身在产品、技术、市场等方面的优势，采取相应措施，来减轻威胁对产业发展的影响。

④ W-T 战略：减少劣势，回避威胁。

对于产业发展状况不佳且面临威胁的产业，需要采取 W-T 战略。从产业内部着手，改善产品质量，提高技术水平，增强产业应对风险的能力，减轻威胁的不利影响。

一般来说，规划区域内的一个产业在与其他地区同类产业的对比中既有优势，也有劣势，而外部环境中可能机遇与威胁并存，在选择上述战略时主要根据产业发展状况的主要方面和外部环境因素的主要方面进行选择。

6．规划分析注意事项

规划分析是定性分析和定量分析相结合的，在进行产业发展战略分析时往往采用定性分析方法，定性分析常常也以定量分析为基础，尤其是规划区域基本情况、产业发展基本情况等分析往往要借助一些指标进行定量分析，在分析过程中需要进行多角度全面分析，并注意正确使用指标。

（1）综合分析

① 比较分析。孤立静止地分析某个指标是没有意义的，规划中需要进行多方面、多角度的比较分析，既要有动态比较分析，也要有水平对比分析。动态比较分析可以分为不同时期的比较，通过指标的变动情况分析经济状况的变化。例如，本年与上年的比较、本年与基准年份的比较。也可以与参照对象进行水平对比，如与世界平均水平、全国平均水平进行对比，或与竞争对象的同一指标进行对比，或者与发达国家水平相比，水平对比的目的主要是确定规划区域某一方面所处的相对位置，以便对优势或差距获得更深入的认识。规划区域的人均 GDP、农民人均纯收入、单产等指标可以与全国平均水平或省（市）平均水平进行比较，判断其所处的水平和差距。可以采用速率分析、比率分析等方法从多方面深入认识发展对象。

② 结构分析。局部的某一指标占总体某一指标的比率，可以揭示部分与整体的关系，如三次产业结构、农林牧渔业内部结构、种植业内部粮食作物与经济作物的结构等。某类农产品的产量占全国产量的比重，如优质产品率、商品化率、规模化比率等，也都从不同方面揭示整体中某一方面的水平。

③ 关联分析。分析当中，还需要把不同的指标结合起来分析。例如，产量可与人口总数结合，分析人均占有量，从而分析该产品在当地是自给有余，还是需要从外部购入；耕地规模与农户数结合，分析其户均规模；科技人员数量与其需要服务的播种面积或养殖规模对比分析，判断是否能够满足产业发展需要；培训农村劳动力人数与农村劳动力总人数结合分析，判断培训的覆盖面等。

④ 效率分析。可以通过一些效率比率来分析规划区域的生产效率。效率比率表示经济活动中的投入与产出关系的比例。例如，劳均产出、亩均产出等。在畜牧业中，出栏率也是效率比率。一般效率分析与比较分析相结合，通过与参照对象的比较来判断效率水平，如与世界平均水平、全国平均水平的对比等。

（2）正确使用指标

① 注意指标的内容。准确理解指标内容，准确表述指标，尤其是相近指标的表述。例如，国民生产总值（GNP）与国内生产总值（GDP）、增加值与总产值、发展速度与增长速度等。

② 注意指标的一致性。在进行对比时，应该是对同一指标的对比，指标的含义应该相同。例如，国内生产总值是增加值，是一定时期新创造的价值，而总产值则是一定时期创造产品的货币总量，没有扣除以往生产的产品价值，因此不能将国内生产总值与总产值比较。在判断三次产业的结构时是用一、二、三次产业的增加值占国内生产总值（GDP）的比例来判断的，而不能用产值指标来判断。农业总产值不能与国内

生产总值比较。在比较农业内部的结构时使用农林牧副渔总产值进行比较，而不是用增加值进行比较。

在不同国家，名称相同的指标所包含的统计范围可能有较大差异。例如，我国将薯类和豆类也包括在粮食内，而国际上不包括这两项。同样，我国的油料不包括大豆。如果将我国的粮食产量与世界水平比较，就需要进行相应的调整。

在对不同时期的农业总产值或农林牧渔产值进行对比时，还要考虑可比性，即需要扣除不同时期物价因素。一般是将两个产值统一按照可比价格调整后再进行比较。

③ 注意指标的计算方式。了解指标的计算方式有助于正确理解指标和使用指标，必要时可以自己计算指标。例如，增长速度是以相减和相除结合计算的动态比较指标，其计算公式如下：

$$增长速度=\frac{指标报告期数-指标基数数值}{指标基数数值}$$

平均增长速度反映某种现象在一个较长时期中逐期递增的平均速度。我国计算平均增长速度有两种方法：一种是水平法，又称几何平均法；一种是累计法，又称代数平均法或方程法。除了固定资产投资用累计法计算外，其他指标习惯上都使用水平法计算，即以间隔期最后一年的水平同基期水平对比来计算平均每年增长（或下降）速度。水平法主要考虑最后一年的发展水平，即着重解决按什么平均速度才能达到最后一年的发展水平。平均增长速度的计算公式为

$$平均增长速度（\%）=平均发展速度-100\%$$

规划中常以总发展速度的方式来计算增长率，以这种方式计算的增长率也称为复合增长率。

（3）注意正确的表达方式

对指标不仅要正确地进行分析，也要准确表达。例如，"幅员"指的是国土面积，而不能用于某一区域。一些统计表达方式也要根据需要准确应用，对涉及期末与基期数值的比较时常常会涉及"番"与"倍"，如果不能正确理解"番"与"倍"的含义，就容易出错。"番"是按几何级数计算的，"倍"是按算术级数计算的。一番是 2 倍，二番是 4 倍，三番就是 8 倍，翻一番就是增加了 100%，翻两番就是增加了 300%，翻三番就是增加了 700%。百分数若表示部分占总体的比例时，不能超过 100%，如产品合格率、种子发芽率；有些则需要低于 100%，如小麦出粉率。在同一指标进行不同时期的比较，或者实现值与预期值比较时，则可能超过 100%。另外，百分数与百分点的含义不同，百分点是指不同时期以百分数形式表示的相对指标（如速度、指数、构成等）的变动幅度。例如，我国国内生产总值中，第一产业占的比重由 1992 年的 21.8% 下降到 1993 年的 18.2%。可以说，国内生产总值中，第一产业占的比重，1993 年比 1992 年下降 3.6 个百分点（18.2－21.8＝－3.6）；但不能说下降 3.6%。

4.4.2 规划写作

1．农业规划原则

（1）战略前瞻

农业规划是实现总体规划战略目标的一个行动安排，需要从战略全局考虑农业产业的发展。同时，农业规划本身是一种战略谋划，产业发展战略谋划是产业发展规划的核心，战略不仅是规划的内容，而且也体现了规划的性质。战略思维贯穿于农业规划编制的整个过程，要从战略高度对农业产业的发展进行谋划。规划着眼于产业未来的发展，既要立足现实，又要超越现实，首先要具备前瞻性。前瞻性建立在对未来发展趋势的准确把握上，应根据经济社会发展规律、规划区域过去的发展经验、发展基础、其他国家或地区的发展经验和规划区域的现状来预测该地区产业发展的趋势，对产业未来的发展做出预测，制订产业发展的战略目标、战略方针、战略措施等。例如，当前，“我国总体上已进入以工促农、以城带乡的发展阶段，进入加快改造传统农业、走中国特色农业现代化道路的关键时刻，进入着力破除城乡二元结构、形成城乡经济社会发展一体化新格局的重要时期”。要坚持农业农村优先发展，按照产业兴旺、生态宜居、乡风文明、治理有效、生活富裕的总要求，建立健全城乡融合发展体制机制和政策体系，加快推进农业农村现代化。这一战略任务需要农业产业的发展来落实，对农业产业的谋划也要从这个战略高度出发，从当前所处的阶段出发，把现代农业作为产业谋划的主要方向。

（2）客观科学

规划用以指导产业未来的发展，一定要做到客观科学，这是使产业健康发展、实现其经济社会效益的重要保证。客观科学主要体现在以下几个方面。

遵循规律：遵循自然规律、经济规律和社会规律。农业产业的发展有其自身的特点和规律，农业规划首先要遵循农业生产的规律，不能照搬其他产业的规划。在农业规划中，农业产业的发展规模要与当地的资源相匹配，重点产业的选择和布局与气候、地形、土壤等条件相适应，产业发展的保障措施要针对制约农业发展的关键因素。同时，农业是经济再生产与自然再生产相交织的产业，在农业规划中也要遵循经济规律，依据产业发展规律、市场规律、社会需求变动规律和农业产业本身的经济特性来确定产业发展方向、产业规模等，农业产业的规模要与其他产业的发展相协调，与市场容量相协调，布局要充分考虑市场和运输条件。科学的农业规划还要尊重规划区域的社会文化，考虑风俗习惯对农业生产和农产品需求的影响等。

目标合理：规划目标要有充分的依据，要立足农业产业发展现状，着眼产业未来的发展趋势，发展速度要有充分的保障措施来支撑。

实事求是、因地制宜、因时制宜：农业规划要从规划区域和规划产业的实际出发，在目标制订上不能任意拔高，在发展措施和项目设计方面要切实可行。农业的差异性和地域性决定了规划工作不可能套用统一的模式，更不能闭门造车，必须在实地调研的基础上因地制宜地编制规划。农业形势在不断发展变化，也不可能套用过去的模式，而要具体分析规划编制时面临的形势与发展趋势，准确判断规划区域所处的发展阶段，因时制宜地编制规划。

（3）统筹兼顾

农业产业本身是一个系统，系统内外的因素以及系统内部的各组成部分相互作用，在农业规划中应统筹兼顾这些因素和组成部分，通过优化配置，促使产业系统达到最优状态。在规划中要统筹兼顾农业与其他产业、农业与环境、农业与社会的关系，统筹兼顾主导产业与配套产业的关系，统筹兼顾供给与需求的关系，统筹兼顾局部区域与整体的关系等。当前，我国正处于建设社会主义新农村的关键时期，发展现代农业是社会主义新农村建设的首要任务，也是城乡统筹的重要内容之一。我国同时处于加快城市化的时期，农业现代化与城镇化、工业化、信息化“四化”同步，农业产业的发展为新农村建设的其他方面以及工业化、城镇化提供支撑。农业规划需要打破以往就农业论农业的思路，从城乡统筹角度考虑资源的配置和产业的布局，从城乡统筹角度考虑产业发展的投资与收益，充分利用信息化手段促进农业发展。

农业规划是整个规划体系的一部分，要与上位规划和其他专项规划相互衔接。规划的衔接要指导：国家发展规划居于规划体系最上位，是其他各级各类规划的总指导；国家级专项规划要细化落实国家发展规划对特定领域提出的战略任务，须依据国家发展规划编制。

（4）重点突出

统筹兼顾并不意味着面面俱到，农业规划要根据规划区域农业产业的实际情况突出重点产业、重点环节和重点布局，在项目设计和保障措施方面也要向重点产业、重点环节和重点区域倾斜，体现出规划区域农业产业的特色和主导方向，这也是规划实事求是、因地制宜的一个重要体现。在农业的多功能中，生产功能仍然居于主导地位，尤其是粮食生产，关系到国家的粮食安全，首先要得到保证；大宗农产品的稳定供给关系到经济秩序的稳定和人民生活水平的提高，应优先考虑；随着城镇化速度加快，保障“菜篮子”的责任日益艰巨；增加农民收入对于保障农产品的稳定供给和缩小城乡差距、扩大内需都具有重要的意义，在保障基本农产品供给的基础上，需要从产业结构调整、产业链延伸等方面突出农业的增收作用。因此，在规划中要突出粮食安全、大宗农产品的稳定供给、“菜篮子”工程建设和农民增收。针对我国现状和现代农业的要求，在支撑服务体系中，应重点突出科技支撑、农产品质量安全和市场信息服务。

2．规划的主要内容及写作要点

（1）规划的组成部分及其逻辑关系

农业规划是专项规划，是综合规划的实施性规划，内容要求细致、具体、明确，特点是内容专业、任务具体、重点突出、对策实效，能够直接操作。因此，农业规划要紧紧围绕农业产业本身的特点和产业发展规律，从专业角度确定农业产业的发展方向、发展目标，制订发展战略，指出重点产业或环节，提出具体的任务和保障措施。不同的农业规划其框架有所不同，一般包括以下内容：规划名称、规划背景、规划依据、规划范围和期限、发展现状分析、发展思路与目标、主要产业规划、工程项目与投资、支撑保障体系规划、保障措施。

规划各部分内容之间形成内在紧密的逻辑关系。规划名称是整个规划的统领，规划背景、依据、范围及现状分析是规划的基础，为确定规划战略、思路和目标、产业发展方向等提供依据，发展思路与目标指引主要产业的发展，支撑保障体系围绕发展战略和目标为所有产业的发展提供技术、人才、服务等支撑，根据产业发展和支撑保障体系建设的需要，提出重大的工程与项目。根据工程项目的投资情况进行投资与效益的分析。保障措施为目标的实现、产业的发展等提供组织、政策等方面保障。

（2）规划名称

规划名称应简洁明了，表明规划的范围、产业的内容、规划性质、规划的时期等主要信息。例如，《河北省现代农业发展“十三五”规划》，其中“河北省”为规划范围，“现代农业”为规划内容，“发展”为规划性质，“十三五”为规划时期。需要注意的是，由于“十三五”“十四五”等为专用名词，在使用时需要加上双引号（“”）。

（3）规划背景

背景部分主要介绍规划编制时期主要的经济社会背景、规划的由来和规划的目的。背景是对产业发展具有重要影响的宏观环境，包括与产业发展相关的重大政策或重要的需求变化等，这些因素关系到产业的发展前景及能够得到的政策支持、资金支持等，为后面的内容做铺垫。规划的由来包括国家或地方政府有关的要求和政策等。规划背景的介绍，有助于读者更好地理解规划中的一些提法、所用的理念、采用的技术模式等。由于规划是针对特定的历史时期、发展阶段提出的对未来发展的构想和安排，如果规划实施以后对规划内容进行评估或修改，那么这种对规划背景的了解就显得更为重要，修改或制订新的规划可以根据变化后的背景有针对性地来进行。

背景的写作应有开阔的视野，包括政策精神、所处环境、发展机遇、技术进步等。文字表达上应尽可能简洁，避免与规划关系不大的政策介绍，对于重要的相关政策点到为止，因为大多数读者都会了解。但是对于一些大部分读者不了解的特定说法要进行说明。

背景部分的文字虽然简短，但起着为整个规划做好铺垫、奠定基调的作用，也是整个规划最先呈现在读者面前的部分，关系到读者对规划的第一印象和对后面内容的解读，所以这部分的写作要体现视野的广度和站位的高度，尤其要精练准确，切不可出现低级错误，更不能篇幅过大，造成头重脚轻的现象。

（4）规划依据

规划依据主要是规划编制时所依据的一些宏观性的指导性政策文件、国家或地方政府近期总体发展规划以及与规划有关的指导性意见、需要衔接的其他规划、与产业发展有关的指导性政策等。规划依据为规划提供政策支持和依据，在目标确定、文字表述等方面都可以提供参照。写作时按照发布部门的行政级别或时间顺序列出标题，不需展开和评论。列出规划依据时应对相关文件和规划加书名号，如果是政策文件，应指明发文文号，以方便读者查证。

（5）规划范围与期限

用简洁清晰的语言表明规划涉及的区域范围和规划期限。如果规划包括近期规划和远期规划，则将分别指明近期和远期的时间范围。

（6）发展现状分析

现状是规划的逻辑起点，规划目标的确定以及需要采取的措施都以此为基础。产业发展现状分析是承前启后的关键章节，产业发展目标、发展战略都立足于现状，项目和保障措施都针对产业发展的薄弱环节来设计。

产业发展现状分析包括规划区域的社会经济现状、产业发展环境中的促进因素与限制因素、产业发展水平、产业本身的优势与劣势等。规划区域的社会经济现状简要介绍规划区域的区位、交通、地理、气候、人口、国内生产总值、三次产业的发展状况及其比例、农业资源、农业产值、农业内部各产业的比例、农业劳动力数、农民人均收入等。在分析时要注意各产业之间的配套，一般来说，工业的发展规模和布局要和农业能够提供的工业原料相适应。产业发展环境中的促进因素和限制因素既包括规划区域中的资源、气候、生产方式、生产经验等，也包括对产业发展有重要影响的国内国际需求因素和政策因素，结合拟发展的产业进行分析。

在对不同层次的农业产业进行规划时，现状分析的重点不同。对于第一层级的农业产业，也就是相对于工业和服务业的农业产业进行规划时，只需分析影响农业整体发展的因素和农业内部第二层级的种植业、畜牧业、渔业、林业的结构，而不必分析第二层级内部的结构、制约因素等。对第二层级的产业进行规划时则需要对第三层级的产品结构进行分析。而在对第三层级的产业（如种植业内部的粮食、蔬菜、水果等）进行规划时，该部分对于拟发展的产业要详细分析产业各环节的强弱（与其他区域的同类产业或本区域内类似产业相比），找出薄弱环节，以便提出针对性的保障措施，还要对产业内部的品种或产品结构、产业布局等进行分析。

现状分析建立在前期的文献调查和现场调研基础上，要尽可能地收集与产业发展相关的资料，利用战略分析等方法客观地分析，为产业发展提供科学的依据，为规划后面的内容奠定坚实的逻辑基础。

现状分析要揭示产业发展中的关键环节和制约产业发展的主要因素，这部分内容写作要有理有据，层次清晰，用高度概括的语言亮出观点，即对某些情形的判断，后面用事实支撑。事实的表述可以是叙述性的语言，也可以是数据表格。但与一般论述不同的是，规划中重点表明观点和事实，而略去论述的过程。

（7）发展思路与目标

该部分表明未来产业发展的指导思想（方针）、原则、发展思路、发展战略、发展目标、发展模式等。

产业发展的指导思想和原则是结合规划区域产业发展现状、国家相关政策等确定的指导产业发展的基本思想或需要遵循的原则。在写作指导思想时，应从规划区域的整体发展或国家的发展出发，对较长一段时间内指导该区域内农业发展的思想进行描述。由于农业产业只是国民经济中的一个部分，根据规划衔接原则，农业规划与国家总体规划所确定的政策方向相一致，符合国家基本政策、基本战略方针和基本政策走势，因此，指导思想中包含指导国民经济和社会发展的基本思想和指导农业总体发展的基本思想。除此之外，还要立足规划区域整体发展战略和农业发展的客观条件提出针对该区域农业发展的指导思想。

总体发展思路是整个规划的总纲领，统领后面部分的内容，它表明如何促进产业发展、提升产业竞争力的基本思路。总体思路需要立足现状分析，从战略高度提出，表达上要清晰简洁。确定总体思路时，要立足规划区域的地形特征、区位条件、经济社会条件等，抓住该区域的主要优势，指明克服主要限制因素和完善重点环节的方法。

规划目标表明产业未来发展的蓝图，是执行规划的部门今后努力的方向。规划目标一般可以分为总体目标和具体目标。总体目标表明产业发展能够带来的积极影响，具体目标则从不同方面说明预期要达到的状态。有些具体目标可以用一系列指标来量化说明，例如，产业发展的总体规模、产值、增长速度、质量水平、农民增收状况等；有些具体目标不能量化，则定性描述。总体指标一般用文字描述，具体指标则采用文字描述与目标表相结合的方式。如果全部具体目标都可以定量描述，目标表就能够清晰完整地表达所有目标，则可以仅用目标表，不再用文字描述具体目标。同理，也可以只采用文字表述。

规划目标的确定要立足规划区域的特色和主导产业，并考虑国家或上级政府对规划区域农业的定位。在指标选取上，规划的目标指标应与规划的产业相关，而且是能够通过实施规划实现的目标，不能通过所做规划实现的目标则不能放在规划目标中。例如，GDP 目标、水质目标等都不是仅仅依靠农业规划所能实现的，因此不能放在规划目标中。即使是与规划相关的指标，也要依据具体情况考虑是否放在规划目标中。

如表 4-5 所示为常用规划指标分类。

表 4-5 常用规划指标分类

指标分类	指标名称
农业效益目标	农业增加值、农民人均纯收入、主导产业总产值
规模目标	主导产业的播种面积或养殖规模等
结构目标	粮 - 经作物比例、畜牧业产值占农业总产值的比率等
产量目标	主导产业的农产品产量
农产品质量指标	优质产品率、“三品一标”产品认证面积或产量等
农业生产条件指标	耕地保有量、标准粮田面积、农机总动力（或百亩农机总动力）、农业综合机械化率等
农业科技水平指标	科技贡献率、良种覆盖率、灌溉水利用率、测土配方施肥面积等
农业产业化指标	龙头企业数量、农产品加工转化率、加入合作组织农户比例等

注：“三品一标”即无公害农产品、绿色食品、有机食品以及农产品地理标志。

不同的规划在指标选取和排序上会有所差异。在规划目标表中，各指标应分类排序，类别的顺序根据重要程度而定。在目标表中，要列出基期目标和终期目标，如果规划分为两个规划期，也可以有两个终期目标。此外，通常要列出规划期内的年均增长率或累积增长幅度，并对二者做出区分。

规划目标的指标分为约束性指标和预期性指标。约束性指标是为实现规划目标、在规划期内不得突破或必须实现的指标。例如，森林覆盖率、耕地保有量等指标。预期性指标是指按照经济社会发展预期，具有指导性、规划期内要努力实现或不突破的指标。例如，农民人均纯收入、农产品产量等。这些约束性指标和预期性指标也是评估规划执行情况的依据。未来的发展目标并非越宏大越好，而是要以现实的发展基础和合乎逻辑的发展速度为依据。因此，需要客观地分析当前的产业发展状况、产业发展面临的机遇和限制因素，以合理的发展速度去跨越当前状况与未来蓝图之间的距离。合乎逻辑的发展速度则综合了前期的发展经验、正确的战略战术、有力的保障等各方面的因素。确定规划目标时要综合考虑以下因素：总体思路、规划区域的资源状况、社会经济情况、规划的实施期限等。规划的目标要既清晰又可调。这是因为规划的执行面临着一些不可控的因素。例如，“×× 的种植面积稳定在 ×× 万亩左右”和“良种覆盖率达到 95% 以上”这样的表达，“×× 万亩”和“95%”表明未来的目标，但是“左右”“以上”这样的词语表明了可调性。

（8）主要产业规划

农业内部分为种植业、林业、畜牧业、水产业、副业，其中生产性的产业主要为前四个，也即通常所指的农林牧渔。生产性产业延伸出不同的产业链，并产生服务于生产或其延伸部分的其他体系。在各产业内部围绕相似的产品形成若干不同的产业，形成不同的产业层次。这些产业层次可以依据农业劳动对象的类别来划分（见图 4-2）。

- 农业
  - 种植业
    - 粮食作物
      - 谷类：水稻、玉米、小麦、大麦、燕麦、谷子、高粱等
      - 豆类：大豆、绿豆、红豆、芸豆等
      - 薯类：马铃薯、甘薯、木薯
    - 经济作物
      - 油料作物：油菜、花生、芝麻、向日葵、油用胡麻等
      - 糖料作物：甘蔗、甜菜
      - 纤维作物：棉花、麻
      - 饮料作物：茶、咖啡、啤酒花
      - 药用作物：甘草、天麻、田七、当归等
      - 嗜好作物：烟草
      - 热带作物：橡胶、油棕、椰子、剑麻等
      - 蔬菜：油菜、白菜、番茄等（不包含果用瓜）
      - 水果：苹果、葡萄、柑橘等
      - 观赏植物：花卉、观赏树木
    - 饲料及绿肥作物：紫花苜蓿、黑麦草、紫云英等
  - 林业
    - 竹业：各类竹
    - 干果业：核桃、枣、板栗等
    - 木业：松树、柏树、桦树等用材树
  - 畜牧业
    - 养畜业：生猪、奶牛、肉牛、肉羊、绒毛用羊、兔等
    - 养禽业：肉鸡、蛋鸡、鸭、鹅等
    - 特种经济动物：蚕、蜂等
  - 渔业
    - 淡水养殖和捕捞：大宗淡水鱼、虾、鳖等
    - 海水养殖和捕捞：虾、蟹、贝类等

图 4-2　农业产业种类划分示意图

第二层级种植业中包括第三层级的粮食产业、油料产业、蔬菜产业等，第三层级的粮食产业内部包含水稻、玉米这些第四层级的产业。下一层级产业的发展对上一层级的产业具有重要的支撑作用。在不同层级的产业中，规划的写法有所差异，在对第一层级的农业产业所做规划一般都会分第二层级、第三层级展开，第四层级的重点产业也会单独展开，形成不同的层次。主导产业就是指这些层级的产业，其中，第三、四层级的主导产业可以根据产业当前的发展状况、对于上一层级产业的作用、市场前景等来选择。第三、四层级的产业规划也会有现状分析、规划思路、规划目标，不同的是，此时的现状分析已深入到本级产业，主要分析本级产业发展的现状、存在的问题等，据此提出发展思路和目标。该部分还需要说明本级产业的发展重点、布局，产业发展的对策与措施等，内容上要与上一层级相衔接。

在单独对第二层级产业进行规划时，各主导产业为第三层级产业，规划写作方式与上面类似。区别只是少了第一层级的产业。单独对第三层级产业规划时依次类推，在内容上比单独对第二层级产业的规划更为细致。

在单独对第四层级的产业进行规划时，写法稍有不同。由于已经具体到了一个产业，需要对产业的重点环节进行深入分析和规划，甚至是当作一个了产业来进行规划。规划的可操作性更强。

（9）支撑保障体系规划

农业产业的健康发展需要科技和人才的支撑，需要有完善的市场体系、质量保障体系等，支撑保障体系规划就是针对产业发展中的人才支撑体系、科技服务体系、市场流通体系、质量保障体系等进行的规划，具体内容包括上述体系的建设思路、建设目标、建设重点、重点工程和项目等。写好该部分，首先要充分了解上述体系的现状，判断现有体系中机构是否完善，人员数量、人才结构、设施设备等能否满足产业结构调整或产业发展需要，现有机制能否使产业发展主体得到有效的服务等，根据现状再提出完善体系、提升服务能力的思路、目标、重点工程等。

（10）工程项目与投资效益分析

① 工程项目。重点工程与项目是发展对策与措施的具体化，是规划落实的着力点，是规划可操作性的具体体现。工程项目是政府引导社会投资和获取国家支持的直接依据，规划往往在这一部分形成产业发展的备选项目库，为今后制订投资计划和开展项目可行性研究提供依据。因此，这一部分的内容很受各方重视。为了使工程项目设计符合规划区产业发展实际，规划人员应在资料研究、现场调研、座谈等工作过程中注意发现委托方的项目需求，留意企业、农户的需求，以及项目建设地点的选择。项目的来源主要有国家农业投资项目、当地政府农业投资项目、企业投资项目、根据产业发展需求新设计的项目。工程项目的设计要符合国家的相关投资政策，与国家重大工程项目相衔接，同时要针对规划区域的特点、产业链的薄弱环节、支撑保障体系的薄弱点进行设计，这样才能得到国家及上级政府的相应支持，对产业发展起到应有的促进作用。

工程是由一系列相关的项目组成的。例如，农田基础设施建设工程由小型农田水利重点县项目、旱涝保收高标准农田建设项目、土地整理项目、中低产田改造项目等组成。

对于重点工程中的重点项目，要明确其名称、具体建设内容、规模、建设目标、建设地点、投资等。对项目建设内容的表述不需要写建设意义、建设原因等，只需客观描述项目要做的事情即可。项目一般分类汇总成表，为了使规划文本保持连贯，一般将项目汇总表附在规划最后。项目表在分类及类别的排序上最好与正文保持一致。

重点工程与项目在规划文本中可以有多种位置。一是直接紧跟“对策与措施”或“发展与建设重点”，这样安排的好处是紧凑，直接体现发展与建设重点在项目上的落实，适用于不同部分的发展与建设重点不存在较多共性的情况。二是设立专门的章节，将所有产业和支撑保障体系的项目汇总起来。这种方式适用于产业之间的项目建设存在较多共性的情况，如种植业内部的蔬菜和粮食生产都需要农田基本建设，养殖业内部的生猪、奶牛等都需要标准化养殖小区建设，种植业和养殖业都需要进行农民专业合作社的建设等，在这种情况下，工程项目的汇总可以避免多次重复，更加清晰明了。三是只列出重点工程及其投资，项目建设内容在项目表中体现。

② 投资效益分析。规划投资分析主要是对实现规划尤其是重点建设项目所需的投资进行估算，规划的投资要与规划执行部门所能获取的资源和产业发展的规模相匹配。在市场经济中，产业的发展需要政府、企业和农户的通力合作，因此投资的来源可以是政府、企业和农户，其投资比例主要根据项目的投资总额、公益性程度、市场化程度来定。

效益是前述规划总体目标的具体化。效益分析即对产业发展带来的预期效益进行分析，包括经济效益、社会效益和生态效益 3 个方面。在进行效益分析前，首先要确定哪些群体是产业发展的受益者，产业发展能够给他们带来什么样的益处。经济效益可以从产业增加值、成本节约、农民收入增加幅度、税收收入等方面进行分析。社会效益可以从满足社会需求、提升生活水平、改善生活条件、促进就业、促进民族团结等方面分析。生态效益分析可以从减少污染、提高森林覆盖率、减少水土流失、遏制土地退化、增加土壤有机质含量等方面进行分析。

在规划投资和效益分析中，可以将投资额、用途、经济效益等用表格表示出来。

（11）保障措施

为了保障规划顺利实施，使规划中的产业健康发展，只有资源的投入是不够的，还要改善配置资源的方式，提高资源使用效率，从管理体制、政策环境、融资渠道等方面提出建议和措施，为产业发展提供政策、组织、资金、人才等方面的保障。在政策建议与保障措施部分主要针对产业发展的环境和保障中的薄弱点提出相应的建议和措施，可以吸纳规划区域已有的良好模式，也可借鉴其他地区的经验，应符合规划区域的经济社会发展水平和产业发展的实际，做到切实可行。

3. 规划写作其他事项

（1）规划的篇章安排

规划的篇章安排应遵循规划的逻辑顺序。一般来说，按照以下顺序进行。

第一，对规划做简要介绍。交代规划背景、规划属性、规划定位、规划编制依据、规划时期。

第二，现状分析。对当前产业发展的内外部环境、产业本身的发展现状进行分析，判断产业发展面临的形势和产业发展的方向。

第三，指出农业产业的发展思路、发展原则、方向和目标。

第四，发展和建设重点。说明为实现规划目标，对各层级产业发展方向及目标的安排、需要采取的措施、重大工程和项目的安排等。

第五，保障措施。说明保障规划实施的机制，针对可能出现的风险提出防范措施。

（2）规划的体例

规划的体例主要有报告式、篇章式和板块式 3 种。①报告式体例结构自由，但文字表述主观性较强，篇章组织较为松散，容易给人口号多、华而不实的印象，较多见于早期的规划，近几年的规划已很少用这种体例。②篇章式体例是从“十五”规划开始使用的新体例，这一体例将国民经济和社会发展的主要方面分成篇，篇内分章节，一定程度上可以克服报告式体例口号性语言多、逻辑松散的问题，简明扼要地表明各章内容，清晰地揭示各篇章之间的逻辑关系，便于比较不同时期规划的变化，更加务实和严肃。③板块式体例主要将规划内容按不同要素分为若干部分，一般包括背景、目标、任务、重点、实施5个部分，每个部分又分若干方面来安排。这种体例突出了规划的要素，但是每个部分的内容多少不一，规划的结构有轻有重，有繁有简，不太均衡。

比较3种体例，可以看出，篇章式体例层次清晰，结构较为均衡，相对于其他两个体例更加适合规划的要求。但农业规划属于专项规划，主要针对农业发展，没有必要设立篇，采用章节式的结构即可。

（3）规划对文字的要求

规划的文字表达是由规划的功能、特性和规划的阅读对象决定的。规划是政府调节经济的一种工具，需要通过评审后上报政府部门审批，并由相应部门执行，因此规划的读者首先是政府部门，这使规划带有一些公文的特点，在语言上要求准确、精练、庄重，能够准确传达主旨，体现权威性；在段落安排上逻辑严谨，层次分明，重点突出，以方便阅读者在尽可能短的时间内了解关心的内容，提高效率。同时，规划又是客观科学的，具有专业性，语言要严谨、平实，专业术语要准确。在行文上要求尊重规划区域的客观情况，使用中性语言，平铺直叙，客观描述，不用夸张、比喻等修辞手段，避免空洞的口号式语言。规划的写作力忌闭门造车和照抄照搬，规划文本所用的语言要根据整个规划的思路和框架来组织。规划的读者中包括不熟悉规划区域的评审专家，因此要清楚地介绍规划区域的基本状况。一个大的规划可能由不同的个人甚至部门分工完成，但是整个规划必须有统一的语言风格，各部分深浅平衡，逻辑上衔接紧密，自成体系。

（4）规划中图形表格的应用

恰当地使用图形和表格可以增强规划的表达力，表格可以使规划更加简洁清晰，图形可以使一些抽象或较为复杂的关系直观地表达出来。规划中主要产品的产量、布局、重点项目、投资与收益等都可以用表格表示。在有些规划中，还可以用专栏表达一些需要说明的问题，又不妨碍正文的流畅表达。

图形包括两大类：一是与地理位置没有关系的示意图；二是以地图为基础的地理位置图。示意图主要表述规划中的一些关系。例如，物质循环模式、SWOT战略分析、主体关系等。地理位置图主要是一些主题的内容在区域上的表现，在农业规划中，地理位置图主要包括以下几类。

区位图：表明规划区域范围，相对于全国、全省及其他区域的区位，以及交通位置等，主要表明与周边地区的关系。

分析图：分析图主要是将对区域战略定位、发展主题等的分析提炼以图的形式表达出来。

产业现状分析图：表明农业产业的布局现状。

产业规划布局图：表明所规划的产业未来发展的重点布局。

重点项目图：表明重点项目的布局地点。

图形能够以直观的形式表达丰富的信息，但是每一幅图都像一篇独立的文章，有自己特定的主题，所有内容的表达都应围绕着这个主题。对于每一张图来说，它所含的信息应该是有限的，需要通过淡化、模糊化与主题无关的信息，使主题更加突出，同时也要增加一些元素，将主题内容充分表达出来。图形的表达首先应做到准确传达主题，在此基础上尽可能美观，给读者一种清晰愉悦的感觉。

随着现代技术的普及，在静态、平面的图形基础上又出现了一些动态的、立体的表达方式。例如，动画、小电影等。这些新的表现方式，表现力更强，可以根据需要来采用。

4．规划统稿

规划由不同成员分工完成，规划文本的形成需要多次讨论，并吸收委托方的意见和建议，进行反复修改。修改是不断统一认识和不断提高的过程，经过反复修改规划才会趋于完善。但是修改也意味着对部分成员原有思路或写作方式的部分否定，有时会使成员产生挫败感，进而影响创造力的发挥。因此，在规划中要保持积极、通畅的沟通，规划组织者要让团队成员正确认识修改的作用和思路差异的客观性，做好写作前的思路统一工作和写作过程中的沟通工作。同时，要注意采取合适的沟通方式，在沟通过程中，要尊重团队成员的努力，以适当的方式提出修改意见。

在不同阶段，统稿的重点不同。规划初稿的统稿主要关注以下几点：内容是否符合整体安排；章节名称和小标题名称是否合适；各标题间逻辑上是否一致；标题名称是否和内容一致；现状描述是否符合实际，发展思路是否合适，目标设定是否合适；有没有缺少的内容。一般来说，初稿不需要过于关注文字表达，主要侧重于思路，因为随着思路的进一步明确和内容的调整，文字表达会随之改变。统稿人和规划组成员将初稿意见汇总后反馈给各部分负责人，进一步修改。经多次修改完善后，可以向规划委托方提交，征询对方意见，补充或核实数据，根据对方反馈意见进一步修改。

规划经过多次修改后，很容易出现数据不一致、内容不一致等情况，在提交之前应仔细检查。检查包括以下几个方面。

（1）合理性检查

① 指导思想、发展思路、发展目标、工程项目、保障措施等与产业发展环境和产业现状的分析是否相呼应；是否对产业链的各主要环节都进行了分析；针对产业发展

存在的不足或薄弱环节，是否提供了解决或加强的项目或措施。

② 发展目标设定是否与上位规划或总体规划保持一致，如农民纯收入目标、产值目标、质量目标等。

③ 是否存在违反技术比例的情况；产业发展规模是否在耕地等资源量的承载范围内。

④ 项目是否有重复；是否适合当地自然及经济社会条件、产业发展需求；是否符合国家相关政策要求；是否交代清楚地点、规模、投资额；单位投资额是否合理（与调研中的相关投资相对照或与类似的项目对照）；投资的分割是否合理。

⑤ 语言表达是否合适；是否有外行话、多余的话、没说清楚的话。

（2）一致性检查

① 目标表中的基础数据及预测数据与文字表述中的数据是否一致；总目标与各产业的目标是否一致。

② 对同类内容的表述是否一致，如总体现状描述与各具体产业的现状描述是否一致（尤其是数据）；总的发展思路和总体布局中有关主导产业的表述与产业规划中的表述是否一致。

③ 项目表中的表述、数据与文本中是否一致，包括项目名称、建设规模、建设地点等（修改过程中删去的项目或新增加的项目尤其注意）；项目表中的投资额、比例与文本中是否一致；项目的分类排序与正文的表述顺序是否一致；项目投资的分类合计与总计是否一致。

④ 图的名称与规划名称是否一致；图的顺序码与装订顺序是否一致；图例是否与实际的图一致（包括颜色与线条）；图中同一内容的字体是否一致。

⑤ 表的标题与正文中的表述是否一致。

⑥ 规划文本中的编号方式是否一致；同一级标题的字体、字号、行距等是否一致；正文中的行距和字体、字号是否一致；文中的标点符号是否一致（是否含有半角符号，如半角的括号、引号等）。

（3）准确性检查

① 规划中作为依据的政策文件名称是否完整和准确，引用文字的表述是否准确。

② 规划中使用的数据是否准确。可通过各种数据之间的关系，核对数据的准确性和一致性，如播种面积与耕地面积、复种指数之间的核对，总产量、单产与播种面积之间的核对，有效灌溉面积与耕地面积的对比，各种土地面积与土地总面积的核对等。

③ 图表的标题是否准确，单位是否准确。

（4）完整性检查

① 检查目录是否有章节号重复或缺漏问题；规划的各个要件是否都在规划文本中有清晰表述；附表、附图是否完整；文本中是否含有缺漏的数据或待确认的信息。

② 在规划正式文本印刷装订之前是否已加入资质证书、规划编制成员名单、评审意见等；编制组成员是否完整，姓名、单位、职称等是否准确；检查是否有错页、漏页。

4.5　规划征求意见阶段工作要点

按照《中共中央 国务院关于统一规划体系更好发挥国家发展规划战略导向作用的意见》《农业部规范性文件管理规定》《农业部规划管理办法》，规划草案形成后，要组织专家深入论证，对国家级、省（区、市）级专项规划，参加论证的专家中规划领域以外的专家应不少于1/3。专家应对规划论证出具书面意见。按照规划衔接要求，农业规划应与总体规划、城乡建设规划、土地规划等进行衔接，充分听取有关部门的意见。规划的内容一定要从规划区域的实际和所处的发展阶段出发，吸纳规划涉及的有关各方和有关专家的意见，做到因地制宜、因时制宜。充分征求各方意见后，对规划稿进一步修改完善，形成规划送审稿。

4.6　规划评审报批阶段工作要点

好的规划应做到：目标明确、层次清晰、重点突出、逻辑严谨、文字精练、数据翔实、指导性强。除了规划文本要按照这些标准来写之外，评审时汇报材料的准备和汇报人员的陈述也要突出这些特点。

规划评审汇报需要在短时间内以恰当的方式向参与评审的专家汇报规划的主要内容，争取通过评审。从汇报人员的选择到汇报材料的制作都要精心准备。汇报人员应熟悉规划材料和规划过程，语言表达能力强，逻辑水平高，能够清晰地传达规划的要点，参加汇报的人员应能对评审专家的提问做出合理的答复。汇报应做到脉络清晰，重点突出。脉络清晰即按照规划的逻辑顺序，清楚表述规划主要内容。重点突出，主要是突出规划中有创意的部分，如突出重点产业和产业发展的关键环节，突出重点工程等对产业发展具有重要作用的举措，突出规划区域产业的特色等。除了汇报规划文本的要点，还要适当地对规划的后台研究工作做一些汇报，说明思路的由来、目标确定的依据、战略设想、布局的依据等，以增加汇报的说服力。

一般采用演示文稿的形式（PPT）来汇报，在PPT的制作上除了保持脉络清晰、突出重点之外，还要充分利用PPT中的动画演示手段强调重点，借助图形、图片等直观地表达发展目标、布局变化和逻辑关系等，丰富汇报形式，增强表现力，突出重点表达的内容，给参与评审的专家留下更深的印象。值得注意的是，随着现代科技的发展，一些新的、更加生动形象的规划成果表现形式和方式也越来越多地应用于规划成果的汇报当中。例如，电子沙盘、影视、动画等，可以根据需要采用，增强表现力。

汇报语言应与规划语言风格保持一致，专业术语表述恰当准确，体现规划团队的专业素养和规划的专业水平，演示材料应注意数据和表格的使用，体现规划的客观科学和严谨务实。评审是对规划工作的检验，也是规划工作者重要的学习机会，评审过程中不同领域的专家对规划进行评论、提出问题和建议，有助于规划工作者反思规划中的优点与不足，提高认识，拓展思路，完善规划，并进一步提升规划编制水平。

规划稿经评审之后根据评审意见进行修改、定稿，提交有关部门进行审批，国家级的专项规划要报国务院有关部门批准，其他规划提交相应规划批准机关，规划审批时需提交规划文本、规划编制说明以及根据规定需要提交的其他材料。通过审批，标志着规划编制工作的完成。

第5章 现代农业规划案例——河北省现代农业发展“十三五”规划

5.1 认清形势，把握发展机遇

5.1.1 主要成就

“十二五”时期，面对农业外部发展环境日趋复杂，各种困难挑战日益增多，多种制约因素层层叠加的严峻形势，在省委、省政府的正确领导下，全省农业系统凝神聚力、攻坚克难、锐意进取、开拓创新，圆满完成了“十二五”规划确定的各项目标任务，有力推动了全省农业农村经济持续快速健康发展，为实现“十三五”全省农业农村经济更好更快发展和全面建成小康社会，奠定了坚实基础。

1．农业综合生产能力稳步提升

2015年全省农林牧渔业总产值达到5978.9亿元，按可比价格计算，比2010年增长15.7%。粮食生产实现“十二连丰”。粮食总产量达到672.8亿斤，比2010年增长13%，小麦、玉米产量分别占全国的11%和7.4%，居全国第3位和第6位，粮食平均单产达到350.8公斤，比2010年增长11%，夏粮亩产连续2年突破400公斤大关，实现了由中产向高产的跨越。“菜篮子”产品产销两旺。全省蔬菜总产量8852.3万吨，比2010年增加1278.3万吨，增长16.9%，产量居全国第2位，设施蔬菜比重超过50%；全省水果总产量1508万吨，比2010年增加396万吨，增长35.6%，产量居全国第3位；禽蛋和奶类产量分别达到373.6万吨和481万吨，分别比2010年增长10.1%和7.1%，产量均居全国第3位；肉类产量达到462万吨，比2010年增长10.8%，产量居全国第5位；水产品总产量达到129.3万吨，比2010年增长22.0%。质量安全水平稳步提高。全省蔬菜、畜禽、水产品抽检合格率分别达到98.2%、99.7%和98.3%，均高于全国平均水平。农垦实现经济总量455.65亿元，居全国第4位。

2．农业区域布局不断优化

全省农业生产力布局更趋合理，主要农产品生产向优势产区集中。粮食产业形成京山、京广沿线优质专用粮食产业带，以张承地区为主的马铃薯产业带和以冀东卢龙县、冀中永清县、冀南磁县为主的甘薯产业带，黑龙港流域优质棉花产业带，冀东、冀中、冀南优质油料产业带。蔬菜产业形成了张承地区坝上错季菜、冀东日光温室、冀中温室拱棚、冀南拱棚等蔬菜优势产区。水果产业形成了太行山、燕山苹果，冀中南平原沙地梨，桑洋河谷、冀东滨海地区葡萄，大中城镇周边观光采摘时令果品优势产业带。畜牧业形成了以冀南、冀中为中心的两大蛋鸡产业带，以黑龙港流域和丘陵山区为主的两大肉牛、肉羊产业带，以京山、京九、京广铁路沿线为主的三大生猪产业带，以唐山、石家庄、保定、张家口为重点的奶牛养殖优势区和以沧州、邢台、承德、秦皇岛为重点的肉鸡优势产业区。水产业形成了沿海出口优势水产品产业带、山区坝上生态型产业带、大中城市周边休闲型产业带。

3．技术设施装备水平逐步提高

高标准农田建设成效显著，2015 年高标准农田面积达到 2420 万亩，灌溉面积达到 6600 多万亩，其中，节水灌溉面积达到 4100 万亩。机械化达到较高水平，全省农机总动力达到 1.11 亿千瓦，耕种收综合机械化水平达到 74.7%，比 2010 年提高 9.1 个百分点；小麦生产基本实现全程机械化，垦区耕种收综合机械化水平达到 86%。设施农业发展迅速，全省设施蔬菜面积达到 1040 万亩；建成千亩蔬菜标准示范园 502 个，部级蔬菜标准园 177 个，水果标准园 82 个，部省级标准化养殖示范场 1010 个；建设部级水产健康养殖示范场 131 家。

4．科技人才支撑能力明显增强

全省科技创新与推广应用能力显著提高，农业科技进步贡献率达到 56%，比 2010 年提高 0.4 个百分点。科技研发体系进一步完善。全省组建了 11 个省级现代农业产业技术体系创新团队和 5 个区域性农业科技创新联盟，累计创新农作物优异种质资源 2186 份，鉴定科技成果 105 项，研制新型农资、农机产品 45 种，集成熟化技术模式 150 套。种业创新步伐加快。全省审定农作物新品种 322 个，除玉米外，本省育成品种占 95% 以上，杂交谷子、抗旱节水小麦、转基因棉花、马铃薯育种走在全国前列；猪、牛良种满足本省需求，并向省外销售，种用肉鸡、蛋鸡销量分别占全国的 16% 和 20%。基层农技推广与应用成效显著，以县办县管为核心、以区域站建设为主推模式的基层农技推广体系基本建立，建成区域站或乡镇站 2602 个，“专家＋农技人员＋科技示范户”的工作机制和“包村联户”的服务模式在全省普遍推行，农业节水、良种推广、农机深松、测土配方施肥、水肥一体化等先进适用技术大面积推广应用，主要农作物良种覆盖率达到 98%。农村人才培训成效显著，全省建立了 211 个新型职业农民培育基地，累计培训新型职业农民 5.8 万人次，认定新型职业农民 1.1 万多人，职业农民正逐步成为现代农业建设的生力军。

5．农业产业化发展成效显著

农业产业化经营规模不断壮大，2015 年全省农业产业化经营总量达到 6934.8 亿元，比 2010 年增长 71%。龙头企业实力进一步增强，年销售收入亿元以上的企业从 195 家增加到640家，年销售收入10亿元以上的企业达到75家，五得利面粉、今麦郎、养元智汇、梅花味精、汇福粮油等5家企业销售额超过百亿元，农产品加工业成为全省国民经济发展第三大支柱产业。特色产业集群加速形成，以行业领军企业为龙头，在优势农产品产区培育了10个年销售收入超100亿元的加工产业集群，通过建设加工专用原料基地，主要农产品加工企业原料供给率达到80%以上。品牌影响力不断扩大，全省重点培育50个品牌产品，省级重点龙头企业创建名牌产品达到612个。农业产业化发展对农民增收的带动作用不断增强，参与农业产业化经营的农户达到1100多万户，带动农户增收360亿元。产业化经营率达到65.6%，比2010年提高7个百分点。

6．农业经营机制创新深入推进

农村土地承包经营权确权登记颁证加快推进，全省确权面积5785万亩，占全省“二调”耕地总面积的58.8%；草原确权登记全面完成，划定基本草原1126万亩，占总面积的20.3%。土地经营权流转步伐加快，全省土地流转面积2324万亩，占家庭承包耕地面积的27.7%，比2010年提高19个百分点。新型农业经营主体蓬勃发展，全省在工商部门注册登记的家庭农场达到1.45万家，农民合作社发展到9.3万家，比2010年增加7.7万家；评选国家级示范社170家，省级示范社683家，入社农户占总农户的比重达到51%，植保专业化服务组织整体达5600个。

7．农业生态环境得到有效改善

节水农业快速发展，坚持农艺节水、工程节水、管理节水相结合，因地制宜，大力推广农田节水综合配套技术。到2015年，结合地下水超采综合治理试点，压减小麦种植面积104万亩，推广节水小麦种植面积1000万亩，推广冬小麦保护性耕作节水技术75万亩，推广小麦玉米、蔬菜、中药材等高效节水灌溉面积62万亩，推广“一提一补”等农业节水机制，实现节水11亿米^3。全省农田高效节水灌溉面积发展到4100万亩。农业面源污染治理成效初显，全省建立了25个农业面源污染国控监测点，开展小麦、玉米病虫害统防统治2266.9万亩，完成测土配方施肥9455万亩；完成了3492个畜禽规模养殖场粪污处理设施改造，在26个县开展了废旧地膜回收利用示范，在9个县开展了蔬菜清洁生产示范，在102个村开展了农村清洁工程示范建设，秸秆综合利用率达到95%，基本实现全量利用。

8．农业国际合作取得积极进展

农产品贸易和招商引资持续增长。全省农产品进出口额累计217.3亿美元，年均增长4.5%；农林牧渔业合同利用外资累计9.49亿美元，外商直接投资9.63亿美元，年均分别增长2.9%、5.5%。农业“走出去”范围不断扩大。全省境外农业“走出去”项目23个，总投资额5.6亿美元，涉及南亚、拉美、非洲等多个地区，覆盖畜牧养殖、农作物种植及农产品深加工等多个领域。国际标准化农产品出口基地建设成效显著。建成国家级出口食品农产品质量安全示范区7个，省级出口食品农产品质量安全示范区8个，出口备案基地894个。对外交流合作不断深化。与美国、加拿大、罗马尼亚、保加利亚、波兰等国家的7个省（州）签署了农业联络机制备忘录，与南非姆普马兰加省签署了农业合作备忘录。河北省与美国艾奥瓦州合作成效亮点突出，被习近平总书记称赞为中美地方务实合作的典范。

9. 农村居民收入快速增长

2015年全省农村居民人均可支配收入突破万元大关，实现“十二连快”，达到11 051元，年均增长13.2%，连续6年快于城镇居民收入增速。农民生活水平逐步提高，消费能力不断增强。2015年，农民人均消费性支出达9023元，比2010年增长134.7%。

5.1.2 发展机遇

1. 京津冀协同战略为全省现代农业发展拓展了新空间

京津冀协同发展作为新时期重大国家战略，为全省现代农业发展提供了重大战略机遇。京津冀协同发展要求北京疏解非首都核心功能，农产品加工、批发市场等诸多产业将向我省疏解。这将有利于我省更多地承接产业和项目转移，更好地融入京津供应链、物流圈和旅游线，促进农产品产销对接，拓宽农产品销售市场。有利于全面提升我省与京津的项目、资金、科技、人才合作的层次，为现代农业发展提供更有力的支撑。

2. 有利的宏观环境为全省现代农业发展创造了新条件

中央和省委省政府始终坚持解决好“三农”问题作为全部工作的重中之重，不断加大强农惠农政策支持力度和财政投入力度，全社会关心支持“三农”的氛围更加浓厚。当前，全省已进入工业化中期阶段，工业化、城镇化对现代农业的引领推动更加有力，为现代农业发展提供人才、技术、装备和资金等先进生产要素的能力不断增强，为农业规模化、专业化发展创造有利条件。省委办公厅、省政府办公厅出台了加快现代农业园区发展的意见，提出高水平建设一批现代农业园区，现代农业建设的载体和抓手将更加明确。

3. 新业态的兴起为全省现代农业发展增添了新活力

国家正在大力推进大众创业、万众创新，这将有助于激发家庭农场、专业大户、农民合作社和龙头企业等新型农业经营主体的活力和积极性，为更多农村劳动力创造就业增收渠道，将农村农垦丰富的人力资源转化为人力资本，培育和催生全省现代农业发展的新动力。“互联网＋农业”蓬勃兴起，以物联网、大数据、云计算和电子商务等为代表的新一轮科技革命，将为现代农业插上新的“翅膀”，促进精准农业的发展，提升经营主体决策的准确性，促进产销有效衔接。

4. 全面改革创新为全省现代农业发展提供了新动力

中共中央办公厅、国务院办公厅印发的《关于在部分区域系统推进全面创新改革试验的总体方案》将京津冀列为全面创新改革试验区域，提出围绕实现创新驱动发展转型的目标，在市场公平竞争、知识产权、科技成果转化、金融创新、人才培养和激励、开放创新、科技管理体制等方面取得一批重大改革突破。这将有助于进一步打破阻碍区域协同发展的体制机制障碍，促进省际间要素顺畅流动和创新合作，为现代农业发展提供有力的制度保障。同时，生物、信息、新材料、新能源、先进装备制造等高新技术广泛应用于农业领域，成为现代农业发展的强劲引擎。

5．消费结构升级为全省现代农业发展带来了新引力

居民收入水平的提高，将带动农产品消费升级换代。农产品的消费结构升级，传统的温饱型农产品需求将放缓，但优质的畜产品、水产品、果品等改善型农产品需求将快速增加；农产品的消费品质升级，对安全、优质、生态、便捷、多样化农产品的需求将增加；消费方式升级，网络消费、休闲观光、认领农业等新型的消费方式在农产品消费中的比重将提高。农产品消费的升级换代，为我省发展优质、精品农业，提高农产品价值创造了条件，同时，也为发展休闲农业和乡村旅游、拓展农业功能提供了广阔的空间。

5.1.3　面临的挑战

近年来，全省农业发展虽然取得了很大成就，但和全国农业一样，目前也面临着农产品价格“天花板”封顶、生产成本“地板”抬升、资源环境“硬约束”加剧等挑战，而且产业大而不强、结构全而不优、整体效益不高、体制机制不活等问题还比较突出，农业现代化仍然是“四化同步”（四化指工业化、信息化、城镇化、农业现代化）中最薄弱的环节，农民收入偏低严重制约着全面建成小康社会。

1．资源环境约束不断加剧，发展方式亟待转变

水资源严重匮乏，利用率不高，地下水超采问题仍未得到有效解决。全省人均、亩均水资源仅为全国平均水平的1/7、1/9；农田灌溉水有效利用系数仅为0.67，远低于发达国家农田灌溉水利用率0.8的水平；由于客水资源不足，地下水超采严重，已经形成了7个1000公里^{2}的漏斗区，是全国地下水超采问题最严重的省份。农业投入品使用量大、利用率低。全省化肥（折纯量）、农业农药和地膜年用量分别达到331万吨、4.1万吨和6.3万吨，投入持续高位；同时，化肥、农药有效利用率均不足35%，地膜回收率不足40%。农业废弃物量大且无害化、资源化利用水平低。病死畜禽采用化制、发酵、碳化法无害化集中处理的不足30%。随着生态文明建设的深入推进，“绿色发展、循环发展、低碳发展”成为农业发展的新要求，传统的依靠拼资源消耗、拼农资投入、拼生态环境的粗放经营难以为继，亟待转型升级。

2．农业产业体系不优问题日益突出，生产结构亟待调整

农业产业结构与资源禀赋不尽匹配。全省水资源贫乏，但高耗水的冬小麦等作物大面积种植，低耗水的饲草料种植面积偏少，造成水资源过度消耗。种养业结合不紧、循

环不畅。粮经饲（粮食作物、经济作物、饲料作物）结构不合理，粮食播种面积占总播种面积的70%以上，饲草料生产严重不足；耕地地力下降与养殖业粪污未能有效利用并存，种植业化肥使用量过大，撒施表施，导致部分耕地土壤板结，耕层变浅，盐渍化程度加重，同时，畜禽养殖场（区）粪便和农作物秸秆综合利用程度相对较低。生产、加工、流通、消费存在脱节，农业全产业链尚未形成。全省农产品加工业总产值与农业总产值之比仅为1.5∶1，低于全国2.2∶1的水平；农业产业化龙头企业相对较少，产业集中度低，全省国家级龙头企业仅有46家。农产品产后处理发展不足，蔬菜产品分等定级比重不足30%，果品商品化处理率仅30%。休闲农业与乡村旅游发展水平不高。整体推动力度不足；布局分散，产业聚集化程度低；平台搭建缺位，宣传力度有待提高；市场定位不明，品牌化建设有待创新；资金投入明显不足；总体规模偏小，特色不突出，服务档次不高。区域优势发挥不充分。各地产业结构趋同，产业同质化严重，产业区域集中度不高，优势产业带尚未真正形成。对外贸易竞争力有待进一步提高。出口规模不大，全省农产品出口额占全国的比重仅2.7%，远低于山东等出口大省水平，企业主体不强，超过四分之三的农产品出口企业年出口额低于500万美元。

3．物质技术装备水平依然薄弱，基础设施条件亟待强化

耕地质量有待进一步提升。全省干旱半干旱农田6000多万亩，中低产田比重达58%，防灾减灾能力薄弱，全省每年有2000多万亩粮食由于严重干旱等自然灾害造成减产，农业成灾率高达64.4%。设施农业发展水平依然不高。拱棚占比达67%，深冬生产设施不足350万亩，部分地区冬季蔬菜保供仍需外调。农业机械化薄弱环节依然较多。粮食作物植保、养殖业和农产品加工业机械化程度较低。农产品产后处理、储藏和冷链设施不足。农产品加工企业技术装备总体水平还处于20世纪80年代世界平均水平，农业发展在关键领域还存在诸多技术瓶颈，农业科技推广“最后一公里”不到位的问题没有根本解决。

4．规模化、组织化程度相对较低，新型经营主体培育亟待加强

农业规模化发展滞后。土地流转发展较快，但土地流转率仍低于全国平均水平，流转不规范、扶持政策落地难、流转管理和服务不足等问题仍然存在。新型经营主体有待进一步培育。家庭农场刚刚起步，总体数量不多，工商部门注册登记的家庭农场1.45万家；合作社规范化程度不高，形式单一，对农户带动能力不足。社会化服务组织小弱散问题突出，从事农业社会化服务的合作组织较少，农机合作社、专业化统防统治组织总体上作业规模小、覆盖面窄。

5．农业生产效益总体不高，“谁来种地”问题亟待解决

农业生产成本正处在“上升通道”，人工、农机作业等费用上涨较快，种子、化肥、农药等投入品价格居高不下。目前，一些大宗农产品价格已高于进口价格，对小麦、玉米等补贴支持已接近加入世界贸易组织（WTO）时的承诺上限，主要农产品价格和“黄箱”支持都遇到了“天花板”。在成本“地板”和价格“天花板”的双重挤

压下，农业比较效益持续下降。此外，农产品价格未来走势偏弱，小麦、玉米价格多呈下跌态势；棉花价格和植棉效益持续下降，种植面积大幅下滑；蔬菜价格持续走低，个别品种出现滞销。农产品价格下行，对农民生产积极性影响不容忽视。特别是随着农民大量进城务工，农业兼业化、农民老龄化、农村空心化加剧，“谁来种地”“如何种地”的问题日益凸显。

5.2 厘清思路，明确发展目标

5.2.1 指导思想

全面贯彻落实党的十八大和十八届三中、四中、五中全会精神，按照“四个全面”战略布局，坚持创新、协调、绿色、开放、共享的发展理念，牢固树立大农业观、大食物观，牢牢把握京津冀协同发展重大战略机遇，紧紧围绕保障重要农产品有效供给、促进农民增收的总任务，以转变农业发展方式、调整优化农业结构为主线，以深化农村改革、扩大农业对外开放为动力，以加快构建现代农业生产体系、经营体系和产业体系为重点，以推进规模化、集约化、组织化和绿色化为抓手，走出一条产出高效、产品安全、资源节约、环境友好的现代农业发展道路。把全省打造成京津冀优质农产品供应大基地、农业科技成果转化大平台、农产品加工和物流业转移承接大园区、农业生态恢复和环境改善大屏障，为建设经济强省、美丽河北奠定坚实基础。

5.2.2 基本原则

坚持转型升级，创新发展。把创新作为引领现代农业发展的重要动力，不断引入新的发展理念、生产要素、经营模式、经营主体和体制机制，推进农业供给侧结构性改革，增强农产品供给结构的适应性和灵活性，提高供给体系的质量和效率，提升全省农业发展的质量、效益和竞争力。

坚持稳粮增收，协调发展。坚持把保障粮食安全作为首要任务，实施藏粮于地、藏粮于技战略，稳定提升粮食综合生产能力，确保粮食主产省地位不下降。按照全产业链发展思维，挖掘不同区域的产业特色，大力发展农产品加工业，拓展农业多种功能，促进一二三产业协调发展。

坚持生态优先，绿色发展。坚守耕地保护红线，大力发展节水农业，推进农业废弃物资源化利用和农业面源污染治理，加强京津风沙源、三河源（白河、黑河、滦河）等重点区域生态恢复和农产品产地环境保护，完善农产品质量安全监管体系，全面提升农业可持续发展水平，确保“舌尖上的安全”。

坚持市场导向，开放发展。发挥市场在资源配置中的决定性作用，根据市场多元化、优质化的需求态势，优化农业产业结构和产品结构；更好地发挥政府政策的引导功能，激发市场主体投资农业的动力；加强对外合作，推动农业“走出去”，拓展农业发展空间。

坚持以人为本，共享发展。尊重农民经营自主权和创造性，培育扶持一批积极投身农业、具备较高专业技能的新型职业农民。完善利益联结机制，让农民分享全产业链、全价值链收益。落实以人为本的价值观，推进发展机会均等、发展成果共享，更加注重农民收入持续稳定增长，更加注重精准扶贫、精准脱贫，更加注重提升农村公共服务水平。

坚持服务京津，协同发展。抢抓京津冀协同发展和京张联合举办冬奥会的重大机遇，快速融入京津冀协同发展轨道，扩大与京津农业合作的领域和范围，把京津的人才、科技、资本优势变成我省现代农业发展的重要支撑，把京津的市场需求变成我省现代农业的产业优势。

5.2.3 发展目标

到 2020 年，全省现代农业建设取得实质性进展，实现“三个突破、两个提前、一个基本形成”的总体目标。

产业转型升级取得突破。加速农业发展动力转换，实现农业发展由粗放型向集约型转变，分散兼业型向规模专业型转变，资源依赖型向科技驱动型转变。通过转型升级，实现农业经济总量增长、结构优化、质量和效益显著提升，品牌影响力和市场竞争力显著提高。河北成为京津最重要的优质农产品供应大基地。

智慧农业构建取得突破。互联网与农业生产、经营、管理和服务各环节加速融合。现代物联网、大数据等技术在精准化生产、透明化管理、高效化经营、便捷化服务及农副产品质量安全追溯等方面的支撑作用取得突破性进展，基于互联网的网络化、智能化、精细化“种养加”（种植业、养殖业、农产品加工业）及营销物流模式成为全省农业发展新业态。

产业融合发展取得突破。有效承接京津产业转移，建成环京津中央大厨房、环京津一小时农产品物流圈。到 2020 年，农产品加工业规模以上企业主营业务收入突破 1.5 万亿元，农产品加工业与农业产值之比达到 2.5∶1，再造一个“河北农业”。构建起以 9 个大型农产品批发市场为核心的华北重要的农产品物流基地。休闲农业和乡村旅游接待 1 亿人次以上。农产品加工业、物流业、休闲农业成为现代农业发展新的增长点。

农业生态环境治理提前实现目标。提前实现农业农村部要求的“一控两减三基本”目标。农田灌溉水有效利用系数达到 0.68，实现农业用水负增长。耕地基础地力等级提升 0.5 个等级。农作物秸秆综合利用率达到 96%。农业生态环境得到根本改善，成为京津冀农业生态恢复和环境改善大屏障。

农民人均可支配收入提前实现翻番目标。到 2020 年，农民人均可支配收入达到 17 000 元，为 2010 年的 2.85 倍，年均增长 9%，高于全省 GDP 增长率和城镇居民可支配收入增长率。特色产业扶贫任务全面完成，农村贫困人口全面脱贫。

基本形成现代农业新格局。到 2020 年，全省基本形成基础设施完备、生产技术先进、产业结构合理、经营规模适度、资源利用高效、生态环境优美、产品质量安全的现代农业新格局。环京津冀都市现代农业圈和现代农业示范区率先基本实现农业现代化，现代农业发展水平居全国现代农业示范区上游。河北省现代农业“十三五”发展目标见表 5-1。

表 5-1　河北省现代农业“十三五”发展目标

类别	指标	基期值（2015 年）	目标值（2020 年）	年均增速 /%
农产品供给水平	粮食播种面积 / 万亩	9588.8	≥9300	—
	粮食综合生产能力 / 亿斤	672.8	≥670	—
	其中：小麦总产量 / 亿斤	286	≥270	—
	蔬菜产量 / 万吨	8852.3	9000	0.3
	水果产量 / 万吨	1508	1800	3.6
	肉类产量 / 万吨	462	580	4.7
	禽蛋产量 / 万吨	373.6	400	1.4
	奶类产量 / 万吨	481	770	9.9
	水产品产量 / 万吨	129.3	135	0.9
	农产品质量安全例行监测总体合格率 /%	＞96	＞97	［1］
农业结构	畜牧业占农业总产值比重 /%	31.8	38	［6.2］
	农产品加工业产值与农业总产值比	1.4	2.5	［1.1］
农业规模经营与组织化程度	土地流转率 /%	27.7	35	［7.3］
	加入合作社农户占总农户数 /%	55	65	［10］
	农业产业化经营率 /%	65.6	70	［4.6］
农业物质技术装备水平	旱涝保收高标准农田比重 /%	42	60	［18］
	高效节水灌溉面积 / 万亩	4100	5000	4
	设施农业面积 / 万亩	1040	1200	2.9
	农业机械总动力 / 亿千瓦	1.11	1.2	1.6
	农作物耕种收综合机械化水平 /%	74.7	80	［5.3］
	农业科技进步贡献率 /%	56	60	［4］
	农业信息化发展水平 /%	35	45	［10］

续表

类别	指标	基期值（2015 年）	目标值（2020 年）	年均增速 /%
农业可持续发展能力	农业用水总量 / 亿米 ^{3}	135.2	<130	—
	化肥投入量 / 万吨	135.2	<135	—
	农业农药投入量 / 万吨	4.14	<4.10	—
	农田灌溉水有效利用系数	0.67	0.68	[0.01]
	秸秆综合利用率 /%	95	96	[1]
	规模养殖场粪污处理设施配建比例 /%	55.1	75	[19.9]
	农用地膜回收率 /%	40	80	[40]
农业效益	农林牧渔业增加值 / 亿元	3 578.7	5 000	6.9
农民收入	农民人均可支配收入 / 元	11 051	17 000	9.0

注：[ ] 为累计值。

5.3　优化农业区域布局，调整农业结构

立足全省各地的资源禀赋、环境承载能力和农业发展基础，依据国家主体功能区等规划，着眼于构建优势产业集群、延伸产业链条，提高产业整体素质和竞争力，将全省现代农业发展总体布局为“一环四区一带”，即环京津都市现代农业圈、山前平原高产农业区、黑龙港生态节水循环农业区、山地高效特色农业区、坝上绿色生态产业区和沿海高效渔业产业带。努力构建特色鲜明、良性互动、逐级带动的现代农业协同发展新格局。

5.3.1　环京津都市现代农业圈

1．区域范围与现状

本区域包括环北京、天津的 27 个县（市、区），涉及保定、廊坊、沧州、唐山、承德、张家口 6 个地级市，农业总产值占全省的 24%。本区域紧邻京津，社会资本活跃，优质农产品需求量大；地理条件类型多样，市场流通体系相对健全；信息、科技、资本等先进生产要素获取相对较易。

2．发展定位

以都市现代农业为主攻方向，突出服务、生态、科技、传承功能，建成京津“菜篮子”产品重要供给区、农业先进生产要素聚集区和农业多功能开发先行区。

3．发展重点

强化蔬菜水果供给保障能力。种植结构“一减两增”，逐步调减小麦、籽粒玉米等

粮食作物种植面积，增加高效设施蔬菜和特色果品种植面积。大力发展高端设施蔬菜，提高优质蔬菜特别是叶菜的供给能力。积极发展水果等经济作物，创建水果标准园，推动怀来县和北京延庆区共建“葡萄走廊”。

提高奶、蛋供给保障水平。养殖结构“一稳两进”，稳步控制商品猪养殖，推进优质奶源生产基地和蛋鸡标准化规模养殖场建设。适当扩大多年生苜蓿、青贮玉米种植，增加优质饲草供应，大力发展生态循环农业，加大粪污防治设施建设力度，实现资源化利用。

建设“农业硅谷”。汇集农业科技优势资源，加快建设涿州国家级现代农业高新技术产业示范区、廊坊农业科技园区、永清国家设施农业集成创新基地，依托北京研发高地，加速导入高端科研资源，承接成果转化落地，推动农业科学与生物技术深度融合。鼓励北京科研单位进驻、科研人员创新创业、科研企业集群发展，推动重大共性技术联合攻关、重要科研设施设备共享共用、重点科研成果展示应用。

打造农业信息化高地。促进“菜篮子”产品全程信息化，以标准菜园、标准果园、规模化养殖场为载体，推进气象信息观测、肥水药精准实施、设施自动化控制等物联网技术的聚合应用，推广健康养殖管理信息技术。开发农资生产经营主体监管、直销配送、合作消费、质量追溯等信息系统。完善农产品电子商务交易平台，支持电子商务企业向城市周边延伸业务。实现生产智能化、精准化，经营网络化，管理快捷化。

建设“中央厨房”供应体系。以市场优势为动力，以合理膳食为导向，加快发展主食加工，重点扶持主食加工业示范企业，加快主食产品研发，促进主食规模化、标准化、专业化生产，健全产品可追溯体系，实现全程质量控制和一体化管理。挖掘“老字号”发展潜力，培育壮大一批主食品牌。

建设高效便捷物流体系。承接产业转移，加快建设一批环京津农产品物流园区，形成京津冀农副产品“一站式”采购供应基地和物流集散中心。围绕京津形成 1 小时速生蔬菜供应圈、2 小时鲜活农产品保障圈、3 小时应急农产品供应圈，全面提升大中型农产品市场的仓储冷链、信息发布、检验检测等设施装备水平，形成环绕京津的规模适度、需求匹配的物流仓储网络。

加快休闲农业一体化进程。推进农旅融合，依托山地、湿地、河流、水库、海滨等自然资源特色，开发集休闲观光、科教体验、展示展销为一体的风格独特的休闲农业产品，建设休闲农业示范区和休闲观光农业园，打造一批宣传农耕文化、传承农耕文明的高水平休闲观光场所。加大休闲观光农业线路推介力度，增强游客接待能力，打造京津市民 1 日休闲农业圈、2 日休闲农业深度体验圈、3 日农业休闲度假圈。

5.3.2 山前平原高产农业区

1．区域范围与现状

本区域包括燕山、太行山山前平原区 53 个县（市、区），涉及石家庄市、保定市、唐山市、秦皇岛市、邢台市和邯郸市6个地级市，农业总产值占全省的一半。本区域属国家黄淮海平原农产品主产区，农业地位突出，农村人口集中，水土条件好，科技力量强，是全省粮食高产区和主产区，也是重要的菜、肉、蛋、奶集中产区。

2．发展定位

以高产高效优质基地型农业为主攻方向，突出优质高产、加工物流功能，建成粮食、蔬菜、畜禽等重要农产品生产、加工、物流基地，提高京津冀都市群“米袋子”“菜篮子”产品供给能力。

3．发展重点

建设粮食生产核心基地。划定永久基本农田，配套完善田间工程，建设旱涝保收高标准农田。突出打造4000万亩粮食生产核心区，加强优质小麦生产核心区建设，稳定提升粮食等主要农产品综合生产能力。

建设设施蔬菜基地。引导冀中南、冀东地区蔬菜向京广、京山、津秦铁路沿线集中，种植面积力争达到1300万亩。组织开展蔬菜大县建设，建设25个种植面积20万亩以上的大县。大力发展设施蔬菜，冀中平原重点发展大体量连栋式塑料拱棚设施，冀南平原重点发展小拱棚设施，冀东山前平原重点发展日光温室，提升深冬生产能力，重点发展精细果菜和特色高端叶菜，建设各具特色的服务京津市场2小时优质精细蔬菜供应基地。

建设畜牧业产业聚集区。利用种植业结构调整契机，重点抓好种养结合，开展粮改饲试点，大力发展草食畜牧业，着力培育奶牛养殖核心区，提升肉羊优势产业区。依托产业现有发展基础，建设生猪产业带、蛋鸡肉鸡产业带，促进畜牧业聚集发展。

大力发展农产品精深加工和流通。以粮食、果蔬、肉制品、乳制品的产地初加工和精深加工为重点，建设完善一批农业产业化示范园，吸引京津等大型农产品加工企业入驻。在重要交通节点建设一批大型农产品交易市场和物流园区，发展电子商务、定制配送、第三方物流等新型物流业态，构建高效、便捷、快速的农产品大流通体系。

5.3.3　黑龙港生态节水循环农业区

1．区域范围与现状

本区域包括黑龙港流域37个县（市、区），涉及沧州市、衡水市、邢台市和邯郸市4个地级市。本区域属国家黄淮海平原农产品主产区，是全省重要的粮、棉、油、菜、果集中产区。土质盐碱，水资源短缺，地下水大量超采，形成了面积达5万平方公里的华北地区最广、最深的地下水超采漏斗区。

2．发展定位

以高效节水农业为主攻方向，突出生态修复功能，强化“以水定种、以种定养”发展思路，开展地下水超采综合治理，推广耐旱作物和品种，推进“粮改饲”“棉麦双丰”等种植模式，实施棉花生产能力提升行动，建设商品粮、棉花生产基地和畜禽、盐碱地水产养殖基地，打造国家节水农业综合示范区和绿色农产品供应基地。

3．发展重点

推广耐旱作物和品种。调整种植制度，开展耕地轮作休耕试点，改“一年两熟”为“一年一熟”或“两年三熟”，压减井灌冬小麦种植规模，挖掘雨热同期秋粮作物增产潜力，积极发展玉米、杂粮、油葵、花生、棉花等耐旱作物，推广抗旱节水与高产优质相结合型的新品种。结合老菜区设施蔬菜改造，调整品种结构，压减高耗水蔬菜种植面积，推广节水型蔬菜。

发展草食畜牧业。推进“粮改饲”，充分利用盐碱地、中低产田发展青贮玉米和苜蓿等多年生牧草种植，加大牧草加工技术开发力度，建设优质牧草生产基地，加强奶牛标准化规模养殖场建设，建立肉牛、肉羊育肥基地，实现增草增畜。鼓励支持盐碱地渔业开发，发展水产健康养殖。

推广“棉麦双丰”等高效间套种植模式。集成应用盐碱地改良利用、棉田增粮等土、肥、水、种技术成果，推广“棉麦双丰”、棉花 - 洋葱（西瓜）等多种作物高效间套种植模式，实现光、热、水资源的高效利用。

推广节水高产技术。推广浅层微咸水利用技术、水肥一体化技术、微喷灌技术和保护性耕作技术，实现开源与节流并重、良种与良法并重，协同治理地下水超采。

5.3.4 山地高效特色农业区

1．区域范围与现状

本区域包括冀北燕山山区和冀西太行山山区 29 个县（市、区），涉及石家庄市、保定市、邢台市、邯郸市、唐山市、秦皇岛市、承德市、张家口市 8 个地级市。本区域杂粮、中药材、水果、冷水鱼等特色农产品丰富，是我省重点生态功能区，京津冀地区生态屏障，全省果业和生物多样性保护重点区。干旱缺水，产地环境优良，生物资源丰富。随着冬奥会申报成功，开发绿色生态资源优势，发展生态旅游机遇已经突显。

2．发展定位

以生态保育型农业为主攻方向，突出生态屏障、农民增收功能，实施山区综合开发工程，抓好沟域经济，发展现代山地特色高效农业，打造现代农业、扶贫开发、休闲农业、生态建设综合发展示范区。

3．发展重点

大力发展特色产业。重点调减籽粒玉米面积，大力发展马铃薯、蔬菜、水果、食用菌、中药材等特色山地作物。积极发展杂粮杂豆和马铃薯、鲜食玉米、甘薯，推广优质品种和绿色标准化栽培技术，建设绿色粮食生产基地。扶持山区苹果、梨、葡萄等特色果品业，建设一批良种苗木繁育基地，一批矮砧密植、高效低耗现代化果园。

积极发展木腐菌和错季食用菌，打造一批年产20万吨以上的食用菌生产基地。加强道地药材品种筛选、人工抚育、提纯复壮和脱毒，推广中药材仿野生、立体高效复合种植模式，建设燕山、太行山等中药材经济核心示范区，培育一批50万亩以上的中药材生产大市、一批10万亩以上的中药材生产大县。培育“张杂谷”“武安小米”“热河黄芩”“涉县柴胡”等竞争力强的知名品牌。

发展山区特色养殖业。以退化草场、林地植被恢复为重点，以适度规模舍饲为主，建设肉牛、肉羊母畜繁殖基地。以林地、草地放养为主，大力推进蛋鸡放养，建立优质绿色畜产品基地。加快山区冷热水资源开发，突出水产良种繁育，大力发展特色水产养殖，重点建设一批以鲑、鳟、鲟、鳇、中华鳖等名特优品种为主导的高效设施渔业养殖基地。

推广生态友好型山地治理模式。推广覆盖、免耕、沟播、绿色防控等生态种植技术，实施已垦草原治理、退耕还草工程，修复山区生态环境。推广“规模化开发、园区式建设、循环式利用、产业式扶贫”的荒山开发模式，依靠社会力量推进扶贫和山区开发。依托燕山、太行山的山区景观资源，以山野休闲农园、采摘园、康养园区、农业节庆、农家乐、农耕景观为基本开发模式，大力发展沟域休闲农业。

5.3.5 坝上绿色生态产业区

1．区域范围与现状

本区域包括冀北坝上和接坝地区5个县及沽源、察北、御道口、康保、鱼儿山5个国有牧场，涉及张家口市、承德市2个地级市，属于冷温喜凉作物区，是全国主要的商品薯生产基地、脱毒种薯繁育基地和销售集散地；冷凉型蔬菜产业突出，是京津地区夏季蔬菜的重要供给区；草场资源丰富，但生态环境脆弱，以奶牛、肉牛、肉羊为主的草食畜规模优势明显。本区域属国家重点生态功能区，是滦河、潮河和白河的发源地，也是贫困人口集中区、水资源缺乏地区。

2．发展定位

以种养结合的草原特色农牧业为主攻方向，突出生态涵养、农民增收功能，建成优质绿色生态奶源生产基地、高原特色有机农产品供给基地和高原特色休闲旅游度假区。

3．发展重点

建设马铃薯产业化基地。加强加工专用品种培育，建设马铃薯种薯、加工专用薯、出口创汇薯生产基地，加强马铃薯主食产品研发，大力推进马铃薯主食化开发产业化。

建设夏季蔬菜供应基地。利用坝上地区夏季冷凉气候特点，推广水肥一体化技术，大力发展节水型蔬菜和食用菌错季栽培，适度发展设施种植，提高复种指数。

加强草原生态保护。建立严格的草畜平衡制度，科学利用天然草原并抓好人工种草，实现以草定牧，推行科学轮牧、休牧和禁牧，严禁超载过牧。以坝上“三化”（退化、沙化、盐碱化）草原为重点，大力进行综合治理与生态修复建设，实施围栏封育，转变草原畜牧业发展方式，发展规模化、标准化舍饲圈养。

建设草原特色休闲旅游度假区。深度挖掘坝上草原文化、民族文化、皇家文化，以滑雪度假区、冰雪乡村、节事赛场等为发展核心，以草原特色产品打造、文化产品开发、农牧产品包装为重点，着力打造集草原生活体验、特色民俗文化体验、满族风情体验于一体的草原文化休闲农业。

5.3.6 沿海高效渔业产业带

1．区域范围与现状

本区域包括沿海 12 个县，涉及秦皇岛市、唐山市、沧州市 3 个地级市。本区域海岸线 487 公里，是全省主要的水产品集中生产区，是环渤海地区对外开放的重要门户和东北亚区域经济合作的桥头堡，是华北、西北地区重要的出海口和对外开放门户。

2．发展定位

以优质水产品生产为主攻方向，突出精品生产功能，以发展生态高效健康养殖和开展资源增殖为主线，推动宜渔资源规模化开发，建设标准化健康养殖基地，发展远洋远海捕捞，实现海、滩并重，养殖、捕捞、加工（出口）并举，建成京津冀特色水产品供应基地和特色水产出口创汇基地。

3．发展重点

加强渔业生态环境养护与渔业综合开发。以人工鱼礁建设为重点，配套增殖放流、底播、移植等措施，大力发展海洋牧场。继续实施秦皇岛海域、唐山海域海洋牧场示范区建设，打造生态增殖型人工鱼礁产业带，加快开发山海关至沧州沿海最具潜力区域宜渔资源，以贝藻类增养殖和人工鱼礁建设为主，推进海洋牧场示范区、水生生物自然保护区和水产种质资源保护区建设。持续开展渔业资源增殖放流活动，不断加大对虾、梭子蟹、鲆鲽类、贝类等重要经济品种增殖规模，恢复养护渔业资源，改善渔业生态环境。建设集渔港、渔需、休闲渔业及水产“育苗、养殖、加工、销售”为一体的大型渔业全产业链园区。

建设标准化健康养殖基地。积极发展浅海筏式养殖、滩涂养殖、工厂化养殖等养殖模式，突出建设以唐山沿海为重点的对虾养殖基地，以秦皇岛沿海为重点的扇贝养殖基地，以沧州沿海为重点的梭子蟹养殖基地，以昌黎、北戴河新区、曹妃甸、乐亭、丰南、滦南、黄骅为重点的海参、河鲀、鲆鲽类等名贵水产品养殖基地。发展特色水产品精深加工。建设一批产学研相结合产业园区，提升科技支撑能力。

发展远洋远海捕捞。调整捕捞作业结构，压缩近海捕捞强度，加快发展远洋远海捕捞。推进捕捞渔船更新改造，继续支持远洋远海渔船建造，配备先进适用的渔业机械和助渔导航设备，培育一批现代化渔业船队。加强渔政、渔船基础设施建设，形成以中心渔港和一级渔港为重点，二级以下渔港为补充的渔港保障体系，满足生产渔船停靠、避风需求，完善渔政执法船、艇建设。

拓展提升休闲渔业。充分利用岛礁、港湾、海滩等自然资源和渔村、渔港、鱼塘及城市周边等人文资源，结合水产养殖基地、海洋牧场建设和渔业增殖放流等生产活动，大力发展垂钓、游钓、体验、观光以及渔家乐等多种形式的休闲渔业。着力构建综合观光型休闲渔业产业带、假日游览型休闲渔业产业带和鉴赏品味型休闲渔业产业区、观赏鱼类休闲渔业产业区，加强休闲渔业规范化管理及相关服务体系建设，重点打造一批国家级、省级休闲渔业基地，推动我省休闲渔业向生态化、规模化、品牌化转型发展，满足社会多层次消费需求，增加渔民收入。“一环四区一带”范围见表 5-2。

表 5-2　“一环四区一带”范围

区域名称	区域范围	县（市、区）个数
环京津都市现代农业圈	廊坊市的三河市、大厂县、香河县、安次区、广阳区、永清县、固安县、霸州市、文安县、大城县；承德市的承德县、兴隆县、滦平县、丰宁县；张家口市的怀来县、涿鹿县、赤城县；唐山市的遵化市、玉田县、曹妃甸区、丰南区、丰润区；保定市的涞水县、涿州市、高碑店市；沧州市的青县、黄骅市	27 个
山前平原高产农业区	石家庄市裕华区、长安区、新华区、行唐县、深泽县、无极县、赞皇县、鹿泉市、元氏县、赵县、晋州市、辛集市、藁城市、新乐市、高邑县、栾城县、正定县；唐山市古冶区、开平区、迁安市、滦县、乐亭县、滦南县；保定市徐水区、定州市、清苑区、望都县、满城县、顺平县、定兴县、高阳县、容城县、安新县、蠡县、博野县、雄县、安国市、曲阳县、唐县、易县；邢台市柏乡县、隆尧县、任县、南和县、宁晋县；邯郸市邯山区、邯郸区、成安县、临漳县、鸡泽县、广平县、永年区；秦皇岛市卢龙县	53 个
黑龙港生态节水循环农业区	衡水市深州市、枣强县、武邑县、武强县、饶阳县、故城县、景县、阜城县、冀州、桃城区、安平县；沧州市泊头市、沧县、东光县、南皮县、吴桥县、献县、河间市、任丘市、肃宁县、海兴县、孟村县、盐山县；邢台市新河县、巨鹿县、清河县、平乡县、临西县、广宗县、威县、南宫市；邯郸市大名县、馆陶县、魏县、曲周县、邱县、肥乡区	37 个
山地高效特色农业区	唐山市迁西县；秦皇岛市青龙县；承德市承德县、宽城县、平泉区、隆化县、兴隆县、丰宁县、滦平县；张家口市宣化区、下花园区、崇礼区、阳原县、蔚县、怀安县、万全区、宣化区；石家庄市井陉县、灵寿县、平山县；保定市阜平县、涞源县；邢台市沙河市、邢台县、内丘县、临城县；邯郸市武安市、涉县、磁县	29 个
坝上绿色生态产业区	张家口市张北县、沽源县、康保县、尚义县，承德市围场县；沽源、察北、御道口、康保、鱼儿山等 5 个国有牧场	5 个县，5 个国有牧场
沿海高效渔业产业带	秦皇岛市山海关区、海港区、北戴河区、北戴河新区、昌黎县、抚宁区；唐山市乐亭县、滦南县、曹妃甸区、丰南区；沧州市海兴县、黄骅市	12 个

5.4　构建现代农业产业体系，挖掘发展优势

按照“调优一产、做强二产、做活三产”的思路，构建起粮经饲统筹、种养加一

体、一二三产融合的现代农业产业体系。以“稳、调、扩”为重点，调优种植业结构。“以水定产”，在稳定粮食产能前提下，适度调减小麦、籽粒玉米种植面积，大力发展蔬菜、饲草、中药材、食用菌、水果等经济作物。以“粮草兼顾、农牧结合、循环发展”为要求，促进种养结合。推广粮经饲三元种植模式，在农区实行“以养定种”；在山坝地区建立草畜平衡制度，实现“以草定牧”，增草增畜。以“稳猪禽、强奶业、扩牛羊”为思路，调优畜牧业结构。稳定猪禽等传统优势产业，提高草食畜牧业比重，打造奶业强省。以“特色发展、健康养殖、生态保护”为路径，做精水产业。完善良种繁育体系，建设健康养殖基地，强化渔业种质资源与环境保护，生产特色水产品。以“强龙头、建园区”为抓手，发展二三产业。以现代农业园区为平台，培育壮大龙头企业，推进产业集群集聚，发展农产品产地初加工及精深加工，拓展农业多功能，发展农业新业态。

5.4.1 调优种植业

1．稳定粮食产能

按照《河北省高标准农田建设总体规划（2015—2020 年）》，继续建设旱涝保收、高产稳产、生态友好的高标准农田，夯实粮食产能的基础。加快改造环渤海地区的盐碱地和黑龙港地区的中低产田，增强粮食发展后劲。以产粮大县（场）为重点，建设 4000 万亩粮食生产核心区。实施现代种业提升工程，建设一批育制种基地，支持育繁推一体化种子企业成为现代种业发展的主体。实施小麦、玉米全程机械化推进工程，突破技术瓶颈和薄弱环节。通过开展高产创建、绿色增产模式攻关，加快优良新品种和配套集成技术的推广应用，促进粮食生产向高产稳产、优质高效、节本增效方向发展。

专栏一：粮食产业发展重点

小麦：到 2020 年，全省小麦种植面积稳定在 3400 万亩，总产稳定在 270 亿斤以上。在环京津地区和地下水超采区适当压减小麦种植面积，促进优质专用小麦向太行山山前平原产区集中。调整优化品种结构，在冀中南地区大力推广强筋和中强筋半冬性品种，在保定北部和冀东麦区积极推广强筋冬性品种。建立以节水品种为核心的技术体系，使小麦生产稳产增产、节水节肥节药。

玉米：到 2020 年，全省玉米种植面积稳定在 4200 万亩左右，总产稳定在 330 亿斤以上，其中，专用玉米比例在 60% 以上。在干旱缺水的太行山丘陵区、黑龙港地区和北部张承地区等缺乏水浇条件的地区适当调减玉米种植，引导全省玉米向京广、京山铁路沿线集中，建设优质专用玉米产业带。积极发展粮饲兼用玉米，在奶牛业发达的地区积极发展青贮玉米，在制药、淀粉加工发达的地区发展高淀粉玉米，适度发展糯玉米、黑玉米、甜玉米。

马铃薯：到 2020 年，全省马铃薯种植面积达到 300 万亩，总产量达到 90 亿斤。在张承一季作区建设全国马铃薯种薯生产基地、商品薯生产基地及薯条、薯片加工基地，在冀东和冀中南部二季作区建设以早熟品种为主的商品薯生产基地，采取高效栽培技术，争取早上市，提高薯农经济效益。加快脱毒种薯、新品种和生产栽培技术的研究和推广应用，力争脱毒种薯普及率达到 70%，主攻单产，提高品质，增强马铃薯生产、加工、贮藏和流通能力，推进马铃薯主食化开发。

杂粮：到 2020 年，全省杂粮种植面积达到 1000 万亩。引进和培育优良品种，加大“张杂谷”等优良品种推广力度。太行山、燕山浅山区重点发展甘薯、谷子，间作小豆、绿豆、豇豆；深山区重点发展谷子、黍子、荞麦。黑龙港低平原地区重点发展谷子、高粱、绿豆、小豆。沿海滩涂地区重点发展高粱。坝上地区进一步提高传统杂粮的产量和品质，打造优质绿色名牌产品。

饲草料：到 2020 年，多年生优质苜蓿种植面积达到 100 万亩，粮改饲年种植面积 100 万亩。在农牧交错带开展粮改饲试点，发展苜蓿等优质牧草种植，壮大饲草料产业。在沧州、衡水、邢台等地下水超采区，进一步扩大饲草种植面积，调整漏斗区耕种模式，有效压减地下水开采。积极利用冀南滨海地区盐碱地、弃耕地、中低产田，推行饲草种植，建设优质饲草生产基地，增加土地利用效率，恢复荒地植被。在粮食主产区，积极发展饲用玉米、青贮玉米等饲用粮生产，进一步挖掘秸秆饲料化潜力，促进种养平衡。加强退化草原治理，恢复草原植被，改善草原生态，提高草原生产能力。

2．做强蔬菜产业

立足于服务京津冀 1.2 亿高端消费市场需求，促进蔬菜产业提档升级，构建生产标准化、栽培设施化、品种特色化、质量可追溯、产销一体化的现代蔬菜产业体系，实现稳量增效。加快建设 25 个蔬菜大县和集中产区，形成区域性标志和品牌，到 2020 年，蔬菜生产规模稳定在 2000 万亩左右，产量稳定在 9000 万吨。

专栏二：蔬菜产业发展重点

优化区域布局。打造环京津蔬菜产业带、太行山前平原蔬菜产业带、冀东平原蔬菜产业带和食用菌产业带，形成蔬菜的重点发展区。适当控制或压缩黑龙港流域和坝上区域的高耗水的蔬菜规模，适当发展用水较少的食用菌。

优化设施结构。加大老旧蔬菜大棚改造升级力度，提高复种指数和单产水平，力争全省设施蔬菜生产面积增加至 1200 万亩，占蔬菜生产面积的 60%，高端设施蔬菜面积达到 500 万亩。

调整品种结构。推广节水蔬菜品种，扩大耗水较少价位较高的豆类、辣（甜）椒、小叶菜、番茄等蔬菜种植比重，替代高耗水且收益较低的大白菜、芹菜、白萝卜、胡萝卜、黄瓜等蔬菜。进一步提升永年叶菜和蒜薹、青县黄瓜、饶阳番茄等蔬菜规模产区市场影响力。

3．做大特色产业

大力发展水果产业，加快建设太行山、燕山、冀东、冀中南优势水果带；以“突出错季抓周年、完善设施创品牌”为重点，加大设施改造力度，大力提升菇棚自动化、工厂化周年生产和标准化水平。以建设安国中药都为引领，打造一批生产大县、发展一批道地品种、引进一批中药企业，优化区域布局，为建设中医药强省打下坚实的药源基础；以市场需求为导向，以提质增效为目标，巩固优势区域，加大科技投入，提高油料产量和种植效益。

专栏三：特色产业发展重点

水果：到2020年，全省水果总面积保持在1800万亩，水果总产量达到1800万吨，优果率达到80%。优化区域布局，在太行山、燕山浅山丘陵向阳缓坡区发展高档苹果，在冀中平原、黑龙港流域沙地建设高标准优质梨出口基地，在桑洋河谷、冀东滨海地区建设优质葡萄生产基地，在大中城市周边重点发展桃、樱桃等时令果品。加强良种繁育体系建设，支持苹果、梨、桃、葡萄每个树种建设良种繁育基地，提供优质脱毒大苗和砧木，提高良种覆盖率。推进标准化建设，支持创建成方连片水果现代化园区，建设现代化精品果园，加快老果园更新改造，完善果园基础设施，提升果园地力。大力推广现代果业栽培技术，示范推广矮砧密植栽培模式，提升水果标准化生产水平。建立健全果品质量追溯平台，提高果品质量水平。积极推进品牌战略，拓宽销售渠道，大力发展物流配送、家庭领养、联销经营、电子商务等新型业态，推进“订单生产”和“农超对接”，稳定购销网络，提升水果产品竞争优势。

中药材：到2020年，建成邯郸、邢台、保定、承德、张家口等5个50万亩以上的中药材生产大市和涉县、巨鹿、安国、蔚县、隆化、青龙等10个10万亩以上的生产大县；发展连翘、金银花、黄芩等10个10万亩以上和20个5万亩以上的道地品种，全省中药材面积发展到300万亩；建立健全可追溯体系和检测体系，提高产品质量，培育出一批具有一定知名度和市场占有率的骨干品牌，“两带三区”（燕山产业带、太行山产业带、冀中平原产区、冀南平原产区和坝上高原产区）订单生产率达到40%以上、省内中药制药企业使用产地确定的中药材原料比例达到50%以上。

油料：到 2020 年，全省油料面积稳定在 700 万亩，总产达到 150 万吨以上。推广花生综合增产技术和绿色无公害标准化生产技术，优化花生品种结构，在冀东春花生集中产区重点发展地膜油用花生，在冀中南平原河泛区大力发展麦套或麦茬夏直播油用花生，推进花生生产机械化。因地制宜，推进油菜籽、芝麻、胡麻、油葵等油料作物发展，推动油料产业持续健康发展。

食用菌：推进山坝区错季菇产业带、环京津珍稀菇产业带、冀中南草腐菌产业区建设。打造一批集科研开发、菌种扩繁、菌袋（基料）制作、栽培出菇、储藏加工、休闲采摘于一体的现代食用菌示范园区。到 2020 年，全省食用菌栽培面积发展到 50 万亩以上，年产量达到 440 万吨以上。

5.4.2　提升畜牧业

1．稳定生猪家禽业

立足提质稳量，规模化、标准化、产业化同步发展。稳定生猪、蛋鸡、肉鸡存栏量，提高生产性能，进一步巩固和提高种业地位；规模屠宰企业屠宰量占全部屠宰量的 90% 以上，基本实现冷链化流通和一体化管理。

专栏四：生猪家禽产业发展重点

壮大种猪、种鸡业。推进企业集团育种和联合育种，以企业为主体，提升联合育种、种畜禽生产、新品种培育、性能测定等能力，打造环京津畜禽种业高地。依托华裕、大午等龙头企业，发展蛋种鸡产业；依托大风、飞龙、天丰等龙头企业，发展肉种鸡产业；依托京安、双鸽、浩源等国家生猪核心育种场，发展种猪产业。

推进标准化规模养殖。加快产业转型升级，坚持良种良法配套、设施工艺结合、增产增效并重、生产生态协调，建立健全标准化生产体系，发展猪禽适度规模养殖、生态养殖、清洁养殖。支持建设一批高标准的现代化规模养殖场、种养结合示范园区等，加快对现有粗放型规模养殖场的标准化改造，完善自动喂养、环境监控设备，推广营养优化、畜舍环控管理等技术，提高养殖场自动化装备水平、精准化养殖水平和现代化管理水平。完善养殖场粪污处理设施设备，整县制推进粪污综合利用，促进产业与环境协调发展。

2．做强奶业

到 2020 年，奶业实现从数量扩张到产业实力整体增强的转变，牛奶产量实现持续增长，成母牛年均单产水平达到 7 吨以上，生鲜乳质量显著提高，奶源生产和乳品加工利益联结日益紧密，实现奶业大省向奶业强省的转变。

专栏五：奶牛产业发展重点

培育奶牛养殖核心区。重点打造唐山、石家庄、保定、张家口和黑龙港流域“四区一域”优势产区，大力实施提高奶牛单产水平、提高标准化养殖水平、提高社会化服务水平、提高智能化管理水平工程，建立奶业健康发展长效机制。“四区”以稳量提质为主，“一域”增量与提质并重。在全省大力实施“九吨奶工程”示范牧场建设，到2020年建成泌乳牛群体平均单产水平9吨以上的示范场100个。

继续推进标准化规模养殖。鼓励乳企采取自建、收购、控股、参股等方式加快建设自有奶源基地。鼓励组建奶牛养殖运营团队，采用“托管＋改造”的方式整合现有中小奶牛场资源，实现存量奶源的团队化、专业化、社会化的整合。引导奶牛养殖小区通过托管、寄养、奶牛作价入股等方式向“股份制有限公司”或“养殖场”转变。到2020年，牧场化比例达到100%，存栏300头以上奶牛规模养殖比例达到99%。

大力提高单产水平和生鲜乳质量。推广奶牛生产性能测定技术（DHI）、快速繁育技术，增加高产奶牛群数量。推广全株玉米青贮、优质牧草特别是紫花苜蓿种植与加工、全混合日粮（TMR）、奶牛分群管理和精细化饲养技术等，提高奶牛单产水平。建设河北省奶牛智慧牛场系统，提高信息化管理水平，推广应用覆盖面达到100%。严格防疫检疫制度，实施“两病”（布鲁氏菌病和结核病）净化，提高奶牛健康水平。

建立奶业健康发展长效机制。进一步强化生鲜乳收购站管理，推进生鲜乳收购站硬件建设达标，落实生鲜乳收购、销售、检测和运输等管理制度，推广生鲜乳收购站视频监管和生鲜乳运输车辆GPS定位系统。定期发布全省生鲜乳收购指导价格，指导奶农科学合理安排生产，保障奶业健康平稳发展。协调乳企与奶农签订3年以上长期购销合同，稳定生鲜乳收购量，实现乳品生产与奶牛养殖的同步发展。推进第三方乳品质量检测制度，实现生鲜乳以质论价。探索建立奶业风险救助机制，增强奶农抗风险能力。

3．扩大肉牛肉羊业

基础母畜存栏逐步恢复和发展，产业布局进一步优化，标准化规模养殖水平明显提升，综合生产能力显著增强。到2020年，肉羊出栏2600万只，肉牛出栏350万头。

专栏六：肉牛肉羊业发展重点

因地制宜优化养殖模式。结合农区、半牧区和山区特点，建立“山（坝）繁农育、户繁企育”的养殖模式。坝上半牧区加强草原生态保护，大力实施退耕还草，强化已垦撂荒草原治理，建立严格的草畜平衡制度，实现以草定牧，推行科学轮牧、休牧和禁牧，严禁超载过牧。燕山、太行山地区以退化草场植被恢复为重点，坚持草原保护与建设并重，推行适度规模舍饲、半舍饲养殖，建设肉牛、肉羊繁育基地。黑龙港流域充分利用盐碱地、中低产田，扶持青贮玉米和苜蓿等多年生牧草种植，打造优质、高产饲草饲料种植基地，强化牧草加工技术开发，建立育肥和自繁自育为主的标准化规模养殖场，实现增草增畜。

加快基础母畜扩群增量。加大政策扶持引导，加快推进基础母畜扩繁，逐步提高基础母畜存栏量，打造坝上及燕山、太行山区草食畜扩繁基地，着力保障肉牛肉羊基础生产能力。加快肉牛肉羊品种改良步伐，建立肉牛、肉羊测定中心，持续提高生产良种化水平。

5.4.3 做精水产业

坚持“生态优先、以养为主，养殖、增殖、捕捞、加工、休闲协调发展”的方针，到 2020 年，水产品供给能力稳定在 135 万吨左右，水产养殖面积稳定在 320 万亩左右，海洋捕捞机动渔船总数和功率数基本控制在“十二五”期末水平。

专栏七：水产业发展重点

完善水产良种繁育体系。建设一批成规模、上档次的水产原良种场和良繁基地，逐步形成以国家级水产原良种场和全国现代渔业种业示范场为龙头，省级水产原良种场为骨架，市、县苗种繁育场为基础，功能突出、布局合理的特色水产原良种生产体系。加强渔业种质资源保护，建设水生生物自然保护区、水产种质资源保护区。以对虾、扇贝、海参、梭子蟹、河鲀、中华鳖、冷水鱼类等特色、优势主导品种为主，加强种质保存及良种选育，实施水产原良种提升改造工程，建设育繁推一体化良种繁育中心 5 家。

调整养殖结构和方式。全面推进水产标准化健康养殖，继续创建一批农业农村部水产健康养殖示范场和省级渔业标准化养殖示范区。合理利用浅海滩涂、低洼盐碱地、山区冷热水等宜渔资源，扩大设施渔业发展规模，推动宜渔资源规模化开发和海洋牧场建设。普及推广先进适用技术，推行标准生产，强化水产品质量安全管理、水生动物防疫、养殖污染防控和节能减排。大力发展休闲渔业，建设休闲游钓船队、渔业观光园区，培育新的渔业经济增长点。重点推进以唐山沿海为主的对虾、秦皇岛沿海为主的扇贝、沧州沿海为主的梭子蟹和昌黎、北戴河新区、曹妃甸、乐亭、丰南、滦南、黄骅为重点的海参、鲆鲽类、河鲀等名贵水产品生产基地建设。立足山坝区冷热水资源优势，开展以冷水鱼类和中华鳖等名特优品种为主的设施渔业养殖基地建设。

调整海洋捕捞作业结构。近海捕捞保持稳定，发展外海远洋渔业。合理开发利用渔业资源，严格控制并逐步减轻近海捕捞强度，保持国内捕捞零增长。进一步提高远洋渔业生产能力，引导大型渔船编队赴远海远洋作业，支持建造大马力钢质渔船，到2020年全省远海作业渔船达到1000艘，远洋渔船发展到50艘。深入提高渔业资源养护水平。在近海海域、内陆大中水域及部分河流继续展开水生生物资源增殖放流活动，积极推进海洋牧场建设，在适宜海域投放人工鱼礁，移植海藻床，恢复水产种群，改善水域生态，增加渔民收入。

5.4.4 壮大农产品加工业

实施农产品加工业倍增行动计划，围绕重点优势产业，以产地初加工和精深加工为重点，建设一批农产品加工园区，创建一批农业产业化示范区，延伸产业链条。提升龙头企业规模水平和辐射带动能力，充分发挥大企业、大基地、大项目、大品牌的带动效应，重点打造小麦、玉米、乳品、肉类、食用油、蔬菜、果品等产业链。以现代农业园区为载体，推进农产品加工龙头企业集聚发展。到2020年，重点培育和支持100家领军企业，重点培育100个销售额超10亿元的现代农业产业化联合体，支持龙头企业与上下游中小微企业形成联盟，实现全产业链发展。

专栏八：加工业发展重点

小麦加工：重点建设冀中南面粉及深加工产业集群，扶持壮大五得利、今麦郎等龙头企业，发展“优质小麦—专用面粉—面制品精深加工”产品链，突出专用面粉、工业化主食、方便食品、速冻保鲜食品、饼干烘焙食品5个发展重点。

玉米加工：重点建设冀中南玉米淀粉及深加工产业集群，扶持壮大玉锋等龙头企业，在淀粉、饲料、制药等传统加工产品基础上，进一步向深加工方向发展，增加多元醇、淀粉糖产品，开发新型氨基酸、功能性淀粉糖、玉米胚芽蛋白等玉米深加工产品和高附加值产品。

乳品加工：重点建设环京津、环省会的乳品加工集群，扶持壮大龙头企业，大幅度提高鲜奶加工量，扩大液体奶生产；重点发展低温酸奶、巴氏杀菌乳、发酵乳等液体乳制品；逐步减少普通奶粉的生产，提高配方奶粉的比例；适当发展干酪、乳清和奶油等乳制品。到2020年，生鲜乳日处理能力达到2万吨。

肉类加工：重点建设冀东畜禽屠宰及深加工产业集群，加快屠宰企业整合，鼓励和支持大型屠宰企业收购、兼并小屠宰企业，发展一厂集中屠宰、多点分散批发的经营模式；壮大龙头企业，扩大工业化加工规模，发展精深加工和制成品。发展冷却肉、分割肉和熟肉制品，扩大低温肉制品、功能性肉制品。进一步增加分割肉品种，满足市场细分的需求，提高产品附加值。

食用油加工：鼓励沿海地区、交通便利地区以大豆为原料的食用油加工企业做大做强，打造北方大豆油产业集群。在油料产区，推动花生、棉籽等传统食用油加工业的发展。开发营养、健康食用油产品，重点发展精制油、专用油和特色油料制品。

蔬菜加工：重点发展低温脱水蔬菜、速冻菜、腌渍菜、切割菜、复合蔬菜汁等蔬菜（包括食用菌）加工，建设芦笋、食用菌新兴产业发展基地。

果品加工：扶持壮大承德露露、长城葡萄酒等龙头企业，打造张家口、秦皇岛葡萄酒，沧州、石家庄鸭梨出口基地，保定果汁，太行山区干果等优势产业集群，重点发展浓缩果汁、果汁饮料、果酒、罐头、果脯等，提高板栗、核桃等干果加工水平。

水产品加工：大力发展水产品的精深加工和综合利用，开发水产方便食品、海鲜套餐、海洋保健品、海洋药物等新领域，通过统筹设置园区、贷款贴息等措施，支持 20 家贝类、对虾、河鲀等龙头企业改造升级，提高其做大规模、壮大实力、提高转化增值能力。

5.4.5 培育休闲农业

努力开发农业多种功能，挖掘农业的生态价值、休闲价值和文化价值，大力发展休闲农业。把握京津冀协同发展和京张携手冬奥两大历史契机，进一步壮大休闲农业规模，挖掘农村文化资源和农业景观资源，突出区域特色和创意创新。在发展方式上推进由单一的农家乐为主向多元融合的园区转变，由初级观光休闲向创意体验转变，由分散经营向规模化、组团式、线路化发展转变，促进休闲农业提档升级。到 2020 年，实现接待数量 1 亿人次、带动就业 1500 万人、年收入 200 亿元。

专栏九：休闲农业发展重点

依托大中城市重点发展体验农业。充分发挥区域城镇化水平高、客源市场优、消费能力强等优势，着力构建集农业生产、农耕体验、文化娱乐、养生休闲、教育示范、产品销售于一体的多元化农业休闲体验园区。以新、奇、特、优等高档农产品生产为基础，发展创意主题农园（农庄）、观光采摘园、垂钓园、市民农园、农科会展博览园、养生养老小镇、温泉度假村、艺术庄园、中小学教育基地，满足市民多样化消费需求，努力打造都市农业新型业态。

推进冰雪乡村和坝上草原文化休闲农业建设。坝上地区充分发挥雪山和草原风光的独特魅力，借势冬奥会的历史契机大力发展休闲农业，促进乡村冰雪运动发展和满蒙文化保护、传承与弘扬。保护特色村落、生态山林和天然牧场，加大乡土民俗文化收集整理开发力度，大力发展以农（牧）民家庭经营为基础，以时尚运动游、户外拓展游、赛事节会游、冰雪文化游、避暑疗养游、草原风情游、村落风光游等为特色的休闲农业新兴休闲度假方式。立足国内客源市场的基础上，借力冬奥会、草原音乐节等国际节事比赛，拓展国外客源市场。

大力发展休闲渔业和生态水乡观光农业。发挥渔业传统特色，加快建立生产、休闲一体的城市周边休闲型渔业产业带。进一步提升大中城市周边渔业发展水平，重点加强集中连片池塘开发、高效设施养殖和湖泊洼淀渔业增殖。积极倡导发展垂钓休闲、渔家乐、生态旅游观光等多种经营方式，以京津周围、省内大中城市周边、白洋淀、衡水湖、永年洼以及秦皇岛、唐山、沧州沿海为重点，着力建设一批高水平休闲渔业基地，可重点发展海（湖）鲜餐饮、渔家捕捞、垂钓农场、海（湖）景民宿、乡村酒吧、水乡民俗、农艺展示、湿地科普、芦林观鸟、荷塘采风等农旅项目，丰富百姓生活、增加渔民收益。

推动太行、燕山地区休闲养生农业。面向京津和省内大中城市客源，打造太行山沟域绿色经济区、燕山生态休闲农业区的发展。太行山沟域绿色经济区结合坝上草原景观、红色革命圣地、历史文化名城特色，将张家口、保定、石家庄、邢台、邯郸沿太行山脉发展成绿色农业与文化并重的纽带式产业带，主要体现河北省绿色农产品、特色农业、生态产业、农耕文化与山域文化的农业多功能拓展。燕山生态休闲农业区借助“依山傍水”的地理优势，与丰富的自然资源禀赋，秉承承德、张家口、唐山冀北部草原地区特色和秦皇岛市山、海、关、城资源及孤竹文化、秦皇文化等内容，重点发展以草原景观、生态山域、皇家文化为主题，着力推出休闲养生、文化演绎、生态涵养型燕山生态休闲农业区。

5.4.6 打造农产品物流基地

突出服务京津，着力构建“一圈、两翼、多节点、双通道”的农产品市场骨干网络。到 2020 年，初步建立起以功能集聚的全国性农产品批发市场为中心，以绿色便捷的区域性市场、田头市场为基础，以高效规范的电子商务等新型市场为重要补充，产地销地市场相匹配的业态多元、互动有效的市场体系。

专栏十：物流市场基地建设重点

打造“一圈、两翼、多节点、双通道”。“一圈”指以高碑店（新发地）农产品物流园等园区为主的环京津 1 小时鲜活农产品物流圈；“两翼”为以石家庄为中心的冀中南农产品物流基地和以唐山为中心的沿海农产品物流基地；“多节点”为各区域性产地批发市场、田头市场和销地市场；“双通道”指线上线下两通道。

建设全国性农产品批发市场。有选择性支持馆陶禽蛋市场、安国中药材市场、平泉食用菌市场、永年蔬菜市场、昌黎荒佃庄及泥井毛皮动物市场升级为 1～2 个全国性农产品产地市场。在主产区择地建设全国性梨果产地市场，发挥价格形成、信息汇集、物流集散、科技交流、会展贸易等功能。

建设区域性产地市场。在蔬菜、水果、畜禽、水产等农产品优势产区域，发挥饶阳瓜菜、乐亭冀东果菜、沧州红枣、石家庄桥西蔬菜等农业部门定点批发市场的作用，使之成为引领区域主导产业发展的“桥头堡”，区域内农产品的价格形成中心、产业信息中心和物流集散中心。

建设田头市场。在农产品生产基地建立小型农产品产地示范市场，辐射带动市场所在村镇及周边村镇农产品流通。市场主要开展预冷、分级、包装、干制等商品化处理及交易活动，实现产后“存得住、运得出、卖得掉”，为发展农产品直销和电子商务等新兴流通业态的重要支撑。

创新流通方式。大力推进农超对接，鼓励超市增加对接合作社和对接品种数量，扩大对接销售规模。建立鲜活农产品直供、直销、直采长效机制，开展产销衔接活动，搭建产需对接平台。举办河北品牌推介、农超对接、蔬菜博览、农校对接等示范性、跨区域的大型对接活动，支持鼓励设区市和县市区组织特色产品产销洽谈会和节庆活动，提高优势拳头产品市场影响力。切实推进产销一体化，支持大型农产品流通企业建设产地集配中心、销地交易配送专区。探索推进直供直销，鼓励农民专业合作社到社区、农贸市场、宾馆饭店、学校企业食堂直供直销。

5.5　构建现代农业生产体系，加速动力转换

针对提质增效转方式中的关键领域和薄弱环节，加快建立起“良种、良法、良田、良机‘四良’配套、互联网助推”为特征的现代农业产业生产体系。大力发展现代种业，加快农业科技创新，促进农业科技成果推广应用，加强农田基础设施建设，强化设施装备支撑，推进农业信息化。科技贡献率达到 60%，耕种收综合机械化水平达到

80%，旱涝保收高标准农田比重达到60%，农业信息化发展水平达到45%，种业成为我省农业经济发展的又一亮点。

5.5.1 提升农业科技水平

1．强化农业科技创新

进一步完善科技创新体系。积极发挥农业高等院校、科研院所等在农业科技创新中的作用，鼓励校企、院企联合，搭建农科教结合、产学研协作平台；在继续稳定支持现有11个省级产业技术体系创新团队建设基础上，适应供给侧结构性改革新要求，适当增加各创新团队农产品加工等急需岗位的补充设置，并新增谷类、薯类、油料、果品、肉羊（鸡、牛）等产业技术体系创新团队，力争到2020年实现创新团队覆盖全省主要优势产业；根据区域特色优势产业发展需要，建设北部生态农业区、山前平原粮食主产区、黑龙港流域节水农业区、沿海特色高效农业区和太行山山地经济区5个农业科技创新联盟，合力打造创新资源共享、创新目标协同、创新任务明确的创新平台，有效提升农业科技创新推广能力。

推进京津冀农业科技协同创新。以“京津冀农业科技协同创新中心”“京津冀农业高等院所协同创新战略联盟”“首都食用菌产业科技创新服务联盟”等农业科技协同创新平台为抓手，加快构建三地融合的科技创新体系与机制，搭建平台、协同研发、交流人才、共享成果。在石家庄、保定、廊坊、唐山等地建立一批京津科技产业园，在廊坊、承德、邯郸等地建设一批区域性技术市场，促进北京、天津的技术成果在我省市场转化。

加大科技创新力度。积极承接国家体系的创新成果，针对全省农业发展需要，开展关键技术研发，重点围绕节水农业、农业面源污染治理、种质资源创新、粮食综合生产能力提升、农业机械化集成技术提升、病虫害统防统治、农药化肥减施、畜禽科学饲养、渔业健康养殖、农产品质量安全、粮经饲三元结构转化等关键领域集中攻关。

2．加快农业科技推广

加强基层农技推广队伍建设。建立定向专业、定期培养、定向服务的基层农技人员补充机制，不断提高基层农技人才待遇。加强基层农技推广队伍能力建设，组织开展基层农技推广骨干知识更新培训。开展全省农业技术推广奖励活动，对优秀基层推广专家进行表彰并享受相关待遇，激发队伍积极性。

提升农技推广服务能力。进一步增加对基层农技推广体系建设的财政保障，强化科技推广单位硬件建设，增添更新设备仪器；建设以互联网和移动互联为载体的农业科技推广信息化云平台，进一步丰富服务手段。

创新农技推广服务模式。推广“专家定点联系到县、农技人员包村联户”的工作机制和“专家＋农业技术人员＋科技示范户＋辐射带动户”的技术服务模式，推进科技进村入户；建立健全省、市、县（农场）、乡、村五级农业科技试验示范网络，发挥示范引领作用；整合高校、科研单位、龙头企业和农民合作社的资源，相互协作，探索产学研紧密结合的农技服务模式；支持农民合作社、龙头企业等经营性服务组织向农户提供有偿服务，拓展农技推广服务范围和提升服务效率；建设新品种、新技术、新设施试验示范基地，打造农机展示推广平台。

5.5.2 壮大现代种业

以玉米、小麦、马铃薯、谷子、棉花、花生、甘蓝和西甜瓜等优势品种为重点，大力发展现代种业，建设现代特色种业强省。

1．构建新型种业创新体系

支持科研院所和高等院校重点开展基础性研究和公益性研究，促进企业成为商业化育种的主体，支持企业与科研单位联合组建技术研发平台和创新联盟；组建小麦、玉米、马铃薯、棉花、油料、蔬菜、杂粮等7个育种协作团队，围绕关键技术开展联合攻关。

2．提升种业创新能力

建设11个省级重点实验室和工程技术研究中心，建设10个农作物品种改良（分）中心与20个育种创新基地，建设完善13个农作物新品种综合试验站和52个卫星试验点，在海南建设1个省级育繁种基地。

3．培育扶持育繁推一体化龙头企业

鼓励种子企业加大研发投入，提升育种能力，支持优势企业并购优势科研单位和引进优势人才，促进优质资源依法向企业流动，促进种业资源整合，每个作物培养1～2个国内外种业科技领军人才和育种攻关团队，形成一批育繁推一体化龙头企业，到2020年，全省种子企业销售额突破50亿元，打造5个在全国具有领先水平的育繁推一体化现代农作物种业集团。

4．提升农作物供种保障能力

科学规划布局优势种子生产区域，支持粮食作物种子生产大县和经济作物种子生产优势县建设标准化种子生产基地，支持企业通过多种方式，建设种子生产基地。强化基地基础设施建设，建成交通方便、能排能灌、耕地质量好、配套设施齐全的种子标准化生产基地，到2020年标准化种子基地面积达到250万亩。提升种子加工能力，在张家口、承德等玉米制种地区建设大型现代化种子加工中心，在中南部建设小麦、棉花、花生和瓜菜种子加工储藏中心，提高种子精选、加工及仓储能力。

5．加强种子市场监管及种业服务能力建设

健全种子管理体系，加强管理队伍建设，全面提升种业监管能力。深入推进种业领域科研成果权益分配改革，建立健全种业成果权益分享、转移转化和科研人员分类管理政策机制，界定种业科研成果权属、成果类型和范围，规范成果使用、处置和收益分配，激发科研人员育种创新活力，保护科研机构与科研人员合法权益，规范种业科研成果交易，提高成果转化效率，提升我省种业科技创新能力。规范品种区域试验、生产试验、品种保护测试、转基因安全评价，强化品种审定与保护；加强种子质量监管，建立种子质量例行监测制度，扩大企业监督抽查和市场检查范围；加强种子储备调控体系建设，扩大种子储备范围和储备量，增加种子市场调控能力，确保种子市场安全有效供给和灾后恢复生产；加强新品种示范，建设145个农作物品种展示示范场。

5.5.3 促进农业机械化提档升级

按照全程、全面机械化的总思路，稳定提升农机化水平。推动农机与农艺相结合，完善社会化服务，开展全程机械化示范，调整农机装备结构，全面提升农业机械化水平。

1．进一步提升机械装备水平

引导农机装备研发，支持农机制造企业与科研院所合作，围绕机械化薄弱环节，开发一批具有自主知识产权的多功能、智能化、经济型农机产品。推进老旧农机报废更新，完善老旧农机具报废补贴政策，引导个人和农业生产经营组织逐步淘汰老旧农机具，到“十三五”期末报废农机具达到2万台以上。加快先进适用农业装备的推广步伐，发挥农机购置补贴政策的导向作用，重点发展大马力、高性能、复式作业机械，推进农业装备向大型化、多功能化转变。粮食生产领域，重点支持大马力拖拉机、大型联合收割机、高效植保机械、复式深松整地机等大型节能环保机械；经济作物领域，重点支持温室自动控制设备、蔬菜移栽（嫁接）机、卷帘机、微耕机、微滴灌设备和苗木嫁接、果实采摘等机械设备；养殖领域，重点支持饲草收集处理机械、饲料搅拌、挤奶机、自动清粪机等机械设备。农产品加工环节，重点支持烘干、冷链、商品化处理等设施设备。

2．推进农机与农艺相融合

围绕主导产业，加快制定科学合理的机械作业规范和农艺标准，将机械适应性作为科研育种、栽培模式推广的重要指标，促进农机农艺融合。加快普及重要农作物生产关键环节机械化生产技术，大力推广粮食作物精量播种、播种后镇压、化肥深施、高效植保、秸秆还田、保护性耕作和果树矮砧密植栽培等关键环节机械化生产技术。大力发展养殖业机械化，在饲草料收集、加工、饲喂，产品收集、转运，粪污处理，病死畜禽无害化处理等方面给予重点支持，提升我省养殖业机械化水平。

3．提升农机社会化服务水平

搭建河北省农机信息化服务平台，建立省、市、县三级农机指挥调度中心，开发农机服务手机客户端，在大型机具上安装北斗终端，为农机手提供政策、技术、市场等多种服务。完善农机维修网络，推动农机维修网点向基层延伸，到2020年农机维修网点覆盖率大幅提高。加快培育社会化服务组织，支持发展农机大户、农机专业合作社、农机专业服务公司等新型农机服务组织，到2020年全省农机合作组织达到4000个以上。加强农机人员培训，开展农机操作使用维修等技能培训和科普宣传，提高农民对先进农业机械及技术的接受能力和操作水平。推进农机作业服务市场化、专业化、规模化、产业化，大力推进跨区作业、订单作业、托管服务、租赁经营等农机社会化服务，提升农机社会化服务水平。

4．开展全程农业机械化试点示范

在环京津、山前平原、黑龙港、两山、坝上和沿海区域六大区域，选择农业机械化基础较好的县，开展全程农业机械化试点示范，优化农机财政专项资金支出结构，加大主要农作物生产全程机械化的投入力度，积极开展全程机械化的试验示范，建成一批全程机械化万亩示范区，探索总结全程机械化的技术路径、技术模式、机具配套、操作规程及服务方式，示范带动周边区域机械化水平提升。

5.5.4　提高农业设施装备水平

围绕基础设施和物质装备薄弱环节，加强高标准农田建设，发展设施种养业，完善加工流通设施，夯实现代农业发展的物质装备基础。

1．加强农田设施建设

开展土地整理，提升土壤肥力，建设水利设施，完善配套设施，建设“地平整、土肥沃、旱能灌、涝能排、路相通、林成网”的高标准农田，到2020年全省高标准农田面积达到4678万亩。

专栏十一：加强农田设施建设主要措施

建设高标准农田。根据土地利用总体规划确定的耕地和基本农田布局，充分考虑水资源承载能力和生态容量等因素，尽快划定永久性基本农田，力争到2020年54个产粮大县永久性基本农田基本确定，实现统一上图入库。开展地块整治，合理划分和归并零散田块，在山前平原等条件较好的区域建设一批集中连片的高标准基本农田。完善沟渠路林井电等田间设施，优化空间布局，力争田间基础设施占地率控制在8%以下。推进耕地平整畦田化，减小农田地表坡降。以太行山燕山山区和坝上地区为重点，推进丘陵山区梯田建设，增强农田保土、保水、保肥能力，力争丘陵区梯田化率不低于90%。

改善农田水利设施。加强水源工程建设，到2020年灌溉保证率达到50%以上。加快大型灌区改造，恢复石津、滏滏河、沙河灌区部分面积，扩大渠灌覆盖面，实现地表水置换地下水；太行山燕山山区和坝上地区因地制宜建设小型水库、塘（堰）坝、集雨窖、储水池等小型水源设施。完善灌排水设施，配套改造和建设输配水渠

（管）道和排水沟（管）道、泵站及渠系建筑物；大力推广节水灌溉，建设喷灌、滴灌、微灌、水肥一体化等节水灌溉设施。加强物联网应用，实现精准化监测体系。

提升土壤肥力。开展耕地质量提升，综合采用各类措施，提高土壤肥力，到2020年土壤有机质含量平原地区达到15 g/kg以上，丘陵山区达到12 g/kg以上。加强肥源建设，支持畜禽养殖大县建设商品化有机肥加工厂，制订有机肥施用补贴，将有机肥施用机械纳入农机具购置补贴范围，引导农民施用有机肥，鼓励农民利用边角地块种植绿肥。推广保护性耕作，因地制宜地推广秸秆粉碎还田覆盖、高留茬、免（少）耕播种、深松免耕等技术，增强土壤抗侵蚀能力。加快改造盐碱地，重点针对黑龙港流域和沿海区域盐碱地，综合运用物理、化学、生物、农艺等多种措施，减少土壤盐碱含量，改善土壤团粒结构，提高土壤肥力，到2020年，将盐碱地1 m厚土层内全盐含量控制在0.4%以下。

2．发展设施种养业

按照“扩规模、优结构、强技术、重管理”的思路，多渠道增加设施种养业投入，大力提升设施农业发展的规模、质量和生产效益。

专栏十二：发展设施种养业主要措施

大力发展设施蔬菜。以环京津、山前平原和坝上地区为重点，进一步扩大设施生产面积，提高周年生产能力，力争到2020年全省设施生产面积达到1200万亩，其中，高端设施蔬菜发展到500万亩。根据不同区域特点，合理确定设施类型，京山津秦铁路沿线、承德山区和张家口山间盆地，主要建设日光温室；京广铁路沿线山前平原，主要建设塑料拱棚；南部平原地区，主要建设小拱棚。加快老旧设施的改造升级，重点推动棚室配备卷帘机、遮阳网、防虫网、集雨和节水灌溉、水肥一体化设施。

推进畜禽养殖场标准化改造。奶牛养殖场重点配套完善卧床、冷风机、电子监控设施，全面配备TMR（全混合日粮）设备及机械挤奶设备。生猪家禽着重提高精准化养殖水平，重点完善自动化饲喂、环境控制、自动清粪等设施设备。因地制宜配套肉牛肉羊规模养殖设施，燕山、太行山区重点建设舍饲半舍饲圈舍，平原农业区家庭牧场重点配套青贮池、废弃物处理及利用设施，黑龙港流域重点建设牛羊标准化育肥场，完善自动喂养、清粪等现代化养殖系统。

大力发展高效设施渔业。发展海淡水池塘生态高效养殖及工厂化循环水养殖，对20万亩池塘和30万平方米的工厂化养殖车间进行升级改造，配套建设生态净化系统，加强路电网建设、进排水渠道改造、养殖机械配套等基础设施改造。提高贝类养殖标准化水平，建设浅海扇贝标准化养殖基地10万亩，重点规范浅海浮筏设置密度。发展海洋牧场，建设大型人工鱼礁示范区3处，持续开展底播增殖、增殖放流。

3．加强加工流通设施建设

加快农产品烘干、分选、仓储、物流、冷链等设施建设，完善农产品批发市场网络，改善产地仓储加工条件，提高流通效率，实现农产品减损、提质、增效。

专栏十三：加强加工流通设施主要措施

烘干仓储设施。加大粮食烘干仓储设施建设，以小麦、玉米和杂粮主产区为重点，加大补贴力度，重点支持农民合作社和粮食收储加工企业建设高效节能的粮食烘干设施和高标准储藏设施，为农民提供粮食烘干、代储服务。在马铃薯主产区建设标准化户用马铃薯窖，支持农民合作社和企业建设规模化马铃薯恒温储藏库。

商品化处理设施。以蔬菜和水果主产区为主要区域，大力建设商品化处理设施，提高产后处理能力，提高产品档次和附加值，扩大销售半径，增强市场调剂能力。将商品化处理设备纳入农机具购置补贴范围，将商品化处理设施纳入生产设施用地，重点支持龙头企业、农民合作社、家庭农场和专业大户等新型经营主体建设预冷设施、整理分级车间、冷藏库，购置清选、烘干、分级、包装等商品化处理设备。

冷链设施。围绕蔬菜、水果、畜产品和水产品，建设冷链物流设施，降低农产品产后损失和流通成本。加强冷库建设，在蔬菜优势区、水果大县和畜禽水产养殖大县建设大中型气调库或机械冷库群，采用现代气调技术和信息技术对原有土库、简易冷库进行改造提升。大力发展冷链运输，建设以冷藏运输车为主、以网点冷藏为辅的冷链物流体系，配备节能环保的长短途冷链运输车辆，在环京津地区新建具有集中采购、跨区域配送能力的现代化配送中心，增强跨区域运销能力。

农产品批发市场设施。坚持以改建扩建为主、适当新建的原则，进一步完善农产品批发市场布局，促进产销有效衔接。在粮食、蔬菜、水果、畜产品主产区改扩建一批农产品产地批发市场，在交通物流结点改扩建一批集散型批发市场，在环京津及大中城市周边改扩建一批销地批发市场，完善现有市场功能，重点建设商品化处理设施、仓储设施、加工配送设施、市场交易设施、质量安全检测设施、交易厅棚和废弃物处理等流通基础设施。

5.5.5 推进“互联网＋农业”

重点打造“124＋”智慧农业生态圈，建设“一个中心”，即河北省农业数据中心；“两大系统”，即12316农业信息服务系统和农村信息管理系统；“四大平台”，即农业物联网、农产品电子商务、农产品质量安全追溯信息管理和农业科技服务平台；建设种植、养殖、综合执法、渔政监管、“三资”（资金、资产、资源）管理、环境保护等若干业务子系统，全面推进互联网与农业生产、经营、管理、服务的深度融合。到2020年，全省“互联网+农业”产业体系基本形成，建成全国领先的智慧农业示范基地。

打造一个中心、两大系统，构建农业信息服务体系。运用大数据完善河北省农业数据中心，形成全省主要农产品生产、农产品市场、农产品加工、农业统计、农产品进出口、农产品批发市场建设、全国农产品批发市场交易等七大类信息数据库，实现全省农业数据互联互通、大数据共享。完善12316农业信息服务系统，深入推进信息进村入户，通过移动互联网为农民提供政策、市场、科技等信息服务。建立健全农村信息管理系统，开展集体资产、土地确权登记、耕地流转、土地纠纷仲裁等管理服务；健全渔业信息化平台，完善渔船渔港信息化系统及渔政管理、渔船救助指挥系统升级改造。到2020年，基本建成运行规范、管理高效、覆盖全省的农业农村综合信息服务体系。

打造农业物联网平台，推进“互联网+生产”。围绕农业生产智能化、精准化、数字化、可控化和全程监管，建设省级农业物联网技术综合服务平台，推进气象信息观测、温室环境监控、植物生长管理、肥水药精准实施、设施自动化控制等物联网技术聚合应用；推广设施养殖环境监控系统、自动饲喂、疫病诊断与辅助决策等健康养殖管理信息技术，实现健康养殖管理的智能化；推进船舶自动识别、捕捞作业、船舶调度指挥等信息技术产品的应用，提高渔业生产作业的信息化水平。到2020年，建设现代设施园艺物联网应用园区50个、畜禽水产养殖物联网应用100个，智能农机合作社300家，开展高标准农田的土壤墒情、作物长势以及病虫害防控的智能控制管理工作。

打造农产品电子商务平台，推进“互联网+经营”。加快培育一批农业电子商务平台，提供生产、流通、交易等服务。培育农业电子商务主体，支持农业产业化龙头企业、现代农业园区、农产品市场、连锁超市等主体发挥标准化、规模化、品牌化优势，创新电子商务模式。鼓励和引导信息技术企业开展农产品电子商务业务，构建以电子商务为导向的物流配送系统。到2020年，培育一批农业电子商务企业和规模化、智能化农产品生产加工企业，建设1000个农产品市场分析预警信息采集点。全省主要农产品产地市场实现电子结算。

打造农产品质量安全追溯信息管理平台，推进“互联网+管理”。充分利用现有互联网资源，建设全省统一的农产品质量安全追溯信息管理平台，建立覆盖全省的农产品质量安全追溯数据库和质量信息查询系统，强化上下游追溯体系对接和信息互通共享，通过现代信息技术实现对生产和经营农产品的全程监管，实现农副产品“从农田到餐桌”全过程可追溯，保障“舌尖上的安全”。支持新型农业经营主体及供销合作社利用互联网技术，对农产品生产、加工、仓储、包装、运输、销售等环节进行精细化管理，将1000家农业企业、农民合作社纳入质量追溯系统，加快推动移动互联网、物联网、二维码、无线射频识别等信息技术在生产加工和流通销售各环节的推广应用。

打造农业科技服务平台，推进“互联网+服务”。搭建国家农业科技服务云平台河北分平台，推动农业科技服务便捷化。重点建设体系综合业务、智慧农民培育、农技推广服务、科技创新支撑、成果转化服务和美丽乡村创建等6个专业云，构建现代农业科教信息管理与服务系统。推进农业信息进村入户，重点建设 1000 个村级示范信息服务站，建立健全村级“四员合一”（农业技术推广员、农产品质量监管员、农药协管员、农业信息员）队伍。强化农民创业培训，每年培训新型职业农民 2 万人、农业创客 2 万人，提升农民创业大众化水平；构建河北农业创业园集群，建设 10 处农业产业园、创业园、孵化器，带动农民利用互联网致富，打造农业农村经济发展新引擎。

5.6 构建现代农业经营体系，提升产业素质

以推进适度规模经营为统领，培育新型经营主体，完善组织方式，推进园区建设，创新服务机制，构建以农户家庭经营为基础、合作与联合为纽带、社会化服务为支撑、农业园区为落脚点的立体式复合型现代农业经营体系，推进农业生产经营标准化、集约化、专业化和社会化发展。通过“百园双千农业龙头”＋“六位一体”产业化经营模式，示范带动全省小规模、分散经营向适度规模、主体多元、合作经营为主转变，基本形成多种形式适度规模经营主导的农业生产新局面。“百园双千农业龙头”指 200 家省级现代农业示范园区、1000 家省级示范农民合作社和示范家庭农场（其中，500 家农民合作社、500 家家庭农场）、800 家省级农业龙头企业；“六位一体”产业化经营模式指政府、龙头企业、金融组织、科研机构、合作组织、农户六位一体。

5.6.1 培育壮大新型农业经营主体

扶持家庭农场和种养大户。建立家庭农场认定和注册登记制度，对自愿申请并符合条件的家庭农场予以在工商部门注册登记认定并作为政策和项目资金支持、指导和服务的重要依据。完善针对家庭农场的财政、金融、保险、用地、人才等扶持政策，重点支持以家庭成员为主要劳动力、以农业为主要收入来源、从事专业化、集约化农业生产的规模适度的家庭农场健康发展。深入开展示范家庭农场创建活动，对符合创建条件的家庭农场重点指导和支持，使之尽快达到示范标准并能够示范推广。到 2020 年，重点培育省级示范家庭农场 500 家、市县级示范家庭农场 5000 家，示范带动全省家庭农场发展到 2.5 万家以上。加强新型职业农民培训，推进新型职业农民培育和新型农业经营主体培育融合发展，每年培育新型职业农民 2 万人、认定 1 万人。实施万名青年职业农民创业计划、现代青年农场主计划和农村实用人才培养计划等，重点向美丽乡村几大片区、环首都扶贫攻坚示范区和现代农业园区倾斜，吸引高素质青年人才务农。

规范发展农民合作社。扶持种养业农民合作社规范发展，深入推进示范社建设行动，重点扶持建设 500 家省级示范社。通过财政奖补和项目帮扶、农产品质量认证等，推动农民合作社向规模化、产销一体化转型，支持农民合作社建设农产品加工仓储冷

链物流设施，形成农产品流通的主体力量。建立合作社指导服务体系，建设一批合作社人才培养实训基地，对农民专业合作社进行生产标准化、经营品牌化、管理规范化、社员知识化、产品安全化等培训。以土地股权合作、经营权流转等方式，鼓励农民专业合作社办公司、建基地，实现农民合作社联社与合作，允许财政补助形成的资产转交农民合作社持有和管护，增强专业合作社经济实力。

提升壮大龙头企业。按照“扶优、扶强、扶大”的原则，在小麦、玉米、乳品、肉类、食用油、蔬菜、果品、水产品、食用菌、中药材“十大产业链”中筛选100家规模位次靠前、产业关联度大、带动能力强、科技含量高、市场前景好、发展后劲足、产品竞争力强的大型龙头企业，通过政策倾斜、优化服务和资金扶持，给予重点培育，促其做大做强，打造行业领军企业集团。引导和鼓励有条件的龙头企业，加大科研经费提取比例，增加科技投入，增强自主研发和转化应用能力；支持龙头企业引进新技术、新设备、新工艺进行技术改造，以企业为主体推动传统产业改造升级。鼓励支持企业扩大生产规模，推进省内企业与国内外知名大企业集团的战略合作，通过同行业合作、联合、兼并、收购等形式实现快速扩张，利用上市融资等现代资本运作方式构筑发展基础。积极培育具有发展潜力的中小型龙头企业。到2020年，省级农业产业化重点龙头企业达到800家，年销售总收入达到6000亿元，比2015年翻一番。

5.6.2 推进现代农业园区建设

按照“生产要素集聚、科技装备先进、管理体制科学、经营机制完善、带动效应明显”的总要求，高起点谋划、高科技引领、高标准建设，着力打造200个左右万亩以上的一二三产融合、产加销游一体、产业链条完整的省级现代农业园区，带动市县建设现代农业园区1000个，基本形成高端设施农业规模化、区域化发展格局。以现代农业园区建设为平台，聚集资金、项目、科技和人才等要素，引导农户依法采取转包、出租、互换、转让、订单等形式流转承包土地的经营权，采取入股、托管等形式与龙头企业、合作社开展合作，发展多种形式的适度规模经营。以现代农业园区为平台，推进农产品加工业和特色种养业、农村生产性服务业统筹衔接、紧密联结、复合发展，加快一二三产融合，让农民更多分享二三产业延伸收益。把农业园区和农村社区统一规划、统一建设，把园区的村庄建成美丽乡村、建成新型农村社区。使之成为全省现代农业产业融合的试验区，在全省农业现代化进程中发挥示范引领作用。

5.6.3 发展多种形式适度规模经营

引导土地有序流转。坚持依法自愿有偿原则，引导农户采取转包、出租、互换、转让、入股等方式有序流转土地承包经营权。采取财政奖补等措施，鼓励和支持专业大户、家庭农场、农民合作社发展多种形式的适度规模经营，落实好生产设施用地、附属设施用地和配套设施用地政策。按照有关规定，积极落实在坚持农地农用和坚决防止“非农化”的前提下，根据农民意愿统一连片整理耕地，尽量减少田埂，扩大耕地面积，提高机械化作业水平。加强全省土地流转管理服务体系和信息化管理平台建设，完善省级流转信息平台，健全县、乡、村三级服务网络，提升管理服务水平。健全农村土地承包经营纠纷调解仲裁体系，加强调解仲裁能力建设。到 2020 年，全省农村土地适度规模经营比重有明显提升。

创新规模经营模式。鼓励农民通过合作与联合的方式发展规模种养业、农产品加工业和农村服务业，开展农民以土地经营权入股农民合作社、农业产业化龙头企业试点，鼓励承包农户开展联户经营，引导发展农民合作社联合社，推动集约规模经营。引导和支持社会化服务组织发展、种植大户发展土地托管等社会化服务，探索不改变农户承包关系的规模经营模式。引导鼓励龙头企业与农民合作社、农户以“订单农业”等方式开展规模经营，推广“龙头企业＋基地＋农户“农民合作社＋农户”“农民合作社联合社＋基层社＋农户”等组织方式。充实和完善龙头企业联农带农激励机制，鼓励龙头企业为农户提供技术培训、贷款担保、农业保险资助等服务，大力发展一村一品、村企互动的产销对接模式。到 2020 年，农户参与农业产业化经营的比例达到 80%，农户从农业产业化经营获得的收入户均达到 15 000 元。

5.6.4 提升农业产业化经营水平

建设专业原料基地。鼓励和引导工商资本发展适合企业化经营的现代种养业和农产品加工流通，完善与农民的利益联结机制，按照产业化经营的思路，加快建设一批优质、生态、安全的农业产业化原料生产基地。鼓励龙头企业自建专业化、规模化种养基地。鼓励农户通过合作组织、中介组织为龙头企业定向生产农产品。重点建设优质小麦和玉米、绿色果品和蔬菜、优质生猪、奶牛、肉牛和肉羊基地，推进农产品加工原料生产规模化、专业化、标准化。

开展全产业链经营。围绕重点优势产业，努力延伸产业链条，按照产加销一体化经营的基本方向，全力打造小麦、玉米、乳品、肉类、食用油、蔬菜、果品、水产品等全产业链，推进农业产业化经营。推行政府、龙头企业、金融组织、科研机构、合作组织、农户“六位一体”产业化经营模式，重点扶持一批行业产业联盟型经营组织，重点支持建设环京津、环省会奶品、冀东经济区肉类、冀中南经济区粮油、燕山和冀中果品、25 个省蔬菜重点县蔬菜产品、沿海渔业产业带水产品加工集群，形成加工引导生产、促进消费的全产业链式经营模式。到 2020 年，全省农业产业化经营总量超过 11 000 亿元，农业产业化经营率达到 70%。

5.6.5 健全农业社会化服务体系

培育多元服务主体。强化农业公共服务体系，鼓励农技推广、动植物防疫、农产品质量安全监管等公共服务机构拓展服务范围，使公共服务机构真正做到全覆盖、有保障，切实发挥其主导性作用。加快培育各类农业经营性服务组织，采取财政扶持、信贷支持等措施，大力扶持和有效发挥农民合作社、龙头企业、专业服务公司、农村集体经济组织、专业化服务队等多种经营性服务组织的作用，重点加大对农村土地托管服务组织、农机社会化服务组织、专业化统防统治服务组织的支持。引导合作组织由生产服务向全程农业社会化服务延伸，重点围绕农业生产、农产品流通、农村合作金融等，开展互助性服务。

发展股份合作制经济。坚持和完善农村基本经营制度，保持现有农村各类产权关系稳定并长久不变，赋予农民更加丰富的财产权利，依法保护农民有关权益。坚持农民主体地位，尊重农民意愿，强化利益联结，保障农民获得合理的产业链增值收益。坚持因地制宜，分类指导，示范带动，探索不同地区、不同产业发展股份合作制模式。坚持市场导向，充分发挥市场配置资源的决定性作用，更好地发挥政府政策支持、业务指导、监督管理等职能作用，推动各类农村资源要素的股份制配置。坚持改革创新，打破要素瓶颈制约和体制机制障碍，激发农村股份合作制经济发展活力。鼓励具备条件的村结合盘活农村资源发展新型经营主体，改革支农资金、扶贫资金使用方式，积极推进股份合作制经济组织发展。2016 年，力争股份合作制经济组织覆盖到 60% 的行政村，2017 年基本实现所有村全覆盖。组织开展试点示范行动，从 2016 年起，全省每年认定 100 家省级农村股份合作制示范经济组织，2020 年达到 500 家。

探索创新服务机制。开展政府向经营性服务组织购买农业公益性服务，通过政府订购、定向委托、以奖代补、贷款担保、招投标等方式，支持具有一定资质的经营性服务组织从事可量化、易监管、受益广的农业公益性服务。探索通过项目引导、财政扶持、税费优惠、信贷支持等措施，鼓励新型农业经营主体开展多元化、多样化的农业社会化服务，推进合作式、订单式、托管式等服务模式。开展农业社会化服务示范县创建活动，探索综合性、规模化、可持续的农业社会化服务新机制。开展农业生产全程社会化服务试点，鼓励种粮大户、农机大户和农机合作社开展全程托管或主要生产环节托管，实现统一耕作，规模化生产。

丰富服务内容手段。积极发展良种种苗繁育、统防统治、测土配方施肥、粪污集中处理等农业生产性服务业，大力发展农产品电子商务等现代流通服务业。引导搭建区域性农业社会化服务综合平台，建立和完善农业生产的产前、产中、产后等一系列服务，发展托管服务、专项服务、连锁服务、个性化服务等多种形式、便捷有效的服务模式，不断满足农民的多样化需求。充分利用广播、电视、网络、报刊等现代传媒开展技术服务，积极推进农技推广服务信息化建设，建设县级农技推广云平台、农业科技网络书屋等，创新科技服务手段，增强科技服务能力。

5.7　加强农产品质量监管，确保“舌尖上的安全”

切实做到“产出来”与“管出来”两手抓两手硬，走标准化、品牌化、绿色化与标本兼治、综合整治，以及产品安全全程可追溯的“三化两治一追溯”之路，稳步提升农产品质量水平，以农产品质量安全带动农业提质增效。到 2020 年，实现全省质量安全示范县全覆盖，建立起健全的省、市、县、乡、村五级农产品质量安全体系，力争生猪、“三品一标”获证产品实现质量安全全程可追溯，质量可控、问题可追、责任可究。确保主要农产品检测合格率达到 97% 以上，努力确保不发生重大农产品质量安全事件。

5.7.1　强化农业投入品管理

围绕重点地区、重点产品和突出问题，深入实施专项整治，严防违禁投入品流入生产环节。鼓励农资经营企业开展连锁经营、直供配送，探索实施高毒农药定点经营和实名购买。加强农、兽药检测，严厉打击添加禁用药物的违法行为。加强饲料质量安全监管，加大对违禁添加使用“瘦肉精”、三聚氰胺等行为的查处和打击力度。推广高效低毒低残留农药，指导农民合理用药，推广物理、生物防治，逐步减少农药使用量。

5.7.2　推进农业标准化生产

加快标准制修订和实施。围绕蔬菜、水果、畜牧、水产等鲜活农产品和杂粮、中药材等特色农产品，建立健全以农兽药残留限量标准为重点的生产技术标准体系、标准推广服务体系、生产操作规程应用体系，实现设施标准化、生产标准化、产品标准化、监督检查常态化。支持和鼓励基层农技部门制订符合当地农业生产实际的操作手册和明白卡（明白纸），推广一批简明易懂的关键技术操作规程。

加强示范引领。在自然条件和产业基础较好的地区，集中连片布局，建设一批园艺作物标准园、畜禽标准化示范场和水产健康养殖示范场。整建制推进国家级农业标准化示范区建设，在 6 个区域各建设一个国家级农业标准化示范市，每个设区市建设一个国家级农业标准化示范县（国有农场）。扶持新型农业经营主体率先开展标准化生产，在全省建设 1 万家标准化示范家庭农场和 1000 家标准化示范合作社。

5.7.3 加强农产品质量安全监管

提升质量安全监管能力。落实农产品质量安全属地责任，加强监管队伍建设，完善省、市、县、乡、村五级农产品质量安全监管体系。增加经费投入，改善检验检测设施装备，到2020年建成以省级检测中心为龙头、市级检测中心为骨干、县级检测站为基础的农产品质量安全检验检测体系。大力开展专业技术培训，着力提高监管、检测、执法人员的业务技术水平。加快建立监管、检测、执法协同机制，推动农产品产地准出、市场准入制度的建立，全面推进综合执法，建立质量安全奖励和处罚机制。加强重大动物疫情防控，强化动物疫情监测和预警预报，严防外来动物疫情传入。

推行档案管理和质量追溯。指导生产者建立健全生产档案，详细记载农（兽）药、化肥及其投入品使用情况，切实提高生产主体的质量安全意识。全面建立生产经营主体诚信档案，对规模化生产主体实行名录管理。在国家农产品质量安全县和省级农产品质量安全示范县率先开展农产品质量安全追溯试点，以生猪和“三品一标”获证产品为重点，探索建立质量安全追溯制度。建设农产品质量安全追溯管理信息平台，建立农产品质量安全追溯数据库和质量信息查询系统，通过现代信息技术实现对生产和经营农产品的全程监管。

5.7.4 推进农业品牌建设

加大品牌培育力度。加快发展无公害农产品、绿色食品、有机农产品和地理标志农产品，加强“三品一标”认证管理。围绕全省特色优势农产品，以龙头企业为重点，加大帮扶力度，创建扶持一批品牌价值高、综合竞争力强的自主品牌；支持农民合作社和职业农民申报产品品牌；支持地方政府创建区域公用品牌。立足特色主导产业，加大品牌支持力度，对成功申报省级及以上名牌产品、河北优质农产品的市场主体给予奖励，引导金融机构加大对名优产品生产企业的支持力度。支持有条件的地方创建“一县一品”，重点扶持产业集中度高、产品质量稳定、具有自主知识产权的食品农产品生产园区或企业。

加强品牌推介与维护。实施“河北品牌农产品”推介行动计划，加强与各级主流媒体的合作，大力宣传河北省名优品牌，开展各类区域公用品牌宣传推介活动。实施外向型农产品品牌战略，加大农产品出口品牌创建力度，培育一批知名品牌，扩大品牌影响力和信誉度。发展会展经济，发挥社团组织作用，组织品牌产品参加各类农产品展会，通过举办“河北品牌节”“名优品牌展”，组织品牌专家企业行等活动，扩大品牌知名度。建立品牌目录制度，鼓励龙头企业开展商标注册，采取收购、授权使用等形式推进品牌建设。加强品牌保护，加大力度打击假冒原产地证书、标识等违法行为。

5.8 保护治理生态环境，促进可持续发展

大力发展资源节约型、环境友好型、生态保育型农业，促进农业资源由高强度利用向节约高效利用方式转变。到 2020 年，全省发展节水灌溉面积 5000 万亩，农田灌溉水有效利用系数达到 0.68，灌溉用水总量、化肥和农药使用总量实现零增长，畜禽粪污、地膜和秸秆基本实现资源化利用。

5.8.1 大力发展节水农业

工程节水。加快实施灌溉骨干渠系衬砌防渗等节水改造，发展管道输水，减少渗漏蒸发损失，提高输水效率；完善农田灌排基础设施，建设喷微灌现代灌溉设施，提高灌溉精度，减少灌溉用水，提高农业用水效率效益。在区域内全面实施深耕深松、保护性耕作、秸秆还田、加大有机肥投入等，减少土壤风蚀、水蚀，提高土壤蓄水纳墒能力。

农艺节水。积极发展旱作节水农业，推广保护性耕作、镇压保墒、集雨增墒、地膜覆盖等节水保墒技术，大力推广节水品种，实现良种良法配套。在冬小麦重点产区发展测墒灌溉和水肥一体化技术，推广喷滴灌技术替代地面灌溉技术；在果树和蔬菜等高效经济作物区全部采用滴灌、微喷水肥一体化技术，实现水肥同步管理和高效利用。

结构节水。适当调减用水量较大的小麦种植面积，推行改冬小麦、夏玉米一年两熟制，为种植玉米、棉花、花生、杂粮等农作物一年一熟制，实现“一季休耕、一季雨养”。在丘陵山区，适当调减籽粒玉米，积极发展甘薯、谷子、杂粮杂豆、油葵等低耗水特色农作物。在坝上地区，控制蔬菜种植面积，扩大马铃薯、燕麦等杂粮杂豆种植面积。

管理节水。落实最严格的水资源管理制度，合理确定不同区域、不同作物灌溉定额，建立农业灌溉用水标准体系。推进农业水价改革，合理确定农业用水价格。推广定额累进加价、“一提一补”节水机制和定额管理、有偿用水、阶梯收费节水模式，增强农民节水意识，促进农业节水灌溉。加快物联网应用，推动智能节水。

治污增水。加强畜禽养殖污染治理，在冀中南、冀东北等畜禽养殖密集区域，推广粪尿分离、雨污分流，实现污水减量化；采取发展沼气、就近农田消纳、固体粪便生产有机肥等措施，实现粪污排放减量化和资源化利用，减少对水体的污染。

开源保水。加大对病险水库治理力度，着力恢复中小型塘坝的蓄水能力，大规模建设一批旱涝保收高标准农田。在有条件地区积极开发地表水，减少地下水超采利用。

5.8.2 加大农业面源污染治理力度

实施节肥工程。一是推进精准施肥。根据不同区域土壤条件、作物产量潜力和养分综合管理要求，合理制定各区域作物单位面积施肥限量标准，减少盲目施肥行为。二是调整化肥使用结构。优化氮、磷、钾配比，促进大量元素与中微量元素配合。大力推广有机肥替代化肥，实现有机无机相结合。组织开展新型肥料试验、示范，选择效果突出的缓控释肥料、水溶性肥料、液体肥料、叶面肥、生物肥料、土壤调理剂等高效新型肥料，在全省进行大面积示范推广。三是改进施肥方式。大力推广测土配方施肥，在全省所有县（市、区）主要农作物实现测土配方施肥全覆盖。研发推广适用施肥设备，改表施、撒施为机械深施、水肥一体化、叶面喷施等方式。四是提升耕地质量。实施耕地质量保护与提升行动，改良土壤、培肥地力、控污修复、治理盐碱、改造中低产田，提高耕地地力等级。

实施节药工程。一是控制病虫危害发生。应用农业防治、生物防治、物理防治等一系列绿色防控技术，创建有利于作物生长、天敌保护而不利于病虫害发生的环境条件，预防控制病虫发生，减少用药。二是推行科学施药技术。推广小麦“一喷三防”、玉米中后期“一喷多效”、蔬菜“四诱”防控等一批科学施药技术，大力推广应用高效低毒低残留和生物农药。三是推进农作物病虫专业化统防统治。扶持病虫防治专业化服务组织和新型农业经营主体，大规模开展专业化统防统治，在全省专业化统防统治示范县和绿色防控示范区，开展专业化统防统治与绿色防控融合试点工作。

地膜残留治理。加大政策支持，在全省旱作农业地区，大力推广使用 0.01 毫米及以上厚度地膜，推广一膜多用、适时揭膜、机械拾膜技术，降低废旧地膜机械回收和人工捡拾的难度，提高地膜回收率。建立废弃地膜回收利用体系，在地膜使用 10 万亩以上、具备条件的县（市），逐步建立以农用废弃地膜为原料的加工企业，带动县域及周边地区农用废弃地膜的回收加工及再利用。鼓励引导加工企业在重点乡镇建立回收网点，逐步形成布局合理、运行有效的农用废弃地膜回收加工体系。推进可降解地膜生产技术研发、试验、示范和推广，逐步增加可降解地膜用量，降低常规地膜用量，减少地膜污染。

重金属污染治理。以工矿企业周边、污水灌区和大中城市郊区为重点，启动重点地区土壤重金属污染加密调查和农作物与土壤的协同监测，摸清农产品产地重金属污染底数，实施农产品产地的划分和监督管理，确保农产品质量安全。在轻度污染区，选择农艺措施、种植低积累作物等技术和模式；在中度污染区，选择添加钝化剂和阻抗剂、生物修复等技术和模式；在重度污染区，选择限制农产品生产、土壤置换、混合淋洗等技术和模式。通过分类治理措施，保障农产品质量安全。

5.8.3 推进畜禽养殖污染防治

优化区域布局。结合全省经济发展规划和资源区域特点，科学划定畜牧业禁养区、限养区、适养区。适养区要全面开展区域畜禽养殖发展环境承载能力评估，科学确定畜禽养殖品种、规模、总量，逐步实现畜禽生产与资源环境承载能力相匹配。引导和鼓励利用废弃地和荒山、荒沟、荒滩等未利用地开展适度规模化、标准化畜禽养殖。新建、改建、扩建畜禽养殖场建设项目要依法履行环境影响评价制度，做到环保设施与主体工程同时设计、同时施工、同时使用，确保污染治理和综合利用效果。

推行清洁生产。一是推行精细化养殖。选育推广优质高效畜禽品种，开发生猪低锌、奶牛低磷、鸡低蛋白低钾等生态饲料，加强饲养管理、饲料配比，提高生产性能，源头减少污染物排放。二是推广清洁生产装备。以环京津、环渤海、环省会9市72县为重点，加大规模养殖场改造力度，推广“三改两分再利用”技术，配置机械干清粪设备，固液分离、雨污分离的污水收集系统等，从源头上减少污水产生量。三是加强大中型沼气工程建设。根据污染防治需要，加强沼气发酵装置、预处理、沼气和沼肥利用、粪便堆肥发酵设施建设。

推广适宜治理技术模式。立足农牧结合、资源化利用，根据养殖场周边土地消纳能力，重点推广5种治理技术模式：在远离城镇，周边土地宽广的规模养殖场推广“沉淀池＋肥水农业利用”模式，畜禽粪污干清后，粪便和污水分别贮存，并经发酵后全部用于农业生产。在环境容量大，周边有足够的土地能完全消纳和利用厌氧消化剩余物的养殖场，推广“沼气发酵＋沼渣沼液循环利用”模式，畜禽粪污通过厌氧发酵进行处理，产生的沼气用作生活燃料或发电，发酵处理后剩余的沼渣沼液作为有机肥，用于农业施肥或灌溉。在环境容量小、周边土地紧张、沼渣沼液无法就地消纳的大型养殖场推广“固液分离＋污水达标排放”模式，通过干清粪或固液分离机将粪污中的固体和液体分开，粪便进行无害化处理或生产有机肥，液体粪污经厌氧—好氧—深度处理后综合利用或达到国家相关标准排放。在周边土地有限的养殖场推广“干清粪＋粪便生产有机肥”模式，通过机械或人工方式收集粪便，进行有机肥生产或出售给有机肥厂加工商品有机肥，定期清洗栏舍的少量污水进入贮存池，经沉淀发酵后还田利用。在养殖分布比较密集，单体养殖规模较小的区域推广“粪便集中处理中心”模式，通过政府引导，充分利用社会资本，引导市场主体参与，对粪便进行统一收集、集中处理。

强化病死畜禽无害化处理。一是强化病死畜禽收集处理体系建设。建立以乡镇、村、大型养殖场暂存，县级集中收集处理的收集处理体系。二是落实无害化处理经费。设立病死畜禽无害化处理专项经费，推行病死畜禽购买政策，提高病死畜禽补助标准。三是完善运行机制。建立无害化处理信息化监控平台，健全监督举报机制，完善病死畜禽无害化处理技术支撑体系，建立起快捷、方便、安全的动物尸体收集、封闭运输、无害化处理的运行机制。建成以生猪、家禽为重点，兼顾其他畜禽，涵盖饲养、屠宰、经营、运输等各环节的病死畜禽无害化处理长效机制，达到行政区域全覆盖、收集体系全覆盖和大型规模养殖场全覆盖，实现病死畜禽及时处理、清洁环保、合理利用的目标。

5.8.4 强化产地环境监测

加强监测机构建设。农产品产地环境安全是农产品质量安全的根本保证，针对我省各区域自然环境特点、农业生产方式，在全省主要农业生产区、生态环境脆弱地区、工矿企业周边，特别是以滦河、白河、潮河流域，环京津都市农业圈为重点，加强省、市、县三级农产品产地及质量安全监测机构建设，增购必要的仪器设备，配备专业监测人员，提升监测能力和水平，保证全省各区域产地监测全覆盖。

科学选定监测内容。以威胁农产品安全的重金属农药残留、持久性有机污染物等指标为重点，对区域内土壤、灌溉水源、草原等农业资源开展长期定点监测。监控区域内生态环境污染危害风险，建立风险预警机制，定期向政府和相关业务部门提交环境质量与发展趋势报告，提出污染防控措施和意见建议，避免环境危害事件的发生与发展。

推进监控水平提档升级。大力推广先进检验检测技术，建立网络式、层次化的产地环境数据管理库系统与平台，实现产地环境信息获取的实时化、信息传输的网络化、数据库更新的动态化，以及信息分析处理的科学化、智能化。

建立农业安全生产督查制度。对化肥、农药、农膜、植物生产调节剂、饲料等农业投入品使用进行定期监督抽查，严控可能危及农产品质量安全的农业投入品施用。禁止在划定的禁产区内从事食用农产品生产。

5.8.5 推进“三河源”保护治理

加强生态防护林建设。在张家口、承德、秦皇岛、唐山地区建立生态涵养防护林，加强现有林草植被保护，开展天然林休养生息，实施封沙封山育林育草、植树造林种草，提高保持水土、涵养水源、防风固沙的功能。对流域内的陡坡耕地和库区周围的坡耕地，实行退耕还林。

加强草原生态保护。全面落实新一轮草原生态保护补助奖励机制，实施已垦草原恢复治理、京津风沙源治理二期工程，以基本草原划定为基础，确定草原保护红线在坝上地区实行禁牧休牧、划区轮牧，推进草原改良和人工种草，促进草畜平衡，恢复草原生态及生产功能。在半牧区以外的县，开展草原承包经营权确权登记试点。按照自愿、有偿、合法的原则，规范草原承包经营权流转工作。在重点草原区和生态脆弱区，建立自然保护区。

恢复水生生态系统。重点对潮河、白河、滦河、白洋淀地区、北戴河及相邻地区进行综合治理，采取流域内节水、适度引水和调水、利用再生水等措施，增加重要湿地和河湖生态水量，加强水生生物自然保护区和水产种质资源保护区建设，加大水生生物资源增殖养护力度，促进水域生态系统修复改善。

5.8.6 开展农业可持续发展示范创建

集成示范农业资源高效利用、环境综合治理、生态有效保护等领域先进适用技术，开展绿色畜牧业、健康水产、种养结合、农业可持续发展示范创建，探索适合不同区域的农业可持续发展管理与运行机制，形成可复制、可推广的农业可持续发展典型模式，打造可持续发展农业的样板。

到 2020 年，全省创建畜牧业绿色发展示范县 10 个，水产健康养殖示范县 5 个，种养结合生态循环绿色农牧业试点 2 个，农业可持续发展示范县 30 个、示范园区 200 个，因地制宜、循序渐进地扩大示范推广范围，稳步推进农业可持续发展。

5.9 深化体制机制创新，强化政策项目支撑

贯彻落实创新、协调、绿色、开放、共享的发展理念，围绕农业主导产业发展、新型经营主体培育、农业资源环境保护、京津冀协同发展、农业“走出去”和特色产业扶贫等重点领域，深化农业农村体制机制改革，加快建立与转方式调结构相适应的农业政策体系，实施现代农业建设工程。

5.9.1 深化体制机制改革

深化农村产权制度改革。因地制宜探索集体经济多种有效实现形式，不断壮大集体经济实力，赋予农民更多财产权利。稳步推进农村集体产权股份合作制改革试点，到 2017 年底，完成国家级赋予农民财产权利改革试点，选择城中村、城郊村和经济较发达的村集体开展全省农村集体经济股份合作制改革试点，重点围绕保障农民集体经济组织成员权利，积极发展农民服务合作，赋予农民对集体资产股份占有、收益、有偿退出及抵押、担保、继承权，建立归属清晰、权能完整、流转顺畅、保护严格的农村集体产权制度。认真总结前期试点经验，逐步扩大改革范围，到 2020 年有经营性收入的村集体基本完成股份制改造。强化农村集体资金、资产、资源管理，进一步健全

落实民主监督管理制度，完善农村集体经济组织会计核算制度，建设农村集体“三资”信息化监管平台，加快农村集体“三资”管理制度化、规范化、信息化进程。深入推进农村集体“三资”管理示范县创建活动，大力宣传示范县先进经验。建立农村产权流转交易市场，推动农村产权流转交易公开、公正、规范运行。

健全城乡发展一体化体制机制。协调推进城镇化和新农村建设，推进城乡要素平等交换和公共资源均衡配置，统筹城乡基础设施建设和社区建设，推进城乡基础设施一体化和城乡基本公共服务均等化。加快基础设施向农村延伸，强化城乡基础设施连接，推进城乡客运网络一体化和城乡水务一体化，加快推进农村饮水安全巩固提升和农村电网改造，推动水电路气讯等基础设施城乡联网、共建共享。加快推进村镇生活污水处理设施建设，因地制宜地采取村收村处理、村收镇处理及“户分类、村收集、镇转运、县处理”的城乡垃圾一体化处理模式。到 2020 年，全省 90% 以上的村实现垃圾有效处理。推进乡镇、村（社区）便民和社会服务中心建设，提高农村义务教育质量和均衡发展水平，推动县、乡公共文化体育设施和服务标准化建设，完善以县级医院为龙头、乡镇卫生院和卫生室为基础的农村三级医疗卫生服务网络，推进公共就业服务网络向县以下延伸，加快形成政府主导、覆盖城乡、可持续的基本公共服务体系。

深化农垦体制机制改革。坚持政企分开、社企分开，稳步推进垦区集团化、农场企业化改革。坚持市场经济改革方向，以推进农场企业化、集团化为主线，切实发挥农垦在现代农业建设和全面建成小康社会中的骨干引领作用。围绕垦区率先基本实现农业现代化、率先全面建成小康社会，加快改革发展，提升河北农垦现代农业的市场竞争力、产业掌控力和社会影响力。到 2020 年，完成农场企业化改革，打造 9～12 个区域性大中型现代农业企业集团，培育 1～2 家农垦上市集团公司；建成以柏各庄农场、汉沽农场为主的优质水稻，以大曹庄农场、中捷农场为主的小麦良种，以沽源牧场、察北牧场和康保牧场为主的马铃薯及种薯，以沽源牧场、察北牧场、汉沽农场、中捷农场、大曹庄农场为主的牛奶，以柏各庄农场、南大港农场、中捷农场为主的水产品，以沽源牧场、察北牧场、御道口牧场为主的饲草等特色农产品生产加工基地和生态农业基地，形成完善的现代农业产业体系；“三农”政策和民生政策在农场全覆盖，垦区民生建设取得显著进展，农场以政代企，政企、社企不分问题得到有效解决。扎实推进 7 项体制机制改革工作：一是推进农场企业化、集团化改革，切实解决农场以政代企、政企不分、企业性质被严重弱化问题；二是完善农场办社会职能改革，解决强农惠农富农和改善民生政策对农场的全覆盖问题；三是创新土地管理方式，强化农垦土地权益保护，推进土地资源资产化资本化；四是创新农业经营管理体制，积极推进多种形式适度规模经营；五是构建新型劳动用工制度，逐步建立以劳动合同制度为核心的市场化用工制度；六是完善社会保障机制，落实农垦企业职工和垦区居民的社会保障政策；七是健全国有资产监管体制，明晰农垦国有资产权属关系，建立符合农垦特点、以管资本为主的监管机制。

5.9.2　加强农业政策扶持

保持农业投入稳定增长。积极争取国家农业建设项目，加大地方本级财政支农力度，把农业现代化建设作为省级财政支出的优先保障领域，确保财政涉农资金总量持续增加、比例稳步提高。创新财政涉农资金管理机制，推进资金整合，按照“渠道不变、用途不改、各负其责、各记其功”的原则，整合财政支农资金、农业综合开发资金、扶贫开发资金、农田水利工程建设资金和各部门涉农资金，打捆支持重大工程建设。创新财政涉农资金使用机制，探索财政资金与金融资本、社会资本相融合的有效模式，采取贷款贴息、风险补偿、融资增信、创投基金等方式，开展市场化运作，发挥财政投入的杠杆作用和乘数效应，吸引社会资本投入现代农业建设。

实行差别化农业补贴政策。优化存量、扩大增量，推动各类新增补贴向新型经营主体、主产区和生态保护倾斜。根据“一圈四区一带”的功能定位，配套出台差别化的区域产业发展支持政策。建立绿色生态农业补贴体系，在地下水超采区实施小麦等耗水作物结构调整、节水技术推广等给予政策补贴；对从事大田粮食生产的新型经营主体施用商品有机肥、提升耕地有机质给予补贴和奖励；在生态涵养保护区加大生态补偿力度，完善和加强草原生态保护补助奖励政策；加大标准化规模养殖场建设补贴、养殖业废弃物无害化处理资源化利用、病死牲畜无害化处理的补贴力度。制定产业转移承接政策，对承接京津农业产业转移重大项目适当增加建设用地指标，在土地价格、建设规费等方面予以优惠及减免。

强化金融支持政策。建立健全政策性农业信贷担保体系，加快建立省级担保机构，稳妥建立市县级担保机构，完善银担合作机制，构建覆盖全省的农业信贷担保服务网络。推进农村信用体系建设，把新型农业经营主体纳入银行业金融机构客户信用评定范围，对信用等级较高的实行贷款优先等激励措施。探索开展农村土地承包经营权抵押贷款、大型农机具融资租赁试点，推动厂房、渔船抵押和生产订单、农业保单质押等业务，拓宽抵质押物范围。扩大政策性农业保险覆盖品种和实施区域，提高保费补贴标准，鼓励开发适应新型农业经营主体需求的多层次高保障保险产品，开展产量保险、价格保险等试点。探索建立农业产业投资基金，支持符合条件的龙头企业利用多层次资本市场发行股票、债券等进行融资，引导风险投资、私募股权投资等支持新型经营主体发展。

5.9.3　加快农业“走出去”步伐

加大农业资金技术引进力度。拓宽引资领域，加大国外先进技术、经营模式、管理方式和现代服务的引进力度，力争在高效种养技术、农产品精深加工、农产品交易、动植物遗传育种、动植物疫病防控等方面实现新突破；充分利用国际开发性金融资本，引进节水农业、设施农业、农村新能源等方面的先进技术和装备。加强项目建设，建立省级农业招商项目库，储备发布一批科技含量高、社会效益好、生态保育功能强的农业重点项目，创新招商方式，吸引外商直接投资建设集种植、养殖、加工、销售、物流和休闲观光为一体的现代农业园区，推广政府和社会资本合作（PPP）模式，吸引外资参与建设大型农业基础设施项目。

大力发展外向型农业。建设国际标准农产品生产示范区（基地）。在食用菌、蔬菜、果品、水产、肉类加工、肠衣、中药材等特色、优势农产品生产区域，建设结构合理、管理规范、示范作用明显的国际标准农产品生产示范区（基地）。鼓励各类农业企业、现代农业园区、农产品外贸转型升级示范基地（企业）参与国家标准农产品生产示范区（基地）创建，带动全省外向型出口农产品生产。培育出口型农业龙头企业。主动承接、引进一批京津出口农产品加工龙头企业。加大对省内重点农业出口企业支持力度，推动食品农产品龙头企业重组整合和外向型改造，培育具有国际竞争力的现代农业企业集团，引导和帮助农业龙头企业利用普惠制和区域性优惠贸易政策，增强出口农产品的竞争力。鼓励农产品出口企业在境内开展有机农产品认证和农产品地理标志认证，扩大国际市场影响力和竞争力。

扩大农产品出口。创新农产品出口贸易模式，巩固欧美日韩等传统市场份额，加强与东盟、中东欧、非洲、南美洲、中东、澳大利亚、瑞士等新兴市场及自贸区的贸易合作，拓展新兴市场、自贸区市场的贸易空间。优化农产品国际贸易环境，完善口岸协作机制，推行出口通关一体化、直通放行、区港互通、高速公路通行等便利化措施。开展出口食品农产品安全、区域化管理体系建设，提高通关便利化级别。支持企业运用政策性出口信用保险。降低保险费率，对农产品出口企业承保费率降低25%～30%；提高保费支持比例，对农产品出口企业给予保费全额支持。

加快农业“走出去”步伐。鼓励省内企业以设备、技术输出和直接投资的方式，到海外发展种植、养殖业和农产品加工业。支持有实力的食品农产品出口企业到进口国设立贸易营销机构。以杂交谷子、旱作节水技术和设备为重点，开展针对性、超前性和储备性重大技术创新研究，积极推动对外农业技术合作。加快培植适应国际劳务市场的外派劳务资源，扩大农村劳动力对外输出。制定农业对外投资合作规划，与目标国的农业发展需求规划有机结合，积极搭建各类农业“走出去”对接平台，组织重点农业企业开展国内外业务宣讲、国别推介、项目对接活动。对重点农业企业实行“一对一”跟踪服务，帮助解决对外投资过程中遇到的困难与问题。各类农业产业化扶持资金要向“走出去”企业倾斜。

深化农业国际交流与合作。构建多渠道农业合作沟通网络。加强与友好省州、友好城市互访交流，巩固深化农业互利合作关系，尤其是与美国艾奥瓦州的农业交流合作。支持各市与更多国外城市建立农业合作机制。拓展与国际组织、外国驻华使馆、各国农业部门、外商和我国驻外人员的联络沟通，开展农业合作信息交流。举办多种形式农业合作交流活动。发挥友好协会、贸促机构、商协会和侨商会等民间团体的桥梁纽带作用，组织开展农业经贸交流活动。邀请国外政府和企业参加河北省经贸洽谈会和中国（廊坊）农产品交易会，组织龙头企业参加境内外国际展会。加大园区、企业、商品、技术的宣传推介力度，增强招商引资和交流合作效果。开展中东欧国家使领馆外交使节“河北日”系列活动，组织双方知名农业企业互访对接，为合资合作创造机会。

加强农业对外开放的保障和服务。加大财政支持。省级预算安排专项资金采用先建后补、以奖代补的方式支持农业对外开放工作。各市县也要积极统筹资金，加大支持力度。强化金融服务。引导各金融机构扩大对国际标准农产品生产示范区（基地）、生鲜（活）农产品出口企业的信贷投放，提高金融服务水平，切实加大支持力度。营造开放环境。各级出入境检验检疫、交通部门要设立生鲜（活）农产品出口“绿色通道”。对出口生鲜（活）农产品的出口企业，要进一步加快退税进度，确保及时足额退税。建立“河北省出口食品农产品公共检测技术服务平台”，为外向型企业提供信息咨询、培训、技术支持、检测认证等综合性技术服务。加大宣传力度，加强部门之间协调，营造支持农业对外开放工作的环境。

5.9.4　推进产业精准扶贫

提高贫困地区特色产业发展水平，完善特色产业扶贫机制，因地因村因户施策，精准发力，提高实效。

选择特色产业。立足资源禀赋、产业基础、环境承载力和市场需求，选择建档立卡贫困户参与度高的特色产业。每个贫困县形成 3～5 个成片连带的优势主导产业，带动每个贫困户掌握 1～2 项特色产业实用技术。

推广新模式。大力推广“农民合作社＋贫困户”“龙头企业＋贫困户”“龙头企业＋合作社＋贫困户”“政府＋龙头企业＋合作社＋科研机构＋金融机构＋贫困户”六位一体等造血型扶贫模式，政府投入向带动贫困村、贫困户建设特色产业基地的龙头企业倾斜，向发展特色产业、扩大经营规模的贫困村、贫困户倾斜。因地制宜推广特色产业引领型、园区带动型、龙头企业带动型、合作社带动型等十大农业产业精准扶贫模式。

整合财政资金。以县为单位，以规划为引领，以重点扶贫项目为平台，坚持“渠道不变、用途不变、各记其功、形成合力”原则，瞄准建档立卡贫困户，整合各级各类财政专项扶贫资金、相关涉农资金等，捆绑集中使用，提高资金使用效率。

5.9.5　实施现代农业建设工程

聚焦全省现代农业发展最急需、最关键、最薄弱的环节和领域，整合财政涉农资金，启动实施十大重大建设工程，每个工程规划实施若干建设项目，全面提高农业综合生产能力、公共服务能力和农业市场竞争力。

高标准农田建设工程。建设旱涝保收、高产稳产、生态良好的高标准粮田，加大土地整理复垦力度，开展农田灌排设施、机耕道路、农田林网、输配电设施和土壤改良等田间工程建设，配套农技服务体系，开展耕地质量保护与提升，加快盐碱地和中低产田改造，实施保护性耕作，提高抗灾减灾能力。

“菜篮子”工程。加强菜、果、肉、蛋、奶、鱼等“菜篮子”产品生产能力建设，重点开展现代蔬菜产业园、优质特色果品基地、园艺作物标准园、畜禽标准化规模养殖场、秸秆养畜、肉牛基础母牛扩群增量和标准化水产健康养殖示范场建设，提高“菜篮子”产品供给保障能力，稳定提升产品质量和市场竞争力。

特色产业示范工程。围绕构建我省特色新兴产业体系，重点建设马铃薯主粮化种植、现代食用菌生产、大宗道地中药材种植和高产优质苜蓿生产示范基地，在示范基地改善生产条件，优先试验新品种、新技术，打造产业链条，开展标准化生产、产业化经营示范，带动全省新兴产业发展。

现代种业建设工程。着力改善育种科研、生产设施、种业监管等基础设施条件，重点建设种业技术创新条件、农作物种子质量检测中心、农作物新品种综合试验站、农作物良种繁育基地、新品种展示示范场、农作物品种改良（分）中心与育种创新基地、畜禽良种和水产良种繁育体系，提升种质资源保护和育种创新能力。

农业资源与生态环境保护工程。聚焦农业用水、农药、化肥、秸秆、地膜、畜禽粪便等农业农村资源环境问题，重点开展地下水超采综合治理、农业面源污染治理、病虫害绿色防控、秸秆综合利用、沼气工程、有机肥生产试点、农村清洁、农产品产地重金属污染治理、草原生态保护、渔业资源保护和转产转业建设，改善农村生产生活条件。

智慧农业引领工程。实施“互联网＋”现代农业，建设全省农业数据中心、12316农业信息服务系统和农村信息管理系统，以及农业物联网、农产品电子商务、农产品质量安全追溯信息管理和农业科技服务平台；建设种植、养殖、综合执法、渔政监管、“三资”管理、环境保护等若干业务子系统，全面推进互联网与农业生产、经营、管理、服务的深度融合。

农业公共服务能力条件提升工程。完善基层农技推广和农业科技成果转化服务体系、农产品质量安全检测体系、植物保护体系、动物防疫体系、渔政渔港和农业综合执法体系，提升农业公共服务能力条件。实施主要农作物生产全程机械化推进行动，开展新型农业经营主体培育专项，重点扶持示范家庭农场和示范社，发挥龙头示范带动作用。

农产品加工物流提升工程。扩大农产品初加工补助资金规模、实施区域和品种范围，深入实施主食加工提升行动，完善龙头企业联农带农的财政激励机制，重点支持十大类优势农产品加工、中央厨房供应体系和瑞谷丰现代农业冷链物流配送中心建设，引导一二三产业融合发展。

现代农业园区建设工程。以加强生产能力和可持续发展能力建设为核心，重点建设石家庄整市和 12 个整县国家现代农业示范区，建设 200 个左右的省级现代农业园区，带动市县建设 1000 个现代农业园区，示范引领全省加快农业现代化进程。建设 100 个标准较高、管理规范、结构合理、示范带动作用明显的国际标准农产品生产基地，提高农产品国际竞争力。

现代休闲农业推进工程。引导休闲农业与农业产业、农耕文化、农业科技和乡村旅游资源有机融合，改善休闲农业基础设施，建设休闲农业信息平台，大力培育休闲农业人才，开展休闲农业和乡村旅游特色化、品牌化、京津冀一体化建设，挖掘农业的生态价值、休闲价值和文化价值。

第 6 章 现代农业规划案例——大理州“十三五”高原特色农业现代化发展规划（2016—2020 年）

6.1 规划背景

6.1.1 规划提出与意义

大理州生态环境优越、物种资源丰富、区位优势明显，是云南省典型的高原特色农业生产区，素有“中国核桃第一州（市）”“中国茶花之乡”“中国水果之乡”“乳牛之乡”等称号；是滇西农产品物流中心，在国家实施“一带一路”发展倡议、建设长江经济带和面向南亚与东南亚辐射中心中占有重要地位。近年来，大理州着力夯实高原粮仓，大力培植十大特色产业，2015 年种植业、畜牧业产值分列云南省第二、四位，核桃、乳制品和水果产值位列第一位。特色优势产业初具规模，为农业现代化发展奠定了坚实基础。

新的历史时期，中央、云南省不断完善农业支持保护体系和产业扶贫开发体系，为农业发展提供了有利环境；“新丝绸之路经济带”战略构想和“民族团结进步示范区、生态文明建设排头兵、面向南亚与东南亚辐射中心”战略的深入推进，为农业发展提供了良好契机；新一轮西部大开发和东部产业转移，为农业发展提供了广阔空间；《中共中央　国务院关于加快推进生态文明建设的意见》《中共云南省委关于深入贯彻落实习近平总书记考察云南重要讲话精神闯出跨越式发展路子的决定》等，为农业发展指明了方向。

推进大理州高原特色农业现代化发展，有利于加快转变发展方式，全面提升农业现代化水平，提高农业综合生产能力、抗风险能力和市场竞争力，推动全州经济社会科学发展、和谐发展、跨越发展；有利于建立农民增收长效机制，缩小城乡差别，提高扶贫开发效率，加快边远地区脱贫致富，促进“五化同步”和区域协调发展；有利于深入持久地推进生态文明建设，在高原湖泊水环境治理、生物多样性保护、森林生态建设、水土保持等方面发挥重要作用，加快形成人与自然和谐发展的现代化建设新格局；有利于加强对外开放，建成面向南亚、东南亚的优势特色农产品生产、加工和出口基地，融入国家“一带一路”倡议实施。

6.1.2 规划范围与规划期

规划范围：大理白族自治州全境，总面积 29 459 平方公里。包括大理市、漾濞彝族自治县、祥云县、宾川县、弥渡县、南涧彝族自治县、巍山彝族回族自治县、永平县、云龙县、洱源县、剑川县、鹤庆县，共 1 市 11 县，110 个乡镇。

规划期：2016～2020 年。规划以 2015 年为基准年。

6.1.3 上位规划与方针

1．主体功能定位

根据《云南省主体功能区规划》，大理州地处全省高原特色农业战略格局“六大区域板块”中的“滇西区域板块”，重点发展粮食、畜牧、核桃、水果、蔬菜、茶叶、水产品、特色花卉等特色农产品及绿色食品；境内的宾川、鹤庆、洱源、云龙和巍山县是国家级农产品主产区。大理州地处全省生态安全战略格局“三屏两带”中的“哀牢山—无量山生态屏障”西北端，重点保护天然植被和生物多样性，加强水土流失防治，发挥保障滇中国家重点开发区域生态安全的作用；境内的剑川县是国家级重点生态功能区，漾濞、永平和南涧县是省级重点生态功能区。大理州地处全省城市化战略格局“一核一圈二廊三带六群”中的“滇西城市群”“中南半岛经济走廊”“昆明—滇川藏大香格里拉对内开放经济走廊”，是聚集全省人口、经济和加快新型工业化、城镇化进程的核心区域之一，是我国连接缅甸、南亚、印度洋的黄金通道，我国面向南亚、东南亚辐射的重要节点和窗口；境内的大理市、祥云县和弥渡县是省级重点开发区域。

2．区域发展定位

根据《全国农业可持续发展规划（2015—2030 年）》，大理州属于西南适度发展区。要坚持保护与发展并重，立足资源环境禀赋，适度挖掘潜力、集约节约、有序利用，提高资源利用率。突出小流域综合治理、草地资源开发利用和解决工程性缺水，在生态保护中发展特色农业，实现生态效益和经济效益相统一。通过修筑梯田、客土改良、建设集雨池（窖），防止水土流失，推进石漠化综合治理；加强林草植被的保护和建设，发展水土保持林、水源涵养林和经济林，开展退耕还林还草，鼓励人工种草，合理开发利用草地资源，发展生态畜牧业。严格保护平坝水田，稳定水稻、玉米面积，扩大马铃薯种植，发展高山夏秋冷凉特色农作物生产。

根据《中国农村扶贫开发纲要（2011—2020 年）》，滇西边境山区是全国 14 个扶贫攻坚主战场之一，大理州 12 县市均列入该连片特困地区，其中有 9 个国家级贫困县、2 个省级贫困县。根据《滇西边境片区区域发展与扶贫攻坚规划（2011—2020 年）》，要按照“区域发展带动扶贫开发，扶贫开发促进区域发展”的基本思路，大力发展特色农业和休闲农业，提高农业综合生产能力和基本效益。

根据《全国优势农产品区域布局规划（2008—2015年）》和《特色农产品区域布局规划（2013—2020年）》，大理州是国家重要的水稻、奶牛、肉牛、核桃、蔬菜、特色水果、特色粮油、中药材、水禽等农产品优势区。根据《全国生猪生产发展规划（2016—2020年）》的区域布局，云南省是生猪产业"潜力增长区"。大理州农产品优势区域分布见表6-1。

表6-1 大理州农产品优势区域分布

类型	优势区	品种	优势县（市）
优势农产品	长江流域水稻优势区	水稻	大理、洱源、巍山
	西南牛肉羊肉优势区	肉牛、黑山羊	南涧、巍山、漾濞、永平、云龙
特色农产品	特色蔬菜优势区	芋头	弥渡
		山药	永平
		辣椒	弥渡、祥云
		花椒	洱源、剑川
	特色果品优势区	葡萄	宾川
		特色梨	巍山、云龙、祥云
		核桃	全州12县市
	特色粮油优势区	芸豆	大理、祥云、弥渡、巍山、云龙、洱源、剑川
		红小豆	巍山
		蚕豆	大理、祥云、宾川、弥渡、南涧、巍山、永平、洱源、剑川、鹤庆
		豌豆	大理、漾濞、祥云、弥渡、南涧、巍山、永平、云龙、洱源、剑川、鹤庆
		荞麦	云龙、漾濞、祥云、洱源、鹤庆
		啤饲大麦	鹤庆、祥云、弥渡、南涧、巍山、洱源、剑川
	特色纤维优势区	蚕茧	祥云、鹤庆、大理
	特色生物药业优势区	重楼	巍山、永平、云龙、剑川、鹤庆、洱源、祥云、弥渡、南涧
		金银花	永平、云龙、巍山
		附子	宾川、鹤庆、云龙、剑川、洱源
		灯盏花	南涧、弥渡、剑川
		当归	鹤庆、剑川、宾川
	特色草食畜优势区	奶牛、奶水牛、乳肉兼用西门塔尔牛	洱源、大理、剑川、巍山、鹤庆、宾川、弥渡、祥云、南涧
	特色猪禽蜂优势区	特色猪	云龙、永平、剑川
		地方鸡	南涧、云龙、巍山、永平
		特色水禽	洱源、剑川、鹤庆、永平
	特色水产优势区	鳟、鲟	洱源、剑川

根据中共云南省委、云南省人民政府《关于加快高原特色农业发展的决定》（2012）、《关于全面深化改革扎实 推进高原特色农业现代化的意见》（2014）、《关于加快转变农业发展方式推进高原特色农业现代化建设的意见》（2015），全省农业要全力打响“四张名片”，即“丰富多样、生态环保、安全优质、四季飘香”；重点建设“六大特色农业”，一是努力夯实高原粮仓，二是大力发展特色经济作物，三是积极发展山地牧业，四是加快发展淡水渔业，五是全力推进高效林业，六是着力打造开放农业。突出粮食安全、农民增收和民生改善三大目标，以改革为动力，强化强农惠农政策，增强科技支撑，大力推进项目建设，加快推进高原特色农业现代化，推进城乡发展一体化，全面促进农业稳定发展、农民持续增收和农村社会全面进步。

本规划立足以上各级规划中明确的大理州主体功能定位和农业产业定位，以生态保护为前提，以促进农业增效、农民增收为核心，结合新型工业化、信息化、城镇化和绿色化，谋划全州高原特色农业现代化发展。

6.1.4　规划依据

《中共中央关于制定国民经济和社会发展第十三个五年规划的建议》；

《中共中央　国务院关于落实发展新理念加快农业现代化 实现全面小康目标的若干意见》（2016）；

《国务院办公厅关于推进农村一二三产业融合发展的指导意见》（国办发〔2015〕93 号）；

《中共中央　国务院关于加快推进生态文明建设的意见》（2015）；

《全国农业可持续发展规划（2015—2030 年）》；

《中共中央　国务院关于打赢脱贫攻坚战的决定》（2015）；

《中国农村扶贫开发纲要（2011—2020 年）》；

《全国优势农产品区域布局规划（2008—2015 年）》；

《特色农产品区域布局规划（2013—2020 年）》；

《全国生猪生产发展规划（2016—2020 年）》；

《中共云南省委关于深入贯彻落实习近平总书记考察云南重要讲话精神闯出跨越式发展路子的决定》（2015）；

《关于全面深化改革扎实推进高原特色农业现代化的意见》（2014）；

《中共云南省委、云南省人民政府关于加快高原特色农业发展的决定》（2012）；

《云南省人民政府办公厅关于加快转变农业发展方式推进高原特色农业现代化建设的意见》（2015）；

《云南省国民经济和社会发展第十三个五年规划纲要》；

《云南省主体功能区规划》；

《大理州主体功能区和生态文明建设规划（2013—2030年）》；
《大理白族自治州国民经济和社会发展第十三个五年规划纲要》；
大理州统计年鉴。

6.2 发展条件与基础分析

6.2.1 交通区位条件

大理白族自治州位于云南省中部偏西，地理坐标为东经98°52′～101°03′，北纬24°40′～26°42′，东邻楚雄州，南靠普洱市和临沧市，西连保山市、怒江州，北接丽江市，是滇西城市群中心城市和昆明进出滇西七地州的交通枢纽，也是我国西南地区对内、对外经济发展与交通物流的重要节点和窗口。

大理州交通便利，是滇西交通枢纽和物资集散地。国道214、大丽高速和国道320、杭瑞高速构成了大理州公路交通纵横两大骨干；广大铁路、大丽铁路和建设中的泛亚铁路从境内穿过，昆大高铁即将通车；大理机场已开通至北京、上海、广州、深圳、杭州等地的多条航线。由高速公路、铁路和机场构成的立体交通网络初步形成。

6.2.2 自然资源与自然条件

1．地形地貌

以山地为主，地形地貌复杂。大理州地处横断山脉南端，滇中高原与滇西谷地结合部，地势西北高，东南低，地形以山地为主。地貌复杂多样，同时拥有高原湖盆、河谷、低山、中山、高山等多种地貌类型，点苍山以西主要为高山峡谷区，点苍山以东主要为中山盆坝复合地形。海拔高差大，最低点为云龙县怒江边的红旗坝，海拔730米；最高点为北部剑川县雪邦山，海拔4295米。

2．气候

大理州地处亚热带低纬度高原季风气候区，四季温和，冬无严寒，夏无酷暑，年均温12.3～19℃，年有效积温3500～6800℃，年平均日温差11.1～15.3℃，最冷月均温4.3～12.4℃，最热月6月均温18.9～24.4℃，年日照时数1860～2700小时，年降雨570～1100毫米，年平均相对湿度66%。大理州气候垂直变化明显，随海拔上升依次有南亚热带、中亚热带、北亚热带、南温带、中温带、寒温带等多种气候类型。

3．水资源

水资源人均占有量不足。大理州境内河流湖泊众多，有大小河流160多条，呈羽状遍布全州，分属金沙江、澜沧江、怒江、元江四大水系；境内分布有洱海等八大湖泊，其中洱海为云南省第二大内陆淡水湖。全州多年平均地表水资源量约 99.12 亿米^3，占全省的 4.48%；人均水资源占有量仅为 2785.37 米^3，不足云南省平均的 60%。

降水时空分布不均衡。从时间来看，5 月至 10 月的雨季降雨量占全年 85%～95%，11 月至次年 4 月的旱季降水仅占全年 5%～15%。从空间来看，降水量随海拔升高而增加，西北部的高山地区降雨多，东南部尤其是干热河谷地区降雨少。

4．土地土壤

全州国土总面积 2.95 万公里^2，占云南省的 7.49%，位列云南省各州市第五位。山区面积占总面积的 93.4%，平坦的坝区仅占总面积的 16.3%。在册耕地 298.3 万亩，耕地保有量 447.75 万亩，主要集中在坝区；草地 1676 万亩，其中可利用 1359 万亩；林地 2839.8 万亩；园地 140.5 万亩。

土壤类型多样。主要有酸性紫色土、山地红壤、黄棕壤、黄红壤、棕壤、暗棕壤等土壤类型，分属于 8 个纲、13 个土类、26 个亚类、76 个土属、236 个土种。其中，紫色土类分布最广，占土地总面积的 31.75%，土质肥沃，适宜多种农作物种植；红壤土类占 27.7%，土质相对贫瘠。

5．生物与旅游资源

大理州位于我国川滇生物多样性保护重点生态功能区，生物资源十分丰富，现有 10 个自然植被类型，169 个群系，涵盖亚热带、温带、寒温带、寒带高山和干热河谷、湿地及水生等植被类型。全州已建立各类自然保护区 29 个，各类风景名胜区、湿地公园、森林公园等 24 个，苍山地质公园列为世界地质公园。大理州旅游资源丰富，现有旅游风景名胜区（点）超过 130 余处，其中，国家、省级风景名胜区 1 处、5 处，国家级、省级重点文物保护单位 6 个和 42 个。

6.2.3　社会经济发展状况

2015 年末，大理州常住人口 358.44 万人，其中，乡村人口 256.7 万人，户籍人口城镇化率为 28.4%。大理州属少数民族聚居区，世居 13 个少数民族，少数民族人口占总人口的 51.7%，主要有白族、彝族、回族等，白族人口占总人口的三分之一，是全国唯一的白族自治州。

经济发展速度较快，但人均水平较低。2015 年全州实现地区生产总值 901.1 亿元，一二三产业分别实现增加值 193.4 亿元、357.1 亿元和 350.5 亿元，一二三产业比重为 21.5：39.6：38.9。人均 GDP 为 25 485 元，低于云南省 29 100 元水平，仅相当于全国平均水平的一半。

居民收入快速增长，但收入水平依然不高。2015 年，大理州城镇居民人均可支配收入 27 106 元，略高于云南省 26 373 元的平均水平。农村居民人均可支配收入 8766 元，高于云南省 8242 元的平均水平，但仅相当于全国平均水平的 76.7%。

2015 年大理州居民收入情况如表 6-2 所示。

表 6-2　2015 年大理州居民收入情况

项目	大理州	云南省	全国
农村居民人均可支配收入 / 元	8 766	8 242	11 422
城镇居民可支配收入 / 元	27 106	26 373	31 182
农村居民收入增速 /%	11.0	10.5	7.5
城镇居民收入增速 /%	9.0	8.7	6.8

6.2.4　高原特色农业发展状况

1．总体状况

高原特色农业规模不断扩大。2015 年全州实现农业总产值 366.7 亿元，较“十一五”末增长 84.55%。其中，种植业、林业、畜牧业和渔业总产值分别为 203.8 亿元、9.6 亿元、134.3 亿元和 9.7 亿元。农业结构以种植业和畜牧业为主，种植业占农业总产值的比重为 55.6%；畜牧业占农业总产值的比重为 36.6%。

2．主导产业

复杂的地形地貌、丰富的农业资源，造就了大理州丰富多样的特色农产品。粮食作物以水稻、玉米、大麦、蚕豆为主，其中，大麦和蚕豆在全国占有重要位置。同时，基本形成了烟草、核桃、畜牧、蔬菜、特色水果、生物药业、马铃薯、蚕桑、高山生态茶、特色花卉十大高原特色农业产业。2015 年大理州粮食和特色农业生产情况如表 6-3 所示。

表 6-3　2015 年大理州粮食和特色农业生产情况

品种	播种面积、存栏量 /（万亩、万头、万只）	产量、出栏量 /（万吨、万头、万只）
粮食	475.25	175.65
烟叶	50.19	7.50
核桃	1015.53	29.30
生猪	333.77	468.07
奶牛	10.81	—
家禽	2063.36	2223.29
肉类	—	54.42
奶类	—	43.29

续表

品种	播种面积、存栏量/（万亩、万头、万只）	产量、出栏量/（万吨、万头、万只）
禽蛋	—	10.33
蔬菜	67.55	120.29
水果	65.46	62.17
中药材	41.6	7.90
马铃薯（鲜薯）	29.90	49.59
蚕桑	24.1	0.77
茶叶	19.98	0.65
花卉	13.93（含药用食用花卉）	—
肉牛	102.33	61.42
肉羊	170.36	150.32

3．特色农业产业分布

特色农业产业逐步向优势区域集中。特色水果、蔬菜、蚕桑、生猪等产业主要集中在东南部宾川、祥云、弥渡的坝区和河谷地区；核桃等特色经济林产业主要集中在西部、南部漾濞、永平、云龙、巍山、南涧的低山地区；乳业主要集中在中部、北部的洱源、大理、剑川、鹤庆等地；肉牛主要集中在西部、南部的南涧、巍山、云龙、永平等地；特色中药材和高山生态茶主要集中在剑川、南涧、永平、云龙的高山地区；薯类主要集中在北部剑川、鹤庆的山区及中南部大理、弥渡、南涧的坝区。特色花卉主要集中在以大理为核心的环洱海地区。

4．农业设施装备

全州共建成各类型水库608座，其中中型20座，其余全部为小型水库。有效灌溉面积255.2万亩，占耕地保有量的57%。年亩产400公斤以上高稳产农田面积累计达到220万亩，占实有耕地面积的39.3%。建成并认定园艺作物标准园12个，其中蔬菜9个、水果1个、茶叶2个。全州农机总动力290.3万千瓦，农机耕种收作业面积960.2万亩，耕种收综合机械化率达到50.7%。全州设施农业面积6735亩，温室大棚达到7910座。建成13个州、县（市）农业信息网和大理数字乡村新农村建设信息网，依托已建成的“三农通”，州、县（市）级发布平台为全州110多万移动手机农民群众用户提供信息。在大理州农科院建设大理州高原特色农产品电子商务运营平台“一会一馆三网两端”，其中大理特产网已正式上线运营。

5．新型农业经营体系

新型农业经营体系初步形成。2015年，全州农民专业合作社达到4267家，其中，国家级示范社15家，省级示范社115家，州级示范社112家，合作社社员达到9.26

万人，带动农户 16.36 万户。有家庭农场 638 户，其中，州级示范家庭农场 40 户，家庭牧场 250 户。建成现代农业庄园 28 个，其中，省级 8 个，州级 20 个。州级以上农业产业化龙头企业达 186 家，其中，国家级 4 家，省级 79 家，农产品加工总产值达 228.4 亿元，带动农户 49.8 万户。创中国驰名商标 4 个、云南名牌 41 个、云南省著名商标 69 个、云南名牌农产品 39 个。

6．农业科研与技术推广

农业科研与推广实力较强。全州有州农科院、大理大学、省林科院漾濞研究院、州林科所、大理农林职业技术学院、大理技师学院等，组成农业科研教育体系。全州共建立 256 个农业科技推广机构，其中，州级 5 个，县（市）级 251 个；实施基层农技推广体系改革与建设补助项目和基层农技推广服务体系条件建设项目，乡镇基层农机推广体系基本完善。州农科院设立“7 所 1 站”，编制人员 165 人，其中，研究员 10 人，高级农艺师 53 人，在蚕豆、马铃薯、高原粳稻育种方面具有较强实力。制种产业基础良好，杂交玉米制种面积 6 万亩左右，产种 1500 万～2000 万公斤，剑川县马铃薯脱毒种薯种植具备了较大规模。主要农作物和畜禽良种覆盖率超过 95%，农业科技进步贡献率达到 55.4%。

7．农产品质量安全

大理州农产品质量安全保持在较高水平。2015 年，农产品质量安全抽检合格率为 98.34%，累计认证“三品一标”289 个，认证基地面积达 474 万亩。初步建成了“州—县（市）—乡镇—市场、企业”四级质检体系，实施农产品质量安全检验检测项目，12 个县（市）成立了农产品质量安全检测站，110 个乡镇建立了农产品质量安全监管站。2015 年，宾川、弥渡、洱源、剑川 4 县申报创建了出口农产品质量安全示范区 77.48 万亩。

6.2.5 优势与机遇

1．宏观环境良好

党和国家高度重视“三农”工作，并将“三农”工作作为全党工作的重中之重。21 世纪以来，中央一号文件连续 13 年聚焦“三农”，不断加大强农惠农富农力度，大幅度增加对农业和农村投入，现代农业发展迎来了黄金期。云南省 2012 年做出了《中共云南省委、云南省人民政府关于加快高原特色农业发展的决定》，提出走出一条具有云南高原特色的农业现代化道路。大理州相继出台了《关于进一步依靠农业科技进步推进农业产业化发展扶持农业龙头企业加快大理高原特色生态农业建设的实施意见》（大发〔2012〕1 号）、《关于进一步加快高原特色农业产业发展意见》（大发〔2013〕2 号）。2014 年以来的《全面深化农村改革加快推进高原特色农业现代化发展的意见》《关于大力推进现代农业庄园发展的意见》《关于促进农民专业合作社规范化发展的意见》《关于进一步加快奶业持续健康发展的意见》《关于推进核桃产业提质增效的意见》

《关于加快林下经济发展的意见》《关于进一步加强农村集体资金资产资源管理工作的意见》《关于加快农村土地承包经营权流转的意见》《关于加快培育新型职业农民的实施意见》《关于加快发展家庭农场的实施意见》等 10 个实施意见，从组织上和政策上强势推进高原特色农业发展。各级政府高度重视农业发展，为大理州特色农业发展创造了良好的政策环境。

2．区位交通优势进一步凸显

大理州地处云南省对内、对外两条重要经济走廊的交汇处，既是连接昆明与西部 7 州市的交通枢纽，也是我国与南亚、东南亚地区交流的重要门户。大理州交通便利，已初步形成了以高速公路为骨干的立体交通网络。随着“一带一路”倡议构想的推进和云南省加快建设面向南亚、东南亚辐射中心，大理州内联外引的区位交通优势将更加显著。

3．自然条件优越

大理州自然环境独特、生态条件良好，为生产优质农产品提供了条件。全州地处低纬高原，光照充足，气温年较差小，日较差大，有利于农产品干物质积累，提高产量和品质。地形复杂导致多种气候并存，有利于农产品周年上市。生态良好，空气质量优良，森林覆盖率高，水质良好，境内无严重污染工矿企业，为生产绿色有机农产品创造了良好条件。

4．特色农业资源丰富

复杂的地形地貌和气候条件，使得大理州生物多样性特征明显。农业优质种质资源及农产品种类众多，邓川牛、南涧无量山乌骨鸡、云龙矮脚鸡、永平鹅、剑川赤骨羊、乌骨羊、大理高原黑猪、云南裂腹鱼、诺邓火腿、下关沱茶、漾濞核桃、宾川葡萄、宾川柑橘、弥渡蔬菜、祥云野生菌、剑川红洋芋、洱源梅果，以及红梨、冬桃、高山苹果等农产品独具特色、品质优良。

5．旅游休闲带动能力强

大理州是我国重要的旅游目的地，2015 年接待海内外游客 2928.6 万人次，游客平均停留时间达到 3 天，大量的游客为大理州农产品提供了巨大的市场，同时通过游客的宣传推介提高了大理农产品的知名度。大理市被评为全国休闲农业与乡村旅游示范县，漾濞核桃作物复合系统、剑川稻麦复种系统列为中国重要农业文化遗产。依托优美的自然风光和丰富的历史文化，大力发展休闲农业与乡村旅游，可以进一步延伸农业产业链，拓展农业多种功能。

6．优质农产品市场空间广阔

当前我国已进入全面建成小康社会的时期，居民收入水平和生活水平快速提高，农产品消费结构不断升级，消费者对农产品的需求从吃饱向吃好转变，这就对优质、安全的特色农产品提出了更大的需求。大理州特色农产品种类多，产地环境良好，产品品质优良，符合当前和未来农产品消费的趋势，具有广阔的市场空间。

6.2.6 存在的问题

1．资源环境约束加大

随着高投入、高效益作物面积不断扩大，化肥、农药等农业投入品使用量剧增，2015 年洱海流域的洱源、大理两县（市）使用化肥 29 731 标准吨、农药 339 吨，为预防和控制洱海流域农业面源污染，地方政府引导和鼓励少用农药与少施化肥，与 2010 年相比，化肥减少 2046 吨，农药使用量持平，但农业面源污染治理难度依然较大。优质耕地资源不足，陡坡耕地和劣质耕地比重较大；水资源人均占有量不足云南省平均的 60%，且时空分布严重不均，农业发展的资源制约愈发突出。

2．产业结构仍需优化

大理州农业结构仍以种植业为主，畜牧业比重低，各产业之间尤其是种植业与畜禽养殖之间尚未形成有效配合。一方面，绿色有机农业发展需要的有机肥无法得到满足；另一方面，畜牧业产生的大量畜禽粪便尚未得到资源化利用。农产品加工业发展滞后，农产品加工业产值与农业总产值之比仅为 0.62∶1，不足全国平均水平（2.1∶1）的三分之一。农业产业结构不合理，限制了农业资源利用率和农业效益提高。

3．物质装备制约依然明显

大理州农业设施装备水平依然较低。水库、塘坝等蓄水设施和机井、渠道等灌排设施配套不完善，全州呈现资源性缺水与工程性缺水并存的局面，山区缺水问题尤其严重。农业机械化水平依然不高，广大山区和经济作物种植主要依靠人工作业。养殖场基础设施薄弱，缺少配套的防疫设施和粪污无害化处理设施，自动喂料、舍内环境控制、机械清粪等自动化设备普及率有待提高。基础设施的不足和机械化水平不高，导致农业生产效率不高，抵御旱灾能力严重不足。

4．科技水平有待进一步提高

农村高素质劳动力大量外流，农业经营呈现老龄化和低素质化倾向，农业生产主体对科技成果接受能力不足。种子种苗产业发展滞后，优质种苗、畜禽良种供应能力不足。水果、蔬菜、核桃、中药材等种植过程较粗放，重栽轻管现象突出，生产标准化程度不高，导致产品优质率不高。

5．农业经营小而分散

受山区地形限制，人均耕地面积小；小农户分散经营加剧了土地的细碎化，地块小且分散。土地流转缓慢，2015 年全州土地流转面积 37.7 万亩，土地适度规模经营比重为 16.9%，土地的分散经营限制了农业规模化发展。组织化程度不高，农民合作社带动能力有限，社员及其带动的农民数量仅占农户总数的 16.6%。

6．农业产业化发展水平较低

农产品加工发展相对滞后，产品以初级加工产品为主，产业链条较短。龙头企业带动能力不足，缺乏紧密的利益联结机制，龙头企业与农户之间普遍存在不信任感，龙头企业更倾向自建生产基地，而非带动农户共建基地。市场营销落后，缺少有较强辐射影响力的农产品产地批发市场，产品销售主要依靠外地客商上门收购，产品缺乏区域公用品牌。

6.3　指导思想与目标

6.3.1　指导思想

贯彻党的十八大和十八届三中、四中、五中全会精神，按照“创新、协调、绿色、开放、共享”的发展理念，落实中央关于加快建设民族团结示范区、生态文明排头兵、面向南亚与东南亚辐射中心和滇西边境片区区域发展与扶贫攻坚的战略部署，以生态保护为前提，以促进农业增效、农民增收为核心，以转变农业发展方式为主线，努力夯实高原粮仓，着力扶持烟草、核桃、畜牧、蔬菜、水果、中药材、马铃薯、蚕桑、高山生态茶和特色花卉十大特色产业，加快发展休闲农业、淡水渔业两大新兴产业，构建“1＋10＋2”现代农业产业体系，把大理州打造成云南省优质农产品生产基地、滇西重要的农产品加工物流中心、西南山区和高原湖泊高效生态农业样板区及国际著名休闲农业与乡村旅游胜地，协同推进新型工业化、信息化、城镇化、农业现代化和绿色化，探索具有高原特色、大理特点的农业现代化可持续发展之路。

6.3.2　基本原则

生态优先，环境友好。以保护好生态环境为前提，大力推进绿色发展、循环发展、低碳发展，实现农业发展与湖泊环境治理、山区水土保持和生物多样性保护相互促进。

聚焦特色，突出效益。突出特色品种、特色品质和特色时段，打响高原特色现代农业品牌，推进农村一二三产业融合发展，着力提升产业效益，带动农民脱贫增收。

重点突破，梯次推进。针对全州特色产业多、区域差异大的特点，采取差别化扶持政策，集中力量促进重点产业、重点区域率先发展，示范引领全州农业现代化建设。

科技支撑，主体引领。把农业科技作为农业现代化建设的重要支撑，推动产业优化升级。把产业提升与新型经营主体培育紧密结合，以新型主体引领农业现代化发展。

6.3.3　发展目标

到 2020 年，高原特色农业现代化建设取得明显成效。农业效益和农民收入跨越式增长，农业综合生产能力大幅提升，土地产出率、劳动生产率和资源利用率显著提高，高原特色农业与自然和谐发展的现代化建设新格局基本形成，重点区域在全省率先基本实现农业现代化。大理州高原特色农业现代化发展目标见表 6-4。

表 6-4 大理州高原特色农业现代化发展目标

一级指标	二级指标	2015 年	2017 年	2020 年	年均增长 /%
农业产出与效益	农业总产值 / 亿元	366.7	412	500	6.4
	农产品加工业总产值 / 亿元	228.4	291.6	420	13.0
	休闲农业收入 / 亿元	20.9	27	40	13.9
	粮食产量 / 万吨	175.65	179	185	1.0
	蔬菜产量 / 万吨	120.29	130	146	4.0
	核桃产量 / 万吨	29.3	35	45	9.0
	肉类产量 / 万吨	54.42	58.86	66.21	4.0
	奶类产量 / 万吨	43.29	45.04	47.80	2.0
	农产品质量安全抽检合格率 /%	98.34	＞97	＞97	—
	农民人均可支配收入 / 元	8 766	10 655	14 000	10.0
农业物质与装备	高标准农田面积 / 万亩	40	70	110	[70]
	农业灌溉用水有效利用系数	0.55	—	0.6	[0.05]
	农作物耕种收综合机械化水平 /%	50.7	55	60	[9.3]
科技应用与推广	粮食单产 /（公斤 / 亩）	370	375	380	0.5
	主要农作物良种覆盖率 /%	90	93	95	[5]
	农业科技贡献率 /%	55.4	57	60	[4.6]
	大专学历以上农业技术推广服务人员占比 /%	74.56	77	80	[5.44]
	劳均农林牧渔业增加值 / 元	10 453	12 648	16 834	10.0
	农业信息化指数 /%	—	80	100	—
现代经营与管理	土地适度规模经营比重 /%	16.9	20	25	[8.1]
	生猪规模化养殖比重（年出栏 50 头以上）/%	31.6	36	42	[10.4]
	奶牛规模化养殖比重（年存栏 5 头以上）/%	29.3	34	40	[10.7]
	农户参加农民合作社比重 /%	16.6	20	45	[28.4]
农业可持续发展	耕地保有量 / 万亩	447.75	447.75	447.75	—
	森林覆盖率 /%	60.3	—	62	[1.7]
	畜禽粪污资源化利用率 /%	70	80	95	[25]
	农作物秸秆综合利用率 /%	80	84	90	[10]

注：[ ] 内为累计数。

6.3.4　总体布局

按照高原特色农业现代化发展的总体要求，综合考虑自然地理、资源禀赋、产业基础和发展方向，规划构建“三中心一平台”和“两区一带”的现代农业发展空间格局。

“三中心一平台”核心区域。以大理市创新工业园区和祥云县财富工业园区为驱动，辐射大理市大理镇、银桥镇、下关镇、凤仪镇、海东新区及祥云县祥城镇等周边区域，联动滇西地区。充分发挥滇西中心城市的功能作用，打造滇西辐射南亚、东南亚的农产品生产基地与加工流通中心，农业科技推广服务中心，农业种质资源保护与开发利用中心，农产品电子商务公共服务平台。

中北部洱海流域高效生态农业区。以洱海流域大理市、洱源县为核心，辐射剑川县、鹤庆县西北部，老君山—点苍山脉以北，洱海、洱源茈碧湖、剑川剑湖、鹤庆草海等高原湖泊密集，立体气候明显，物种资源丰富，以林果、乳畜、马铃薯、中药材、生态渔业、特色花卉等特色产业和休闲农业为重点，突出洱海流域环境保护和治理，大力发展高效生态农业。规划期内着力建设 100 万亩洱海流域高效生态农业示范区。

中东部高原盆坝现代农业区。包括鹤庆县东南部、宾川县、祥云县、弥渡县、巍山县东部及南涧县东北部，云岭系列山脉以东、金沙江流域及红河流域，海拔较低，河谷坝区盆地较多，光热水相对充沛，以粮食和水果、蔬菜、生猪、肉牛、家禽、水产品等精品“菜篮子”产品生产加工为主，重点推进节水灌溉、设施高效栽培和农业机械化等，突出现代农业技术应用，引领全州农业现代化进程。规划期内着力建设 100 万亩高原盆坝现代农业示范区。

西部山地林畜茶果药生态产业带。包括云龙县、永平县、漾濞县、巍山县西部及南涧县大部分地区，清水朗山—无量山脉以西、澜沧江流域，海拔较高，地势以山地为主，生态优异，以核桃、中药材、高山生态茶、优质梨等特色经济作物及肉牛、高原黑猪、山地鸡等山地牧业为重点，综合开发林下生态养殖、林下中药材自然种植、野生食用菌保护及利用等林下产业及高山生态茶、高山水果产业，大力发展生态循环农业。规划期内着力建设 1000 万亩山地林畜茶果药生态产业带。

总体布局一览表见表 6-5。

表 6-5　总体布局一览表

布局	县市	乡镇（区）
“三中心一平台”建设区域（6）	大理市（5）	大理镇、下关镇、凤仪镇、银桥镇、海东新区
	祥云县（1）	祥城镇
中北部洱海流域高效生态农业区（30）	剑川县（8）	金华镇、甸南镇、沙溪镇、马登镇、老君山镇、羊岑乡、弥沙乡、象图乡
	鹤庆县（7）	辛屯镇、草海镇、云鹤镇、金墩乡、松桂镇、西邑镇、六合乡
	洱源县（9）	茈碧湖镇、邓川镇、乔后镇、三营镇、右所镇、凤羽镇、牛街乡、炼铁乡、西山乡
	大理市（6）	上关镇、喜洲镇、湾桥镇、双廊镇、挖色镇、太邑乡

续表

布局	县市	乡镇（区）
中东部高原盆坝现代农业区（35）	鹤庆县（2）	黄坪镇、龙开口镇
	宾川县（10）	金牛镇、宾居镇、州城镇、大营镇、鸡足山镇、力角镇、平川镇、乔甸镇、钟英乡、拉乌乡
	祥云县（9）	沙龙镇、云南驿镇、下庄镇、普淜镇、刘厂镇、禾甸镇、米甸镇、鹿鸣乡、东山乡
	弥渡县（8）	弥城镇、新街镇、红岩镇、寅街镇、苴力镇、密祉乡、德苴乡、牛街乡
	巍山县（5）	永建镇、大仓镇、庙街镇、南诏镇、巍宝山乡
	南涧县（1）	南涧镇
西部山地林畜茶果药生态产业带（39）	云龙县（11）	宝丰乡、关坪乡、团结乡、检槽乡、长新乡、苗尾乡、民建乡、诺邓镇、漕涧镇、功果桥镇、白石镇
	永平县（7）	博南镇、杉阳镇、龙街镇、龙门乡、厂街乡、水泄乡、北斗乡
	巍山县（5）	紫金乡、马鞍山乡、五印乡、牛街乡、青华乡
	漾濞县（9）	富恒乡、太平乡、瓦厂乡、龙潭乡、鸡街乡、苍山西镇、漾江镇、平坡镇、顺濞乡
	南涧县（7）	宝华镇、公郎镇、小湾东镇、拥翠乡、乐秋乡、碧溪乡、无量山镇

6.3.5 发展路径

推进科技化发展。大力发展现代种业，加强良种引进试验研究和良种繁育推广。加快普及关键技术，以节约资源、提高效率为核心，集成推广粮食高产创建、经济作物高效栽培管理和畜禽水产健康养殖技术。加快培育职业农民。

推进信息化发展。加强农业信息服务体系建设，提高农民获取信息的意识和能力。完善物联网、大理州农产品电子商务公共服务平台，进一步强化电子商务服务功能。建立农产品质量安全追溯系统，推进从产地到市场全程可控化。

推进组织化发展。精心培育龙头企业，增强企业带动产业发展和农民增收的能力。促进农民专业合作社规范化发展，培育农业社会化服务组织。大力发展专业大户、家庭农场和家庭牧场，培育骨干农民队伍。

推进规模化发展。围绕优势特色产业，结合土地确权颁证和规模化流转，大力培育新型经营主体，建设规模化生产基地、现代农业示范园、现代农业庄园、标准园及养殖小区（场），以其作为基本单元，推进规模化、标准化生产。

推进生态化发展。大力发展长周期作物间套种豆科牧草养畜及畜禽粪便还田，开展农业面源污染综合防治。以特色养殖、有机肥加工、沼气工程和秸秆综合利用为纽带，强化种养有机结合。开展林下种草养畜，加强山区多样性保护和水土保持。

推进设施化发展。针对水资源时空分布不均的实际情况，重点加强山区、半山区中小水利工程建设和农田水利设施建设，大力推进水肥一体化高效节水灌溉设施建设。在有条件的地区发展集约化育苗和设施高效栽培。

推进机械化发展。重点突破水稻机插、玉米机插机收等环节，推进粮食全程机械化。重点针对饲草加工、饲喂给料、粪污清理等环节，推进畜牧业机械化。围绕病虫害物理防控、灾害性天气防预等，推进防灾减灾机械化。

推进品牌化发展。加强“三品一标”产品基地建设和认证力度，突出品质和特色优势。创建名优特品牌，全力打造著名商标、驰名商标和品牌农产品，充分发挥区域品牌效应。加强市场品牌推介，着力构建大理特色农产品“生态、优质、安全”的品牌形象，扩大品牌影响力。

6.4　重 点 产 业

努力夯实高原粮仓，着力扶持烟草、核桃、畜牧、蔬菜、水果、中药材、马铃薯、蚕桑、高山生态茶、特色花卉十大特色产业，形成高原特色优势农业产业体系。

6.4.1　粮食产业

1．现状与问题

大理州粮食作物以水稻、玉米、大麦、蚕豆为主。2015 年粮食播种面积 475.25 万亩，总产量 175.65 万吨，平均亩产 370 公斤。水稻播种面积 90.98 万亩，总产量 48.98 万吨，平均亩产 538 公斤。玉米播种面积 165.24 万亩，总产量 72.48 万吨，平均亩产 439 公斤。大麦播种面积 73.97 万亩，总产量 19.41 万吨，平均亩产 262 公斤。蚕豆播种面积为 47 万亩，总产 10.46 万吨，平均亩产 223 公斤。

单产水平高，区域差异大。大理州光热资源丰富，水稻平均亩产水平较全国平均水平高 21%，较云南平均水平高 41%。玉米平均亩产水平亦较云南平均水平高出 34%。但是受自然条件、基础设施等因素影响，县（市）间单产水平差距较大，水稻单产水平最高的弥渡县达到了 671 公斤 / 亩，是单产水平最低的剑川县的 2 倍以上。

部分品种育繁能力强。大理州蚕豆育种技术国际领先，育成‘凤豆系列’蚕豆品种 16 个，蚕豆自有品种种植面积达到 90%。已育成高原粳稻“凤稻系列”品种 33 个，其中，‘凤稻 18 号’等水稻品种抗寒能力强，适于冷凉高寒地区。杂交玉米制种已有 30 年历史，制种面积 6 万亩左右，制种收入超亿元。

龙头企业基础较好。大理州拥有嘉士伯大理啤酒厂、宾川县云南足丰种业、神农集团大理大力生饲料公司等 10 余家涉及粮食、饲料加工、制种等领域的龙头企业，其中，省级 3 家，州级 6 家。

存在的问题：一是大理州山区多，平坝少，农作物多种植于山区、半山区的坡耕地，农田基础设施薄弱，水利设施条件差，防灾减灾能力低；二是水稻品种耐寒性和抗病性仍需提高，粮食作物专用品种有待进一步丰富，如菜用型和饲用型专用蚕豆品种等；三是粮食生产机械化水平低，远低于全国平均水平。

2．思路与目标

按照“调整结构、主攻单产、稳定产能”的基本思路，逐步扩大玉米、大麦、蚕豆等旱作粮食比例，加大良种选育与推广力度，提高良种覆盖率。以高标准农田建设和高产创建示范为抓手，加强农田水利等基础设施建设，提升粮食耕种收综合机械化水平，夯实以优质、高产、高效为特色的高原粮仓。着力提升种业发展水平，打造“西南优质杂交玉米制种基地”。

到2020年，粮食作物播种面积稳定在470万亩，总产量达到185万吨。良种覆盖率和单产逐年提高，种植结构逐步优化。建成10万亩稳定且集中连片的杂交玉米制种基地。

粮食产业发展目标见表6-6。

表6-6　粮食产业发展目标

指标	2015年	2017年	2020年
粮食播种面积/万亩	475.25	470以上	470以上
粮食产量/万吨	175.65	180	185
单产水平/（公斤/亩）	370	375	380
粮食产值/亿元	85.03	90	100
粮食加工产值/亿元	21.74	28	40
良种覆盖率/%	95	97	98
杂交玉米制种面积/万亩	6.5	8	10

3．发展重点

推进高标准农田建设。加强灌溉工程建设，适当增加有效灌溉面积，提高灌溉设计保证率。强化“五小水利”工程（小水窖、小水池、小泵站、小塘坝、小水渠）建设与改造，提高农田供水保障能力，使水稻生产区灌溉设计保证率达到80%以上。推进梯田修筑，回填客土，提高梯田化率和耕层厚度。通过秸秆还田、有机肥增施、绿肥种植等措施改善土壤条件，使土壤有机质含量超过20克/千克。着力打造宾川、剑川、鹤庆等县万亩高标准农田样板区，示范带动全州建成110万亩以上“田块连片、适度规模、梯田化高、土质良好、灌溉保证、旱涝保收”的高标准农田。

加强良种选育与示范推广。水稻重点加强耐寒性、抗病性强的新品种选育与推广。玉米重点选育推广耐密植、抗倒伏鲜食和饲料专用型品种。大麦重点选育推广饲料专用型品种。蚕豆重点选育推广优质菜用型、饲用型品种。建设种质资源库，加强野生种质资源和地方特有品种收集和保存。在全州范围内，建设水稻、玉米、蚕豆、麦类4个省级品种区试站，示范推广优质新品种，力争良种覆盖率超过95%。

加强增产技术模式攻关与推广。以高效增产栽培技术攻关为核心，集成推广高海拔粳稻精确定量栽培技术、旱育稀植浅插、水稻机插高产栽培、玉米地膜覆盖、秸秆粉碎还田、稻茬免耕大麦优质高产栽培技术及间套种模式、蚕豆高产规范化栽培技术等粮食高产高效栽培技术，加强夏秋季菜用蚕豆和冬早蔬菜菜豆的栽培技术研究。因地制宜，创新推广粮蔬、粮果间套种高产栽培模式，提高复种指数。

推进粮食生产机械化。着眼水稻机播机插、玉米机收、大麦免耕播种、秸秆粉碎还田、地膜覆盖等关键环节，加大适宜农机具引进与推广力度，加强农艺农机结合，扶持农机合作社壮大发展，开展农机服务能力建设，全面提升粮食耕种收综合机械化水平。

大力发展粮食产后加工。培育扶持粮食加工龙头企业，支持龙头企业购买先进的加工生产线和装备设备，提高粮食加工能力。鼓励“企业＋基地＋农户”的发展模式，培育粮食种植基地，建立企业与农户紧密的利益联结机制，保障加工企业的原料供应，保护农民种粮积极性。支持农户、专业合作社申请农产品产地加工补助项目，自建粮食烘干、仓储等设施，降低粮食贮藏损失率。稻谷加工方面，推广新型高效加工设备，重点提高出米率、提升稻米品质，大力发展优质米和专用米产品，积极开发米糠油、米糠蛋白等深加工产品；玉米加工方面，重点开展饲料加工；大麦加工方面，重点开展麦芽、啤酒生产和饲料加工；蚕豆加工方面，重点开展饲料加工，积极引进和推广菜用型蚕豆剥皮机械，建立菜用蚕豆包装、速冻速运的冷链加工生产线。

4．产业布局

优质水稻生产基地：主要分布于平坝地区，以大理市、洱源县、鹤庆县、剑川县、永平县、巍山县、弥渡县、祥云县、云龙县和漾濞县坝区为主。

优质玉米生产基地：以宾川县、祥云县、云龙县、南涧县、大理市、弥渡县、巍山县、永平县和鹤庆县为主。

专用大麦生产基地：以鹤庆县、弥渡县、剑川县和巍山县为主。

优质蚕豆生产基地：主要集中在大理市、洱源县、鹤庆县、祥云县和巍山县的坝区。

制种繁种基地：杂交玉米制种基地，主要集中在巍山、祥云、弥渡和洱源县；水稻良种繁育基地，主要集中在弥渡、剑川、洱源、大理、祥云等县；大麦良种繁育基地，主要集中在鹤庆县和剑川县；蚕豆良种繁育基地，主要集中在大理市和巍山县。

6.4.2 特色产业

1．烟草产业

（1）现状与问题

2015 年，大理州烟叶种植面积 50.19 万亩，烟叶产量 7.5 万吨。烟叶生产涉及大理州 12 个县市、93 个乡镇。近年来，国家分配给大理州的烟叶生产计划指标逐年递减，烟叶收购量呈下滑态势。

存在的问题：一是基本烟田面积不断减少，烟区由东南向西北转移；二是烟农队伍减少且老龄化问题突出，种烟人口减少了近 8 万人，60 岁以上种烟人口比率增加了 2.3 个百分点；三是烟区配套设施不足，因烟区转移，需要配套基本烟田灌溉面积 30.8 万亩，机耕路 161.5 公里，密集式烤房 5100 座；四是烟叶规模种植程度低，烟农户均规模仅 5.58 亩；五是品种布局单一且种植年限较长，主要品种红花大金元适应性较差但种植分布较广。

（2）思路与目标

紧紧围绕“卷烟上水平”的战略任务和云南中烟“两统一、两整合”改革要求，坚定特色烟叶发展之路不动摇，坚持以品牌需求为导向，着力抓好品种结构调整、特需品种、特色品种和区域特色烟叶生产，积极拓展烟草产业新的增长点，打造“红大”和 K326 特色优质烟叶品牌，以建设特色优质烟基地为载体，努力打造大理烟叶升级版，推进年度计划目标按时完成和烟叶产业持续健康发展。

到 2020 年，全州烟叶种植面积稳定在 50 万亩，基本烟田面积 150 万亩。烟叶总产值 24 亿元，烟叶税收达到 5.5 亿元。

烟草产业发展目标见表 6-7。

表 6-7　烟草产业发展目标

指标	2015 年	2017 年	2020 年
烟叶播种面积 / 万亩	50.19	50	50
基本烟田面积 / 万亩	160	155	150
烟叶总产值 / 亿元	20.73	22	24
烟叶税收 / 亿元	4.73	5	5.5

（3）发展重点

夯实生产基础。进一步夯实基本烟田、基本烟农和基层队伍“三基本”工作。稳定基本烟田，统筹解决好经济林果产业与烟叶产业争地的矛盾，按 160 万担烟叶规模，结合本地产业发展的实际，抓好 150 万亩基本烟田（地）的规划；建立完善基本烟田和基础设施保护制度，建立地方性法规形式的基本烟田保护制度并加以认真落实。稳定烟农队伍，加大择优布局力度，做好烟田规划，将年度种烟计划和区域优先安排在种烟积极性高、抓烟基础好、轮作有条件的乡（镇）、村委会和农户，引导连片种植和适度规模种植，提高烟农种烟效益；制定配套政策，加快土地流转，培育以种烟大户、家庭农场为主的职业烟农种植主体。稳定基层队伍，加强系统内烟叶科技队伍建设，通过招聘、培训等方式，培养能够立足基层的年轻化技术队伍；不断改善科技人员年龄结构，全面提高烟草科技人员素质和服务水平。

突出市场导向。以市场需求为导向，以基地单元为载体，在满足省内“玉溪”“云烟”卷烟品牌对特色红大烟叶原料需求的基础上，认真落实省政府提出的“2260”工程，全州计划种植红大1.2万亩，加强工商互动，保障全国名优卷烟品牌对大理优质烟叶原料的需求，进一步巩固大理优质烟叶原料基地，用特色烟叶扩大生产规模。建设特色优质烟基地，按照“绿色、生态、特色、安全、优质”要求，稳定红大烟叶种植、扩大K326种植规模，全力推广特色、特需品种种植，着力提高基地单元建设水平，提高烟叶基地调拨比例，建设特色优质烟叶基地，打造大理特色生态优质烟叶品牌，满足卷烟工业对特色品种烟叶的原料需求。突出烟叶等级质量，按照品牌需求组织烟叶生产收购，提高上等烟比例，降低下等烟比例，生产出等级结构和部位结构合理、质量特色明显、满足卷烟配方需要的优质卷烟原料，特别是要在等级质量上下功夫，努力提高等级合格率和等级纯度，诚信经营，用上乘的质量扩大市场，实现量的稳定及增加。

转变发展方式。深入推进现代烟草农业建设，继续抓好烟草基础设施配套建设。积极推进烟农专业合作社建设步伐，培育职业烟农，推进适度规模化种植，大力推进专业化服务工作，构建新型农业生产经营体系，提高烟叶生产的组织化程度。

规范业务管理。统筹兼顾新老烟区发展，严格执行行业控制规模政策，抓实合同管理，确保实现年度控制生产规模和计划目标总量完成，避免烟农收入和财政税收快速下降。明晰基层烟站与合作社的职能定位，明确两者业务合作范围、内容和方式，规范县烟草分公司和基层烟站业务管理，提高行业对专业合作社服务和监管能力，构建“烟站＋合作社”基层烟叶生产组织管理模式。加强户籍化管理，将种烟农户的烤烟种植、物资供应、资金发放、烟叶交售、生产水平等信息纳入烟草企业的动态管理范畴，实现烟农烟叶生产管理和服务常态化。

提升技术水平。合理布局品种，建立以基地为单位品种种植轮换制度，红河源流域烟区全部种植红大品种，澜沧江流域烟区种植红大、K326品种，金沙江流域烟区种植红大、K326、云87、云85品种，滨湖高原流域烟区种植红大、K326、云85品种。实施烟叶标准化生产，重点做好红大“两黑病”、K326叶斑病防治工作，采取有效手段，加大根结线虫防治力度。加强烘烤队伍建设，组织特色品种烘烤技术攻关，尽量减少烟叶烘烤损失和不适用烟叶产出；成立K326特色品种课题研究组，突破难点技术，提高生产水平和质量效益。以弥渡科技园为载体，依托外援深化科技研究。

强化组织领导与政策支撑。充分发挥好州、县（市）“两烟”生产协调领导组和办公室的统筹协调和督促指导职能，强化部门配合，形成工作合力，搞好督促检查，严格考核奖惩。州级每年从财政预算中继续对各县（市）完成特色、特需烟叶生产计划给予组织奖励；每年配套烟叶生产基础设施建设专项资金，县（市）财政从预算中按烟叶税的8%左右提取资金，专项用于烟叶生产水利、烤房等基础设施建设。加大完善土地流转管理机制和扶持政策。认真落实挂钩联系和抵押金制度，年终对完成任务情况进行严格考核奖惩。

（4）产业布局

150万亩基本烟田：主要布局在祥云县、南涧县、云龙县、剑川县、漾濞县、巍山县、宾川县、弥渡县。

2．核桃产业

（1）现状与问题

大理州被国务院命名为“中国核桃之乡”，核桃种植面积和产量约占云南省的1/4，居全国州市之首，2010年中国经济林协会授予“中国核桃第一州（市）”称号。

核桃品质优良。“漾濞核桃”2012年获得国家质检总局中国地理标志保护产品认证。大理州是漾濞核桃的原产地，种植历史达3000多年，果大、壳薄、仁白、味香、出油率高、营养丰富，是我国第一个核桃优良品种，是云南省多年大力推广的主要优良品种，已推广4000多万亩。

种植规模大、产量高。“十二五”期间大理州大力发展核桃产业，截至2015年末全州核桃种植面积达1015.53万亩，挂果面积516.56万亩；种植区域覆盖全州12个县（市），82%的行政村，农民人均种植面积达3.3亩。核桃总产量29.3万吨，占云南省核桃总产量的29%、全国核桃总产量的8%。

科研能力强。大理州核桃科研水平处于全国前列，在云南省核桃产业发展中起到领军带头作用。位于漾濞县的漾濞核桃研究院成立于1963年，是全国最早专业从事核桃科研推广的机构，筛选出名优品种“漾濞核桃”，2013年建成了全国唯一的核桃种质资源库。研究的核桃高效嫁接技术在核桃繁育方面具有绝对优势，大理州繁育的核桃种苗销售至周边临沧、楚雄等地区及四川、贵州等省。

加工业蓬勃发展。全州有核桃仁加工企业（户）1000多户，其中，加工量在50 t以上的加工企业（户）500多家，特别是以大理漾濞核桃、洱源洱宝实业、南涧红云核桃和永平果亮农副产品有限责任公司为代表的核桃精深加工企业，生产的核桃粉、核桃乳、核桃胶囊、琥珀核桃、核桃精炼油、核桃炒果等系列产品，年出口1万吨以上，在云南省核桃系列产品出口中几乎占到半壁江山。

市场交易繁荣。大理州是滇西地区的核桃交易集散地，辐射带动周边保山、怒江、德宏、迪庆、临沧、楚雄等地，销售至全国各地及南亚、东南亚国家。有年交易量1000 t以上的核桃交易市场41个，分布在全州各县市，其中6个年交易量超过1万吨，尤其是永平县博南镇的曲硐核桃交易市场，集聚核桃经销商100多户，年交易量达到4万多吨。

存在的问题：中幼林抚育管理跟不上及水利基础设施缺乏等降低了核桃产量，推迟了幼树的初果时间；烘烤技术和设备落后，制约着核桃干果质量的提高；核桃种苗繁育存在穗条种源不清、品种混杂等，种苗质量良莠不齐；核桃精深加工落后、加工量小，废弃物综合利用率低等已成为提高核桃产业效益的瓶颈；核桃仓储设施及市场资源分散、规模化程度低。

（2）思路和目标

按照"稳定面积、提质增效"的基本思路，推广核桃高效栽培技术，加强中幼林抚育，改善水利基础设施，提高亩产量；推进核桃园种草养畜，推行种养一体化生态林业，提高核桃生产效益；推广无烟烘烤技术和设备，提高产品质量，引进或培育龙头企业，加大核桃市场规范化建设力度，大力发展核桃加工物流业，提高产业综合效益；加强核桃产业科技研发，塑造漾濞核桃"中国第一核桃"的品牌形象，全面提升"核桃第一州"产业地位。

到 2020 年，核桃种植面积稳定在 1000 万亩左右，总产量达到 45 万吨以上。核桃科研能力进一步加强、加工仓储能力大幅度提升，国家级核桃专业市场建设完成，成为全国核桃科研技术高地、全国核桃物流集散中心。

核桃产业发展目标见表 6-8。

表 6-8 核桃产业发展目标

指标	2015 年	2017 年	2020 年
核桃种植面积 / 万亩	1015.53	1000	1000
其中：挂果林面积 / 万亩	516.56	900	1000
核桃总产量 / 万吨	29.3	35	45
核桃产值 / 亿元	45.47	70	150
核桃加工产值 / 亿元	3.2	4	6
仓储能力 / 万吨	3	15	25
其中：保鲜冷藏能力 / 万吨	0.5	5	6

（3）发展重点

加强核桃产业科技研发。加强核桃种质资源收集和保护，建设新品种引进试验示范基地，加快新品种选育。研究归纳漾濞核桃的标准化栽培技术体系。依托漾濞核桃研究院、大理州林科所等林业科研机构建设核桃精深加工产品研发中心，加强核桃功能食品、保健品等精深加工产品的研发，探索核桃青皮、核桃壳等附属产物的综合利用等，为延伸产业链做好技术储备。

建设核桃种苗繁育基地。在漾濞、永平、云龙及宾川建立核桃种苗繁育基地，配备专业的母本采穗园、砧木繁殖圃等，规范繁育程序，强化种苗管理与监管，确保核桃种苗质量，为周边临沧、楚雄等地区乃至四川、贵州等省提供核桃种苗，提升产业效益。

推广核桃林高效栽培技术。充分利用 1000 万亩核桃林下土地资源，在漾濞、永平、云龙等县建设高原山地核桃生态高效栽培示范基地，推广核桃有害生物防控技术，加快林下经济发展，推广林下间作豆科牧草、农作物、中药材等高效栽培技术，探索林畜结合的山区生态农业发展模式。重点开展核桃集水窖建设和核桃林抚育，扶持核桃种植大户、龙头企业等建设核桃幼林抚育示范基地，推广林下间作、薅锄、灌水、施肥、病虫害防治、整形修剪等抚育管护措施；建设盛果林管理示范基地，推广增施肥料、整形修剪等技术稳定长势和产量。

大力发展核桃仓储加工。大力推广膜账密封储藏，引进核桃去青皮机，机械去青皮率达到20%，建设核桃无烟烤房，气化无烟烘烤率达到70%。择优扶强，培育和扶持年加工量达到1000 t的核桃粗加工大户50户，发展机械烘烤、分级包装等，建设专业储藏设施，尤其是气调保鲜仓库，保鲜效果期在2年以上；在漾濞县平坡镇、大理创新工业园和永平县博南镇建设核桃精深加工园，引进3～5家年加工量达到1万吨的精深加工企业，大力发展核桃粉、核桃乳、核桃油等核桃功能食品、保健品，开展核桃青皮、核桃壳、分心木等废弃物综合利用，延长产业链。

重点完善核桃交易市场体系。完善县、乡、村三级产地集散市场建设，形成以永平县博南镇、宾川县拉乌乡、漾濞县苍山西镇、巍山县永建镇、祥云县米甸镇、南涧县公郎镇六大核桃交易市场为主的核桃市场网络。重点在漾濞县平坡镇和永平县博南镇建设国家级农产品批发市场，通过建设电子交易平台、编制并发布核桃价格指数、探索核桃期货交易等方式打造全国核桃价格形成中心，成为国内核桃产销的“风向标”，引领全国核桃产业健康发展。

突出品牌打造。突出“漾濞核桃”的文化特征，建设漾濞核桃文化城，开展“百年核桃树保护计划”，宣传中国重要农业文化遗产——漾濞县光明万亩核桃示范园、永平县岩北村中国核桃第一村等，塑造漾濞核桃“中国第一核桃”的品牌形象。在昆明、北京、上海、广州及南亚、东南亚国家地区建立直销窗口，开展宣传推介工作，加大品牌宣传力度，提高品牌知名度。

（4）产业布局

大理州核桃种植基本形成了漾濞县、云龙县、永平县和巍山县四大核桃主产县、覆盖全州的布局。

核桃种业基地：核桃种质资源库、新品种引进试验示范基地位于漾濞县苍山西镇；核桃种苗繁育基地位于漾濞县、永平县及宾川县。

种植示范基地：核桃幼林抚育示范基地和盛果林管理示范基地分别达到60万亩，覆盖漾濞、云龙、永平、宾川等12个县市；高原山地核桃生态高效栽培示范基地5万亩位于漾濞、云龙、永平、宾川。

加工物流基地：核桃精深加工园位于漾濞苍山西镇、大理创新工业园和永平县博南镇。核桃物流基地位于永平县博南镇、宾川县拉乌乡、漾濞县苍山西镇、巍山县永建镇、南涧县公郎镇。

国家级农产品专业市场：漾濞核桃交易市场位于漾濞县苍山西镇和永平县博南镇。

漾濞核桃文化城：位于漾濞县苍山西镇。

3．畜牧产业

（1）现状与问题

养殖规模稳步增长。2015年底，全州生猪、奶牛、肉牛、羊、家禽存栏量分别为 333.77 万头、10.81 万头、102.33 万头、170.36 万只和 2063.36 万羽；全年出栏生猪 468.07 万头、肉牛 61.42 万头、肉羊 150.32 万只、家禽 2223.29 万羽；肉类总产 54.42 万吨、奶类总产 43.29 万吨、禽蛋总产 10.33 万吨；畜牧业产值达 134.34 亿元，占农林牧渔业总产值的 36.6%。现有畜禽规模养殖场（户）2722 个，其中，年出栏生猪 500 头以上的 1260 个，存栏奶牛 50 头以上的 52 个，年存栏肉牛 50 头以上的 334 个，年出栏肉羊 100 只以上的 262 个，存栏蛋鸡 5000 只以上的 231 个。

2012～2015 年大理州畜牧业主要品种生产情况见表 6-9。

表 6-9　2012～2015 年大理州畜牧业主要品种生产情况　　单位：万头、万只、万羽

年份	生猪		肉牛		羊		禽类		奶牛
	存栏	出栏	存栏	出栏	存栏	出栏	存栏	出栏	存栏
2012	284.55	418.54	92.34	53.96	149.03	138.31	1524.98	1932.93	15.20
2013	309.42	440.69	96.32	56.04	155.14	141.48	1695.01	2087.24	15.50
2014	321.95	455.33	99.34	59.97	162.88	148.91	2035	2221	16.02
2015	333.77	468.07	102.33	61.42	170.36	150.32	2063.36	2223.29	10.81

草料资源和畜禽品种资源丰富。全州共有天然草原面积 1676 万亩，其中，可利用天然草原面积 1359 万亩。全州现有人工牧草地 52.8 万亩，玉米播种面积 158 万亩，专用青贮玉米播种 0.5 万亩。全州拥有南涧无量山乌骨鸡、云龙矮脚鸡、永平云南鹅、高原黑猪、邓川牛、大理马、云南驴、剑川赤骨羊、乌骨羊等地方特色优良品种，有较好的畜禽品种资源。

产业化发展势头良好。全州拥有州级以上畜牧产业化龙头企业 21 家，其中，省级以上 6 家。全州现有乳品加工企业 5 家，其中，云南新希望邓川蝶泉乳业有限公司和云南大理欧亚乳业有限公司为国家级龙头企业，全州日处理生鲜乳能力达 1600 t。全州现有永平阿巧嬢清真肉食品、云龙诺邓火腿、弥渡卷蹄等肉食品加工企业，年加工能力约 4 万吨。全州现有中小型饲料加工企业 31 家，年饲料产销量上百万吨。全州建有生物有机肥加工厂 6 座，年收集加工畜禽粪便 18 万吨。全州共有 18 家畜牧企业通过无公害农产品产地认定，2 家畜牧企业的通过绿色食品认证，云龙诺邓火腿、南涧县无量山乌骨鸡、云龙矮脚鸡通过国家地理标志认证。

动物防疫体系基本健全。目前，州、县、乡、村四级动物防疫网络基本建成，全州 1109 个行政村每村均配备 1～2 名防疫员，建立了春秋集中免疫和平时补免相结合的动物疫病免疫制度，全州强制免疫病种的免疫率基本达到 100%。建立了畜产品质量安全长效监管机制，饲料、添加剂、兽药、兽药残留监管力度不断加大，动物及动物产品的检疫监督工作得到强化，上市畜产品抽检率达到 98%，畜产品质量安全状况明显改善。

存在的问题。一是生猪、肉羊良种供给能力较低。全州尚无原种猪场，仅有父母代

种猪场14座，存栏种猪1.09万头，年提供种母猪约1.11万头，种猪自给率仅为50%。全州缺乏种羊场，大部分种羊由养殖户留种串换。二是畜禽规模养殖水平不高。全州畜禽养殖仍以小规模、低水平、散养方式为主，总体上规模养殖比重在57%左右。全州3.5万户奶牛养殖户（场）中，存栏5头以上的养殖场仅有2969个，存栏占比仅为29.3%。三是畜禽屠宰加工能力较低。全州畜禽产品多以活畜外销为主，州内畜禽屠宰主要以中小型定点屠宰场（点）为主，没有现代化大型屠宰场。除乳业外，均缺乏带动能力强的龙头企业，产业化经营急需加强。四是地方畜禽遗传资源保护、开发、利用滞后。全州有国家认定的7个畜禽遗传资源和新发现组织申报的5个畜禽遗传资源，必须在保护的同时，加快利用地方畜禽资源，发展特色山地牧业，适应供给侧结构改革需要。

（2）思路和目标

按照“调结构、优布局、提质量、培特色、增效益、重生态”的思路，发展标准化规模养殖，推进种养结合，加强粪污无害化处理和资源化利用，完善畜禽良种繁育体系，提高疫病防控能力，保障质量安全。培育和扶持龙头企业发展畜禽屠宰加工和乳制品加工，延长产业链条，提升产业效益。

到2020年，全州生猪、奶牛、肉牛、肉羊和家禽年末存栏量分别达到368.51万头、13万头、112.98万头、188.09万只和2278.12万羽；生猪、肉牛、肉羊和家禽全年出栏量分别达到600万头、80万头、165.97万只和2577.4万羽；肉类总产量达66.21万吨，鲜奶产量达47.8万吨，禽蛋产量达11.98万吨。全州畜牧产业现代化水平全省领先，基本实现养殖业结构优化、布局合理、生产先进、品质优良、资源节约、环境友好的目标。

畜牧产业发展目标见表6-10。

表6-10　畜牧产业发展目标

指标	2015年	2017年	2020年
生猪存栏量/万头	333.77	347.25	368.51
奶牛存栏量/万头	10.81	11.65	13
肉牛存栏量/万头	102.33	106.46	112.98
肉羊存栏量/万只	170.36	177.24	188.09
家禽存栏量/万羽	2063.36	2146.72	2278.12
生猪出栏量/万头	468.07	520	600
肉牛出栏量/万头	61.42	68	80
肉羊出栏量/万只	150.32	156	165.97
家禽出栏量/万羽	2223.29	2358.7	2577.4
肉产量/万吨	54.42	58.86	66.21
奶产量/万吨	43.29	45.04	47.8
禽蛋产量/万吨	10.33	10.96	11.98

续表

指标	2015 年	2017 年	2020 年
畜牧业总产值 / 亿元	134.34	150.93	180
畜牧业加工产值 / 亿元	26.33	33.62	48.50
生猪良种覆盖率 /%	80	90	98
奶牛良种覆盖率 /%	100	100	100
肉牛杂交改良率 /%	45	70	80
生猪规模养殖比重（年出栏 50 头以上）/%	31.6	36	42
奶牛规模养殖比重（存栏 5 头以上）/%	29.3	34	40
肉牛规模养殖比重（年出栏 10 头以上）/%	11.7	16	22
肉羊规模养殖比重（年出栏 30 只以上）/%	26.9	31	37
专用型肉鸡规模养殖比重（年出栏 2000 只以上）/%	69.85	74	80
专用型蛋鸡规模养殖比重（年存栏 500 只以上）/%	91	93	95
粪污无害化处理率 /%	70	80	95
粪污资源化利用率 /%	70	80	95

（3）建设重点

优化区域布局。按照生态与经济协调发展的要求，依托现有产业基础，综合考虑饲草料、水土和环境承载能力等因素，重点打造生猪、奶牛、肉牛、肉羊和家禽养殖重点区，其中，生猪养殖主要向东部坝区和北部鹤庆坝区集中，打造全国生猪调出大县；乳业主要是控制洱海流域奶牛发展规模，发展弥渡、宾川、鹤庆、剑川、祥云、巍山等奶牛新区，打造我国南方重要的奶源基地；肉牛、肉羊养殖结合南部草原生态建设主要向西部、南部山区集中，打造澜沧江肉牛肉羊产业带；家禽养殖主要向祥云、大理、南涧集中，打造滇西蛋鸡科技示范基地和肉鸡生产示范基地，同时利用山区林地资源和地方鸡品种资源，大力发展林下山地鸡养殖。大理、洱源逐步减少畜禽存栏，以集中规模养殖替代散养，以提质增效和利于畜禽粪便资源化利用。

健全良种繁育体系。建立健全以原种猪场为核心、扩繁场为基础、猪人工授精站点为网络的生猪良种繁育体系，在山区选育推广大理高原黑猪，坝区、半山区主推大体型三元猪（杜长大）优质瘦肉型品种。健全以州家畜繁育指导站为龙头、牛冻精改良站点为支撑的牛良种繁育体系。建立健全蛋鸡、肉鸡、山地鸡良种繁育体系。建设大理高原黑猪、无量山乌骨鸡、云龙矮脚鸡、剑川乌骨羊、赤骨羊、永平鹅、邓川牛等地方品种保种场和选育场，培育适应地区养殖、生产性能优良的畜禽新品系。建设完善畜禽良种扩繁场、种公猪站、种公牛站和人工授精站，推行人工授精技术，推进畜禽品种改良。

发展标准化规模养殖。坚持规模化、标准化并重，减少、整合小（散）户养殖，依托龙头企业，发展订单畜牧业，重点建设标准化规模养殖场和适度规模家庭牧场，推进畜禽标准化规模养殖。充分利用核桃园、果园、荒山荒坡和闲置林地，发展人工种草和林下养殖，促进林草结合、草畜配套。

加强饲草料基地建设。坚持“以草定畜、草畜平衡”的原则，鼓励种草养畜，推广秸秆养畜。改良天然草场500万亩，新建人工草地10万亩，以紫花苜蓿、黑麦草、白三叶为主，发展青贮玉米种植10万亩。推广青贮、氨化、微贮饲料制作和全混合日粮（TMR）饲喂技术。

发展现代化屠宰加工。规划建设年屠宰100万头生猪、40万只肉羊、1万头肉牛、700万羽家禽、20万头高原黑猪和以诺邓火腿为重点的系列特色肉制品精深加工项目。采用现代化的屠宰技术、冷分割技术、气调保鲜包装技术（MAP）等先进技术，生产冷鲜肉、分割肉和冷冻肉等产品。鼓励建设肉食品深加工项目，引进腌腊、烘烤、卤制、火腿、饺子等生产线，深加工制品向多品种、系列化、全营养、精包装、易储存、易食用方向发展，提高肉类精深加工水平。

强化养殖粪污资源化利用。加强种养结合，促进资源的循环利用。按照《畜禽规模养殖污染防治条例》规定，科学划定养殖区域，落实养殖场废渣、恶臭、废水、病死畜禽无害化处理等安全处置措施，严格执行环境影响评价制度。开展畜牧业清洁生产，推广干清粪工艺，加强雨污分流改造，减少畜禽养殖面源污染，实现畜牧生产与生态环境的协调发展。

完善配套服务体系。继续完善动物防疫基础设施，重点抓好动物标识及疫病可追溯体系建设；改善各级兽医部门在动物疫情测报、诊断、防疫监督管理和兽药监察等方面的硬件设施和工作条件；实施动物防疫工程，以重大疫病防控为重点，力争免疫密度达100%；加强对动物疫病控制的技术支持和物资保障，建立起反应快速、保障有力的应急指挥系统。建立健全畜产品质量标准和检测体系，实行养殖全过程质量监管，确保产品质量安全。积极开展“三品一标”认证工作，建立可追溯、标志管理等相关配套制度。

（4）产业布局

按照国家相关规定，在全州范围内划定禁养区、限养区和适养区。

各畜种养殖重点区具体如下。

生猪：祥云、宾川、鹤庆、弥渡。

奶牛：弥渡、鹤庆、宾川、剑川、祥云、巍山、大理、洱源。

肉牛、肉羊：巍山、南涧、永平、云龙、祥云、漾濞。

家禽：祥云、大理、南涧、云龙、永平、巍山。

4．蔬菜产业

（1）现状与问题

生产规模稳步增长。2015年，全州蔬菜播种面积67.55万亩，产量120.29万吨。“十二五”期间，宾川县、弥渡县和大理市已发展为主要蔬菜种植区，2015年播种面积分别为 12.87 万亩、13.23 万亩和 8.14 万亩。祥云县和洱源县蔬菜生产发展较快，播种面积分别达 6.4 万亩和 5.3 万亩。

品种结构不断优化。依托气候资源优势，大理州蔬菜种植以冬早蔬菜为主，发展冬早蔬菜 45 万亩，品种主要有葱蒜、叶菜类、豆类等。尤其优势早熟大蒜种植规模最大，播种面积 17 万亩、产量 31 万吨、产值 11 亿元，实现 80% 大蒜外销。

质量安全监管有所强化。州、县、乡三级农产品质量安全检测机构基本健全，全州生产基地、批发市场、农贸市场的蔬菜检测平均合格率为 98.66%。制定了多种蔬菜无公害生产技术规程，全州完成无公害蔬菜生产基地产地认定 30 万亩，无公害蔬菜产品认证 12 个，地理标志产品认证 1 个，品种涉及蒜、香葱、胡萝卜等 13 个品种。

产业化发展势头良好。全州拥有蔬菜龙头企业 38 家，其中，国家级龙头企业 1 家、省级 9 家、州级 28 家。从事蔬菜加工的龙头企业有 10 多家，以脱水蔬菜、酸腌菜为主的蔬菜加工发展较快，年蔬菜（含食用菌）加工产值 26 亿多元。订单农业有所发展，初步形成了“公司＋农户”的产业化经营模式。

存在的问题：一是基础设施薄弱，以露地蔬菜种植为主，蔬菜基地灌排设施建设不足，单产较低；二是良种繁育推广体系不完善，集约化育苗发展滞后；三是蔬菜标准化生产推进力度不大，生态栽培技术普及率较低；四是龙头企业带动能力不强，产业链较短，蔬菜产后处理、加工和流通环节依然薄弱。

（2）思路与目标

扩大蔬菜种植面积，加快推进设施高效栽培，大力发展错季蔬菜、绿色有机蔬菜。改善菜地基础设施条件，发展集约化育苗，开展蔬菜标准园创建，推行标准化生产。完善检验检测和质量安全追溯体系，强化全程质量安全监管，构建质量安全控制长效机制。壮大龙头企业，强化产销衔接，提高加工水平，加快品牌建设，促进产业科学发展。

到 2020 年，基本实现生产稳定发展、产品特色鲜明、产销衔接顺畅、质量安全可靠的目标，打造成全国优质周年蔬菜供应基地、滇西现代设施农业发展样板。蔬菜产业发展具体指标如表 6-11 所示。

表 6-11 蔬菜产业发展目标

指标	2015 年	2017 年	2020 年
蔬菜播种面积 / 万亩	67.55	70	75
蔬菜总产量 / 万吨	120.29	130	140
蔬菜产值 / 亿元	32.93	35	40
蔬菜加工产值 / 亿元	26.22	33	40
设施蔬菜基地面积 / 万亩	0.71	2	5
绿色有机蔬菜基地认证面积 / 万亩	—	2	5
质量检测合格率 /%	98.66	>97	>97

（3）发展重点

发展蔬菜集约化育苗。加强科研院所与企业的业务联系，以龙头企业为主体，建设一批集约化育苗基地，年集约化育苗能力达到1亿株以上。主要建设钢架大棚、育苗日光温室，配套遮阳降温、防寒保温、通风换气、水肥一体、育苗床架、基质装盘、播种、催芽等设施设备，重点推广茄果类、瓜类等蔬菜穴盘集约化育苗技术，提高蔬菜育苗安全性和标准化水平，实行规模化生产与供应。

改善菜地基础设施条件。大力发展设施蔬菜。以弥渡县、祥云县为重点，建设设施蔬菜基地5万亩，重点开发冬早蔬菜设施栽培。加强农田水利、机耕道、电网配套，配备小型耕整机械，改善大棚采光、蓄热、通风性能，推广应用防雾滴耐老化功能棚膜、水肥一体滴（渗）灌设施等，增施有机肥，逐步建成能灌能排、通行便利、高产稳产的冬早蔬菜设施栽培基地。改善露地蔬菜生产条件。以弥渡县、大理市、洱源县、宾川县、祥云县为重点，建设高标准的露地蔬菜基地10万亩，重点开发葱蒜、绿叶菜、根菜类等错季蔬菜生产。主要完善灌排设施、泵房和田间贮水设施，适度推进水肥一体化高效节水灌溉设施建设，加强道路、电网、农机具库房等配备。

推进标准化生产。大力开展蔬菜标准园创建，带动全州蔬菜基地提高标准化水平。完善和健全标准体系，加快标准制修订和推广应用，尽快制定先进、实用、操作性强的蔬菜生产技术规程，引导和规范农民生产行为。推广生态栽培技术，围绕“三节一增”（节水、节肥、节药、增效），针对不同品种，集成推广以防虫网、杀虫灯、黏虫板为主的病虫害物理综合防治技术，以膜下滴微灌为主的节水灌溉技术，以秸秆生物反应堆为主的土壤活化等技术。构建质量安全管理长效机制，健全投入品管理、生产档案、产品检测、基地准出和质量追溯等5项制度，不断提高蔬菜产品质量安全水平。

大力发展绿色有机蔬菜。建立“畜—沼—菜”生态农业发展模式，积极推动沼液、沼渣综合利用，大力推广有机肥。全面开展产地环境认定，支持“三品一标”认证，无公害产地认定面积达到100%，通过绿色、有机认定面积达到20%以上。巩固出口优势，建设祥云县万亩出口绿色蔬菜基地，发展订单农业，通过标准化生产、专业化经营，生产供港及出口蔬菜。着力推进品牌建设，建立“以奖代补”机制，引导产品分等分级、包装标识，加大产品推介宣传力度，提升品牌知名度，提高安全优质蔬菜市场占有率。

推进产业化发展。加大田头预冷等商品化处理设施建设力度。按菜地面积和商品化处理需求，配置相应的预冷设施、整理分级车间、冷藏库，以及清洗、分级、包装等设备，提高产品档次和附加值，扩大销售半径，增强市场调剂能力。强化产销衔接。建设蔬菜产销批发市场，培养营销大户，建立蔬菜专业产销协会，采取合同订购、产销挂钩、批发商或企业联营等多种形式，密切产销联系；培育大型蔬菜流通企业，加强蔬菜冷链物流体系建设，保障蔬菜流通顺畅，大幅度降低蔬菜腐损率。提高加工水平。培育壮大加工企业，加快设备技术改造更新，发展腌制蔬菜、脱水蔬菜、速冻蔬菜与保鲜蔬菜等，缓解集中上市压力，增加蔬菜附加值。

（4）产业布局

集约化育苗基地：基地总面积 5000 亩，位于弥渡县、大理市、祥云县。

设施蔬菜主产区：以弥渡县、祥云县为重点，建设集中连片设施蔬菜基地 5 万亩，重点开发豆类、茄果类、瓜类等冬早蔬菜生产。

露地蔬菜主产区：以弥渡县、大理市、洱源县、宾川县、祥云县、剑川县、鹤庆县为重点，建设高标准的露地蔬菜基地 10 万亩，重点开发葱、蒜、绿叶菜等冬早蔬菜以及根菜类、白菜等夏季反季节蔬菜生产。

蔬菜加工产业园：建设外销蔬菜加工产业园 1 个、出口蔬菜加工产业园 1 个，分别位于弥渡县和祥云县。

蔬菜批发市场：完善大型蔬菜批发市场 2 个，分别位于弥渡县和大理市。

5．水果产业

（1）现状与问题

大理州素有中国“柑橘之乡”“葡萄之乡”“果梅之乡”之称，其中，宾川县葡萄和祥云县特色梨被《全国优势农产品区域布局规划（2008—2015 年）》列为特色果品优势区，巍山红雪梨和云龙麦地湾梨是著名的优质晚熟耐贮运梨优质品种。2015 年，全州水果种植 65.46 万亩，鲜果总产 62.17 万吨，其中，葡萄 19.14 万亩，产量 38.08 万吨；梨 15.23 万亩，产量 6.12 万吨；柑橘 7.32 万亩，产量 10.33 万吨。

品种丰富、品质优。大理州立体气候明显，水果品种丰富，既有葡萄、柑橘、石榴等温带水果，也有火龙果、龙眼等热带亚热带水果，适宜早中晚熟品种种植。水果品质优良，巍山红雪梨、云龙麦地湾梨、宾川红提葡萄、洱源梅子获得了国家地理标志认证，认证了 1 个有机果品基地、4 个绿色果品基地、10 个无公害果品基地，宾川县建成了云南省首个国家级出口食品农产品质量安全示范区。

区域布局基本形成。已形成金沙江流域低热河谷区的柑橘、葡萄、早熟梨等水果基地；澜沧江流域山区的特色梨、高山苹果等晚熟水果基地；洱海以北的果梅、蓝莓种植基地。

标准化生产水平较高。宾川、祥云等区县编制《水果标准化生产技术规范手册》，通过推广葡萄单幅连棚降密提质促早熟技术、柑橘“矮化、密植、早结、丰产”的优质高效综合配套栽培技术、病虫害绿色防控技术等大力推进标准果园建设，提高了全州的水果标准化生产水平。

产业化趋势较好。清选、打蜡、分级包装等初加工能力强，分级包装销售占到 70% 以上，以洱源县洱宝、天滋、中洱等 4 家企业为代表的梅果深加工企业，产品包括话梅、雕梅、炖梅、青梅爽等 6 个系列 23 个品种。宾川县在市场物流、农资销售等相关配套产业方面形成相对较长、较宽的产业网。

存在的问题：一是果园生态化建设滞后，种草养畜及畜禽粪便循环利用尚未有机配合，化肥农药投入偏多，土壤质量和果品质量趋于下降；二是区域差距较大，东部宾川、祥云等地种植水平和产业化程度均较高，而西部、北部山区的果园管理粗放；三是品种熟期结构不合理，中熟品种仍然占到50%左右，仍存在提高水果品种多样性、调整熟期结构的空间；四是产后加工处理滞后，残次果或滞销果多直接丢弃，果品产业链短，附加值不高。

（2）思路和目标

进一步提高水果品种多样性，优化熟期结构，大力推行果畜结合制生态果园建设，发展绿色有机果品。加强果园基础设施建设，推进标准果园建设，缩小区域差距；大力发展水果加工仓储业，将大理州建设成国内优质生态果品基地和面向南亚、东南亚国家的重要水果出口基地。

到2020年，水果种植面积稳定增长至72万亩，总产量达到70万吨。绿色、有机果园认证面积达到5万亩，优质果率达到75%。引进培育龙头企业6～10家、水果精深加工企业2～3家；大理州水果物流交易中心改造完成。水果产业发展目标见表6-12。

表6-12　水果产业发展目标

指标	2015年	2017年	2020年
水果种植面积/万亩	65.46	68	72
水果总产量/万吨	62.17	65	70
水果产值/亿元	39.34	45	55
水果加工产值/亿元	10.48	12	18
绿色、有机水果基地认证面积/万亩	—	2	5
优果率/%	49	60	75
保鲜冷藏能力/万吨	10	12	15

（3）发展重点

优化品种结构。发挥立体气候优势，稳定发展葡萄、柑橘、梨、高山苹果、果梅等优良品种，大力推广美国大樱桃、冬桃、蓝莓等新品种；进一步调整熟期结构，重点发展早熟、特早熟、晚熟、特晚熟水果，提高果品早熟晚熟销售比例，尤其瞄准南亚、东南亚等热带亚热带国家；继续扩大绿色水果种植规模，稳步发展有机果园建设，使得水果产业特色、特时、特优的优势更加突出。

加强基础设施建设。完善果园道路建设，推广防雹网、防风支架等防灾减灾设施。加大果园水利基础设施建设力度，金沙江流域坝区重点增加节水灌溉面积；西部、北部山地果园重点建设以"五小水利"为主的蓄水保水设施，增强抗旱保水能力。

推进标准果园建设。借鉴宾川等县的标准果园建设经验，大力推进全州标准果园建设，缩小区域发展差距，带动全州水果种植基地提高标准化水平。完善和制定各类水果的生产技术规程，引导和规范果农生产。推广果树修枝整形、果园牧草或作物合理间作、“果—畜—沼”循环、粉碎果树枝条堆沤还田等优质高效综合配套栽培技术，实施“灯、板、带、芯、扑食螨”等物理、生物综合防控技术进行统防统治。建立果园农药施用档案，推广果品质量检测体系和可追溯体系，确保全州水果生态优质。

延长产业链。扶持企业、合作社建设果品贮藏设施，尤其是保鲜冷藏库，保鲜冷藏能力达到10万吨。培育壮大6～10家果品分级加工龙头企业，重点在西部、北部山区水果种植基地引进水果分级和商品化处理生产线，提高分选能力。培育或引进2～3家水果深加工企业，利用残次果进行果醋、果脯等生产，丰富产品种类。支持果业关联产业发展，鼓励专用肥、生物农药、果箱、果袋、果网、防雹网生产。

创新销售方式。在宾川县金牛镇建设集包装、果品交易、信息服务及物流配送服务于一体的大理州果品物流交易中心，扩大交易规模，提高交易效率。加快与沃尔玛等大型超市的销售对接，发展会员制销售、直销、淘宝网等电子交易的新型交易方式；积极扩展南亚、东南亚国家市场。发展果园观光旅游，以旅游带动营销。

（4）产业布局

柑橘、葡萄、冬桃等标准化种植基地：主要布局于东部金沙江流域低热河谷区，包括宾川县、祥云县、鹤庆县。

果梅、蓝莓、高山苹果、车厘子等标准化种植基地：主要布局于洱海流域及北部山区，包括洱源县和大理市。

晚熟梨果标准化种植基地：主要布局于西部澜沧江流域山区，包括云龙县、永平县、巍山县、漾濞县、剑川县。

大理州果品物流交易中心：布局于大理市创新工业园区及宾川县金牛镇。

6．中药材产业

（1）现状与问题

中药材品种丰富。大理州地处横断山脉南端，独特的自然生态环境蕴藏着种类繁多、种质优良的中药和天然药物资源。据统计，全州中药材种类资源占全省的60%，被收入《中药资源名录》的种类有886种，境内分布有闻名全国的重楼、红花、红豆杉、续断、附子、灯盏花、当归、金银花、木香、秦艽、防风、黄连、三七、白芨、黄精、半夏等药材。

产业发展基础较好。2015年，全州药材种植面积41.6万亩，产值29.3亿元。主要品种为重楼、红豆杉、续断、红花、附子、三七、金银花等，占总面积77%以上。弥渡、巍山、南涧、永平、云龙、剑川和宾川7县获得“云药之乡”认定。

产业化发展势头向好。主要有大理药业有限公司、云南白药集团大理药业有限责任公司、云南东融滇西中药材物流经营有限公司、大理瑞鹤药业公司、云南通大生物药业公司、大理州中药制药厂等10家生物制药企业。

存在的问题：一是生产基地标准化、规模化程度低，多分布在边远山地，生产“散、乱”现象突出，未能按照GAP（良好农业规范）标准进行种植；二是农民组织化程度低，农户凭经验进行种植，缺乏技术指导、质量监控，造成药材质量、产量不稳定等问题；三是缺少购销信息平台及专业交易市场，农户种植中药材品种跟风现象严重，产销脱节，造成药农预期收益和道地中药材品牌价值难以保证。

（2）思路与目标

以中药材资源为基础，以市场需求为导向，加大良种繁育基地建设，合理布局道地中药材规范化种植示范基地，改善生产条件，加强技术服务，强化质量管理。引进培育龙头企业，建设中药材市场物流中心，鼓励和支持有条件的企业开展中药材种植GAP认证、中药饮片生产GMP（良好生产规范）认证，强化中药材市场监管，做大做强中药材产业，打造具有国内影响力的大理中药材品牌。

到2020年，建成标准化生物医药种植基地50万亩，中药材农业总产值达40亿元。鼓励和支持有条件的企业申请GAP种植（养殖）基地认证。重点培育省级以上生物医药产业化龙头企业5户，生物医药产业产值达50亿元。中药材产业发展目标见表6-13。

表6-13　中药材产业发展目标

指标	2015年	2017年	2020年
良种繁育基地/万亩	—	1.2	2
生产基地/万亩	41.6	45	50
中药材总产值/亿元	29.3	33	40
生物医药产业产值/亿元	28.8	30	50
省级以上生物医药产业化龙头企业/个	3	3	5

（3）发展重点

建设良种繁育基地，确保种植良种化。中药产业发展以红花、红豆杉、续断、附子、灯盏花、当归、金银花、重楼、三七等为主打药材品种，制定种子种苗的质量标准，集中建立药材种子种苗繁育中心，在中药材重点县市，以重点乡镇为核心，建设繁种育苗生产基地，实施“种子工程”，加快中药材良种繁育及推广，确保中药材种质资源的纯正性。建设2万亩种苗繁育基地，提高良种覆盖率。

建设规范化种植示范基地，提高产品竞争力。充分利用大理州立体气候优势，按照不同区域的气候条件、土壤条件，根据药材种植的生物学特性，因势选择种植品种，依托龙头企业建基地，大力发展中药材种植重点乡镇和专业村，不断扩大中药材种植规模。大力推进中药材GAP认证，提升中药材种植基地规范化水平。同时，利用100万亩核桃林林下土地资源和林荫优势发展中药材种植，实现资源共享、优势互补、循环相生、协调发展，提高土地产出率。

建设加工物流基地，提升产业化水平。支持“大上规模”“小创特色”，鼓励州内中医药企业积极开展以道地中药材为主要基源的中药材精深加工产品的研发，延长产业链，开发具有自主知识产权的新产品。加大招商引资力度，引进一批规模较大、科技水平较高的中成药生产和中药饮片加工企业，着力引进现代生物制药企业，有效开发利用人工种植的红豆杉资源。扶持滇西中药物流市场，同时增加收购网点，形成现代中药材物流中心，涵盖种子、种苗、原药材、粗产品、配套生产产品等为一体的专业化中药材交易市场。依托交易市场建立严格的质量管理机制和监测体系，规范中药流通秩序，提高中药材产业集中度和规模经济水平。

加大农业科技推广力度，提升药农种植水平。构建中药材产业技术平台，健全中药材研发和转换技术链条，以大理州药用植物研究所为主体，加强道地中药材提纯扶壮、良种选育、规范化种植、质量控制，开展中药材种质资源普查，珍稀中药材引种、评价及保护，中药材种子、种苗繁育基地建设，加快山区林（果）—药间作模式试验研究及示范推广，中药材 GAP 标准种植技术示范推广及科技培训。

（4）产业布局

大理州中药材主导品种为“一棵树、三朵花、四种药材”。

“一棵树”为红豆杉：主要布局在大理、云龙 2 县市，海拔范围 2300～2800 米，发展规模到 10 万亩。

“三朵花”为红花、灯盏花、金银花：红花主要布局在南涧、弥渡、巍山、鹤庆 4 县，海拔范围 1600 米以下，发展规模到 10 万亩；灯盏花主要布局在弥渡、南涧、剑川 3 县，海拔范围 2200～2400 米，发展规模到 2 万亩；金银花主要布局在云龙、永平、祥云、南涧、漾濞 5 县，海拔范围 2000～2400 米，发展规模到 10 万亩。

“四种药材”为重楼、续断、当归、附子：重楼主要布局在剑川、云龙、漾濞、弥渡、大理、巍山、祥云 7 县市，海拔范围 2300～2800 米，发展规模到 3 万亩；续断主要布局在云龙、剑川、弥渡、漾濞、永平 5 县，海拔范围 1700～2800 米，发展规模到 2 万亩；当归主要布局在鹤庆、剑川、宾川 3 县，海拔范围 2200～2600 米，发展规模到 1 万亩；附子主要布局在宾川、鹤庆、剑川、洱源 4 县，海拔范围 2100～2500 米，发展规模到 2 万亩。模拟野生药用植物群落自然生态系统，在澜沧江流域山区建立综合型中药材仿生栽培示范基地 10 万亩。

育种创新基地：依托大理州药用植物研究所，在大理市建设种苗繁育生产中心。

良种繁育基地：按照中草药品种在大理、云龙、剑川、鹤庆、宾川、南涧、漾濞、洱源、弥渡、巍山 10 个县市分别建设繁种育苗生产基地，建设面积 2 万亩。

规范化种植示范基地：集中布局在宾川、云龙、鹤庆、南涧、永平 5 个县建设 3 万亩规范化、标准化种植示范基地。主要以红豆杉、红花、续断、附子、灯盏花、当归、重楼、金银花、三七、木香、秦艽、防风、黄连等品种为主，分别建设 1000～3000 亩示范点。

中药材加工物流基地：布局在大理市凤仪创新工业园。

7．马铃薯产业

（1）现状与问题

马铃薯是粮、菜、饲工业原料兼用的重要农作物，是大理州重要的优势特色作物之一。2015 年全州共种植马铃薯 29.9 万亩，鲜薯产量 49.59 万吨，单产水平达到 1659 公斤 / 亩。全州已认定无公害马铃薯种植基地 8.6 万亩、绿色种植基地 0.5 万亩。马铃薯产业发展有以下几点优势。

自然条件优势明显。北部高寒山区具有气候冷凉湿润、光照条件优越、作物品种单一、天然隔离条件好、马铃薯品种退化慢等优势，是马铃薯种薯的优势种植区。低海拔河谷热区和中海拔温热区具有丰富的光热资源优势，可种植冬早马铃薯，以填补春季鲜薯市场空白。

技术支撑有保障。依托云南师范大学薯类研究所、云南农业大学以及大理州农科院等农业科研机构，大理州多年开展马铃薯脱毒种薯研究与推广，建立了良好的脱毒马铃薯种薯生产基础，并初步形成一套新品种引进筛选、栽培管理、科学施肥以及病虫害综合防治的综合技术。

加工龙头企业初建成。年鲜薯加工能力可达 49.59 万吨。成功吸引英茂集团落户，成立大理英茂种业有限公司，将建设 5 万亩种薯基地。

存在的问题：一是马铃薯多种植于山区和半山区坡地，土壤肥力较低、缺少灌溉条件，防灾减灾能力差，如遇自然灾害，便造成马铃薯大幅减产；二是品种结构单一，尤其缺乏早熟、高抗、优质、高产的冬早菜用马铃薯专用品种；三是缺乏有效的种薯质量检测方法和手段，种薯市场较为混乱；四是受地形等因素限制，马铃薯主要生产区耕地分散，规模化、机械化水平低，导致马铃薯生产成本高，整体效益较低。

（2）思路与目标

以扩大面积、提高单产、增加效益为总体目标，以农田水利设施建设为重点，夯实基础设施建设，提高防灾减灾能力。突出自然条件优势，合理布局，打造滇西重要脱毒马铃薯种薯生产基地和冬早菜用马铃薯生产基地。加快品种选育和技术创新与推广，加强种薯质量监控，依托大型种薯企业，推进种薯标准化、规模化生产。

到 2020 年，全州马铃薯播种面积达到 35 万亩以上，鲜薯总产量突破 60 万吨。脱毒种薯基地建设取得明显成效，脱毒种薯覆盖率明显提高，成为面向滇西市场的优质种薯繁育基地和面向滇西及东南亚市场的冬早马铃薯生产基地。马铃薯产业发展目标见表 6-14。

表 6-14　马铃薯产业发展目标

指标	2015 年	2017 年	2020 年
播种面积 / 万亩	29.9	32	35
鲜薯产量 / 万吨	49.59	55	61

续表

指标	2015 年	2017 年	2020 年
马铃薯产值 / 亿元	10.21	12	15
马铃薯加工值 / 亿元	0.47	0.60	0.84
单产水平 /（公斤 / 亩）	1659	1700	1750
脱毒种薯面积 / 万亩	7	8	10

（3）发展重点

完善基础设施建设。通过土地整治、土壤改良等措施，使土地平整、耕层深厚、土表疏松。加强“五小水利”设施建设，提高农田供水保证率，提高抗旱减灾能力。重点夯实种薯基地基础设施，完善温网棚、配套沟渠、水利设施、田间道路及贮藏包装车间建设。

加快优良品种选育推广。依托云南省现代马铃薯产业技术体系建设，紧密联系云南师范大学薯类研究所、云南农业大学等科研院所，加快马铃薯新品种选育，力争每 5 年有 3～5 个新品种进入云南省新品种区试，2～3 个新品种进入生产性试验，1～2 个新品种通过省级审定。加强优质、高产、高抗马铃薯新品种推广，重点推广早熟高产优质鲜食型品种。依托种质资源库建设，加强“剑川红”“耗子洋芋”等地方特色品种的繁育与保护。

加强增产高效技术推广。加强综合配套新技术攻关、示范、推广与应用。大力推广地膜覆盖、作物生育期补充灌溉、冬灌等抗旱节水技术，增强马铃薯抵抗自然灾害和病虫害的能力。重点在山区作业地块推广小型化机械，在缓坡地和平地规模作业地块推广大型马铃薯机械，加强农民技术培训，推广垄作模式及标准化种植，提高马铃薯生产机械化水平。

推进种薯标准化生产。依托大理州农科院建设马铃薯脱毒种薯繁育中心，建设 1000 米^{2}的组培室，以生产核心脱毒苗，市县级建立 4000 米^{2}组培室，以扩繁组培苗，保障优质马铃薯脱毒组培苗供应。依托种薯龙头企业现代化运行管理机制，推进种薯规模化、标准化生产。加强种薯生产基地管理，实行各级种薯生产专业化和标准化，提高集约化供种水平。建立种薯生产资格认证与种薯生产者登记制度。加大种薯市场监管力度，建立有效的种薯质量检测监控手段方法，提高脱毒种薯质量，提升合格种薯生产能力。

培育扶持龙头企业。引进培育龙头企业，以企业带动脱毒种薯产业发展。加大马铃薯淀粉加工龙头企业扶持力度，建立企业与薯农之间利益共享、风险共担的紧密联结机制，充分发挥龙头企业带动作用，实施标准化、规模化生产，提高马铃薯生产质量安全水平。鼓励加工企业积极开拓东南亚市场，加大市场营销力度，培育名牌产品，增强大理马铃薯在东南亚的竞争能力。

（4）产业布局

生产布局：优质马铃薯脱毒种薯基地，布局在剑川、鹤庆和洱源县；优质冬早马铃薯生产基地，布局在祥云、南涧、洱源、永平、弥渡县等低热河谷地区；优质小春马铃薯生产基地，布局在弥渡、南涧、漾濞县和大理市；优质加工型马铃薯生产基地，布局在洱源、剑川、鹤庆、南涧、云龙、永平、巍山、大理等市县。

加工布局：引导马铃薯加工企业向祥云县、洱源县等产地农业园区集聚，吸引大型马铃薯食品加工企业落户，支持龙头企业购置先进加工设备，引进生产线，拓宽马铃薯加工产品类型，延长产业链条。

8．蚕桑产业

大理州气候条件非常适宜栽桑养蚕，具有养蚕发病少、生丝品质高、蚕茧质量优的特点，全年均可饲养春用多丝量蚕品种。素有“养蚕天堂”之美誉，是云南省“东桑西移”的主要布局区。

（1）现状与问题

2015 年，全州桑园面积 24.1 万亩，占全省的 15%，居全省第三位，全年养蚕量 18.2 万张；产鲜茧 7718 吨，蚕茧产量占全省总量的 16.9%，居全省第二位。蚕农售鲜茧收入 34 476.45 万元，辐射农户 25 000 户、10 多万人。全州共有鲜茧收烘加工企业 7 家，其中，省级农业产业化龙头企业 2 家，州级 2 家。蚕茧收烘站 21 个，年收烘加工能力 1.05 万吨；缫丝厂 3 家，年加工能力达 1000 吨；家蚕制种企业 1 家，年制种量达 10 万多张。

存在的问题。一是基础设施建设薄弱。桑园道路、水利、电力等基础设施建设落后，蚕农的蚕房、蚕室简陋。二是科技服务水平低。优良品种缺乏、育种滞后；桑园种植和蚕农养蚕标准化技术水平低、管理粗放；专业技术服务人员缺乏。三是产业链短，现有企业技术滞后，带动能力弱，缺乏产品系列开发和加工增值，蚕桑产业副产品利用及产业后续加工薄弱，以致市场波动大，比较效益较低。

（2）思路与目标

紧紧抓住国家“东桑西移”和云南省加大扶持蚕桑产业发展的机遇，改造提升与适度新植并重，在优势地区重点建设标准化桑园基地、养蚕室和小蚕共育点，加快新品种、新技术的引进推广。扶持蚕桑专业合作组织和行业协会，提升组织化水平；引导龙头企业做强产地初加工，开拓丝绸深加工及蚕桑综合开发利用。

到 2020 年，全州桑园面积发展到 26 万亩以上，改造低产桑园 12 万亩，优良品种推广率达到 100%，年产鲜茧 1.0 万吨。将大理州建成云南主要的优质蚕茧生产加工和高品位生丝加工基地。蚕桑产业发展目标见表 6-15。

表 6-15　蚕桑产业发展目标

指标	2015 年	2017 年	2020 年
桑园面积 / 万亩	24.1	25	26
标准桑园建设 / 万亩	—	5	10
养蚕张数 / 万张	18.2	20	23
鲜茧产量 / 万吨	0.77	0.8	1.0
蚕桑产值 / 亿元	3.2	3.6	4.8
蚕桑加工产值 / 亿元	2.76	3.5	5

（3）发展重点

建设标准化生产基地。将基础条件较好、集中连片的桑园按现代化标准示范园打造，集中资金、技术，统一规划放线、统一苗木标准、统一开沟施肥、统一规范栽植、统一标准化管护，做到高标准、科学化建园和管理。推行桑园种草养畜及共生性经济作物间种，优化桑园生态环境与提高生产效益。重点建设喷灌等节水农业设施，示范推广桑树伐条机、桑园微耕机等生产专用机具，使桑园达到密植、速生、丰产，辐射带动周边蚕桑生产水平的提高。引导农户进行设施标准化规模养殖，推广建设标准化的养蚕室和小蚕共育室。在重点村镇建设标准化的桑树品种繁育基地和养蚕制种基地。

加强科技示范推广。引进优良桑树、家蚕新品种，大力推广普及农桑 8 号、农桑 14 号等优良桑树品种和家蚕优良品种菁松 × 皓月、云蚕 7× 云蚕 8，对蚕种严格进行质量检测和病虫害检疫；推广标准化小蚕共育、省力化简易活动蚕台、方格蔟自动上蔟等先进技术；建设蚕用消毒池和蚕种催青室，引进稚蚕饲育机、养蚕消毒机、切桑机等蚕机具，建立“小蚕共育户＋大蚕饲养户”的协作模式。健全州、县、乡、村四级蚕桑生产技术服务队伍，完善蚕桑技术推广网络。加强与农业大专院校的交流与合作，开展大规模、分层次、多形式的蚕农培训活动，使广大蚕农掌握植桑养蚕的标准化生产要领。建立和完善蚕桑病虫害监控预防体系和蚕桑技术培训推广体系，完善“专家组＋试验示范基地＋技术指导＋科技示范户＋辐射带动户”的产业发展模式。

发展蚕桑精深加工。培育和扶持龙头企业做优做强鲜茧收烘加工，投资兴建缫丝厂、丝绸厂等，发展丝绸加工和丝织品加工。引进先进的工艺技术和加工设备，加大对桑条、蚕蛹、蚕沙等副产物的开发利用，开发蚕蛹保健食品、酒制品、桑葚饮品和蚕沙保健枕等蚕桑副产品，延伸产业链，提高产业附加值。

（4）产业布局

生产基地：以祥云、鹤庆、大理 3 县市为重点，建成 6 万亩以上省级核心基地县市，辐射带动弥渡、永平两县蚕桑业发展。

收烘基地：在大理、祥云、鹤庆、弥渡、永平建设统一的鲜茧专业收烘站，统一收购标准和价格。

加工物流基地：在祥云县、鹤庆县扶持省级重点龙头企业发展蚕桑加工业，开发蚕桑副产品加工；在大理市建设蚕桑物流交易市场。

9．高山生态茶产业

（1）现状与问题

发展势头好。大理州茶叶产业涵盖 9 县、28 乡镇，2015 年全州茶园面积 19.98 万亩，其中，投产面积约 15.62 万亩，无公害茶园认证面积 9.38 万亩、有机茶面积 1.71 万亩；茶叶总产量 6532.9 吨。成立茶叶专业合作社 14 个，会员户数达 1.38 万户，会员人数 4.13 万人，带动茶农户数 2.48 万户，茶园面积 11.65 万亩。已建成年产量 200 吨以上精制茶厂 8 个，初精合一茶厂 50 个，初制所 147 个。初步形成布局区域化、生产规模化、加工品牌化的发展态势。

产品特色强。大理州是云南省海拔分布最高的茶叶生产区，茶树生长于原生态环境，由于高海拔地区植被茂盛、山高云雾多，湿度大、漫射光多、土层深厚、土壤肥沃、有机质含量高、昼夜温差大，使树芽叶中的氨基酸、茶多酚（儿茶素）芳香物质的含量增加，其营养成分是一般茶的3～4倍，孕育出极具特色的云南大叶茶品种，大理高山生态茶汤色黄绿明亮，香气高，滋味浓，韵味足，叶片肥厚，耐冲泡。早在明代，古人在《茶苑》一书中对产自大理的茶叶就有“为滇茶第一”的美誉。

存在的问题：一是茶园水利建设滞后，除南涧华庆公司、云龙大栗树等少数茶园具备喷灌设施外，有80%茶园灌溉依靠自然降水，处于靠天生产的状况；二是低产茶园所占比重大，丰产茶园比例小，目前全州丰产茶园面积仅占30%，茶树良种面积比例仅35.9%；三是名优茶比例低，品牌影响力不高，高附加值的中高档名茶少，茶叶品牌化销售程度低，目前仅有下关沱茶一个全国性品牌；四是初制加工厂规模小，清洁化、标准化程度不高，分布不合理。

（2）思路与目标

按照农业现代化发展的总体要求，以提高农民收入、保护高原生态环境为首要任务，以打造国际知名品牌为核心，以建设高效生态茶园基地为抓手，依靠高原生态资源优势，优化产业布局，着力提高茶叶单产水平和市场竞争力，实现大理州茶叶产业跨越式发展。

到2020年，生态茶园面积达到23万亩，改造低产茶园面积10万亩，茶叶总产达到0.92万吨，亩产增加到40公斤。高山生态茶产业发展目标见表6-16。

表6-16　高山生态茶产业发展目标

指标	2015年	2017年	2020年
茶叶播种面积/万亩	19.98	20	23
茶叶总产量/万吨	0.65	0.7	0.92
茶叶产值/亿元	2.65	3	3.8
茶叶加工产值/亿元	6.4	7.2	8.6
低产茶园改造面积/万亩	—	5	10
茶叶单产/（公斤/亩）	32	35	40

（3）发展重点

加强生态茶园基地建设。稳步推进标准化茶园创建活动，集中打造高山生态茶示范园区，以南涧、云龙、永平为重点，大力开展生态茶园基地建设；加强茶园引水工程和茶园灌溉系统建设，逐步改善灌溉条件；加大低产茶园改造力度，开展茶树良种引进改良、茶园土壤改良、茶树整形、补密换种等，提升茶叶单产水平。加强茶叶初加工厂房及设备改造，按照3000亩茶园配备一个茶叶初制加工所的标准，升级改造现有初制加工所，逐步建立与茶园面积、产能相匹配的加工体系，确保全州 100% 的鲜叶进入初制所加工，大幅提高茶叶的质量和效益。

强化龙头企业扶持培育力度。大力推进茶叶产业化和集团化经营，增强产业带动作用。集中力量扶持一批有规模、有潜力、上档次、市场竞争力强的茶叶生产龙头企业，扩大基地规模、建设加工物流仓储设施、提高企业精深加工能力，支持企业积极参与海内外展销，打通销售渠道，扩展全国以及海外市场份额，提高大理州茶叶品牌市场竞争能力。培育一批区域性茶叶著名品牌，通过重组优化，强化区域性品牌优势，实施品牌原产地域保护制度，推动优势产区品牌产业的大联合，力争到 2020 年，培育 2 家茶叶国家级龙头企业，5 家省级龙头企业，创建 5 个以上全国、全省知名茶叶品牌。

大力发展茶叶专业合作组织。加大对专业经济合作组织扶持与培育力度，积极稳妥地引导和发展具有较大影响的协会、茶叶专业合作经济组织和产销联合体。在培育龙头企业、加快茶厂环境与设备改造优化布局的同时，加快专业合作组织建设，加强茶叶合作组织规范化运作、制度化管理、标准化生产。打通茶农与市场的连接瓶颈，架设企业与农户的桥梁，提高整体效益，促进形成“行业协会＋龙头企业＋专业合作组织＋专业农户”的农工贸一体化经营新机制。

加快提升茶叶精深加工水平。依托云南省农科院，开展茶叶精深加工研究，扶持省、州茶叶龙头企业、创新生产技术，大力发展市场前景广和潜力大的茶叶精深加工产品，强化茶叶新产品研发，扩大精深加工产品的生产规模。加快茶食品、茶用品、茶药品、茶化工产品的开发，进一步延伸茶叶产业链，提高产品附加值。力争到 2020 年末精深加工产值占加工总产值的 80% 以上。

（4）产业布局

生态茶叶基地：综合考虑全州整体自然资源禀赋和产业基础，生态茶园基地重点布局在南涧、永平、云龙 3 县。其中，南涧县以公郎、无量、小湾东、宝华乡（镇）为主，永平县以龙门、博南、北斗乡（镇）为主；云龙县以宝丰、功果桥、团结乡（镇）为主。

加工物流基地：建设 1 个茶叶物流交易中心，布局在大理市下关镇。建设 1 个茶叶加工物流基地，布局在南涧县无量镇。

10．特色花卉产业

（1）现状与问题

生产规模稳步增长。2015 年，大理州园艺花卉种植面积 13.93 万亩，综合总产值 66 亿元。全州以发展特色花卉（兰花、茶花、杜鹃）为重点，兼顾发展加工型花卉（含食用和药用）。全州特色花卉种植面积 2.27 万亩，总产量 10 920 万株，综合产值 39.7 亿元，排名全省第一，面积和产量分别占全省的 55.6% 和 50.8%。食用和药用花卉初具规模：红花 5 万亩，产量 1200 吨；灯盏花 13 000 多亩，总产量超过 1200 吨，总产值达 3000 多万元；三七花 1.43 万亩，产量 285.5 吨，产值 4.3 亿元；金银花 2.27 万亩；食用（精油）玫瑰5880多亩，加工销售收入1700万元；菊花1300亩；油用牡丹花640亩。

产业格局初步显现。目前，大理州已发展成国内种植规模最大的特色花卉产区，形成了以大理市为中心，洱源、鹤庆、剑川、弥渡、巍山、祥云、永平、云龙等县为重点产区的产业格局。加工用花卉、休闲观光、花卉庄园发展迅猛。

花卉企业日益壮大。近年来，全州涌现出了一批技术水平优、专业化程度高、市场开发能力强的骨干企业、花卉合作组织和专业协会。截至2015年底，全州共有花卉企业628户，州级以上龙头企业5户，花卉生产合作组织52个，花卉种植户达42 931户，从业人员54 434人。

科技支撑不断加强。花卉科技成果显著，特别是在品种资源保护与开发、种苗快繁、漂浮育苗技术应用及地方标准编制等方面取得突破。围绕野生资源保护及利用、产业化开发及生产、标准化生产技术应用等方面，连年开展切实有效的培训和推广，全面提升了花卉产业的技术水平。完成国家授权的新品种云南山茶14个和高山杜鹃5个，获得国家授权的核心技术专利12个；完成3项云南省地方标准和4项州级地方规范。收集保存了根天高、松子鳞、大理茶、玛瑙等云南山茶品种100余个及国内外杂交品种200余个。

品牌影响力逐步提升。大理州成功举办了2016国际茶花大会和第九届中国大理国际兰花茶花博览会，每年春节后的“两博会”俨然成为花卉爱好者、经营者的年度盛会，“大理看花”已成为众多游客的首选。一系列高规格的花卉展会，特别是成功举办2016国际茶花大会充分展现了大理花卉的文化形象，树立了“中国茶花之乡”的品牌。

存在的问题：一是标准化、规模化程度偏低，90%以上仍为散户庭院生产，产品数量和品质较难满足市场需求，产业的产值高，但销售收入低，产业效益低下；二是科技支撑薄弱，表现出设施装备落后、科研经费紧张、科技人员不足等问题；三是产地批发市场缺位，严重制约了商品花卉的开发与交易；四是农旅融合不够，文化旅游方向有待拓展。

（2）思路与目标

抓住花卉生产转型升级和消费升级的历史机遇，发挥资源、气候、文化等优势，改善设施条件，培植新型经营主体，拓展发展休闲农业。强化种质资源保护与开发，大力推进标准化、规模化、集约化生产。建立产地市场、加强冷链物流，推进品牌建设，促进产业科学发展。巩固特色花卉产业基础，稳步推进加工型（食用和药用）花卉发展，创意花卉文化，创建花卉文化示范基地，差异化融合发展花卉休闲观光旅游。

到2020年，花卉种植面积达20万亩，实现综合产值80亿元，基本构建完成标准化程度高、规模相对较大、加工冷链完善、产品竞争力强、园区景区化的现代花卉产业体系，培植一批国内知名的企业集群，把大理州建成国内最大的特色花卉生产基地、交易中心、花卉文化示范基地和花卉观光休闲目的地。花卉产业发展目标如表6-17所示。

表 6-17　花卉产业发展目标

指标	2015 年	2017 年	2020 年
园艺花卉总面积 / 万亩	13.93	16	20
花卉综合总产值 / 亿元	66	74	80
花卉销售收入 / 亿元	7.6	9	15
特色花卉面积（茶花、兰花、杜鹃花）/ 万亩	2.27	2.5	3
特色花卉综合产值 / 亿元	39.7	43	48
加工型花卉面积（食用、药用）/ 万亩	10.7	12.3	15.4
加工型花卉产值 / 亿元	6.5	7.5	8.5

（3）发展重点

建立示范基地，推进标准化生产。大力开展花卉标准化生产示范基地建设，提高全州花卉基地标准化水平，着力开发适销对路的特色花卉商品，推进产业提质增效。完善和健全标准体系，加快标准制定和应用推广，尽快制定先进、实用、操作性强的花卉生产技术规程，引导和规范花农生产行为。大力推广实施良种快繁、无土轻便栽培、良种砧木苗选育、节水灌溉等先进的栽培管理技术，不断提高花卉产品质量，推动标准化生产。

扶强龙头企业，推进产业化发展。集中财力重点培育一批带动能力强、经营水平高、经济效益好的龙头企业、专业合作社和花卉专业村，促进花卉特别是商品盆花的规模化、标准化生产。建立大理洱海流域花卉产业园区，鼓励企业向产业园区集聚，提升龙头企业集群式发展。鼓励企业采用“公司＋基地＋农户”的生产经营模式，通过基地带动花农增收致富。加大预冷、保鲜、产地初加工等商品化处理设施建设，大力扶持精深加工企业，发展鲜花食品、保健饮品、花卉制品、美妆产品等高档次产品，提高产品技术含量，走精深加工的路子，促进产业升级。强化产销衔接，建设大理花卉交易中心等交易枢纽。培育专业花卉流通企业，加强花卉冷链物流建设，打通与州外花卉市场直销通道，保障花卉鲜销顺畅。

提升科技，夯实行业支撑动力。扎实做好种源保护工程，建立大理中国兰花种质资源库、中国茶花种质资源圃等基础性保护工程。加强科研合作，重点开展产业化开发关键技术研究，加大优良品种引种、筛选与应用，探索花卉组织培养、采后处理、精深加工等关键技术。加快组建花卉产业技术创新联盟，创新科技推广机制，变试验示范为科技型龙头，服务全州花卉企业。搭建科技服务平台，鼓励和引导企业自主创新，实现技术和信息保障的有效联动。

借势会展经济，塑造大理花卉品牌。把中国大理兰花、茶花博览会办成大理品牌节庆。固定“两博会”会址，使会展与花卉科研、示范、交易有机衔接，提升“两博会”的知名度和影响力。扩大成功举办2016大理国际茶花大会影响力，支持和鼓励龙头企业和合作组织积极参与花卉展销。引导培育一批营销经纪人队伍，把大理茶花、兰花和高山杜鹃推向世界花卉市场。大胆探索网络销售，开拓销售渠道，鼓励企业进行品牌创建、地理标志产品认证。

拓展休闲农业，促进农旅融合发展。开辟花卉文化创意及休闲农业发展。将花卉主题与观光旅游充分结合，打造底蕴深厚、景致唯美、色彩浪漫、格调高雅的花卉农业庄园。借势旅游开发，推动特色花卉逐步向商品盆花、绿化苗木、精深加工制品及旅游产品发展，促进花卉产业综合开发。加快大理花卉产业园区、大理兰花文化园、鹤庆“冰泉之恋”玫瑰庄园、弥渡“七彩云花”庄园、大理银桥“云海芳草”花海、“云上花海”等项目建设，推动农旅融合发展。

（4）产业布局

特色花卉种植：以大理市为中心，全州发展3万亩。茶花：以大理、巍山、祥云为重点；兰花：以大理、巍山、祥云、鹤庆、剑川、云龙、洱源、漾濞、永平为重点；杜鹃花：以大理、漾濞、剑川为重点。

加工用花卉：大理、鹤庆、弥渡、南涧、巍山、云龙、永平、洱源、剑川、祥云。

鲜切花：大理、祥云、宾川。

花卉产业园及交易中心：大理市。

主要庄园：大理市有大理花卉生态文化园、大理芳香植物园、大理彤运都市农庄、大理博达花卉庄园、大理阿伊玫瑰庄园、云锦尚品牡丹园；鹤庆县有“冰泉之恋”玫瑰庄园；弥渡县有“七彩云花”玫瑰庄园；南涧县有南涧无量樱花谷；祥云县有千娇生态休闲园。

6.5 新兴产业

结合高原特色农业产业发展新机遇和新需求，以休闲农业和淡水渔业为突破口，加快发展新兴产业，培育高原特色农业产业新亮点。

6.5.1 休闲农业

1．现状与问题

2015年，全州休闲农业经营主体1451个，其中，农家乐1282个，休闲农庄112个，休闲园区7个，民俗村3个，等等。大理市被评为全国休闲农业与乡村旅游示范县，宾川高原有机农业开发有限公司被评为全国休闲农业与乡村旅游示范点。漾濞核桃作物复合系统、剑川海门口稻麦复种系统认定为中国重要农业文化遗产。南涧无量药谷、宾川朱苦拉咖啡梦庄园等 6 个庄园认定为省级现代农业庄园，大理苍海湾农业生态有限公司等 5 家企业被评为省级休闲农业与乡村旅游示范企业。

存在的问题：一是过于依赖传统旅游景区，多数园区仍然以观光为主，园区规模化程度低，不利于生态保护与产业深度开发，缺乏养生性、体验性、创意性和文化性，自身吸引力不足；二是功能单一，缺乏深度开发，园区间照搬模仿，采摘、垂钓、农家饭等形式趋同，缺乏特色；三是配套工程相对薄弱，服务中心、住宿、厕所、停车场等服务工程及旅游解说、景观照明、水景工程等配套亟须完善；四是缺乏专业的管理人才，特别是中高层管理人员和旅游销售人员。

2．思路与目标

依托大理多元的农业产品、悠久的农耕文化、旖旎的田林风光和大旅游客源，以精品旅游线路为主轴，以现代农业庄园和规模化休闲农业产业园区建设为抓手，突出休闲农业、养生农业、科普农业、会展农业和创意农业，完善生态背景、优化景观配置、提升服务品质、打造特色品牌，发展集农业体验、生态保护、养生休闲、科普教育、文化传承于一体的休闲农业与乡村旅游，促进农业增效、农民增收。休闲农业与乡村旅游规划目标见表 6-18。

表 6-18 休闲农业与乡村旅游规划目标

指标	2017 年	2020 年
接待游客量 / 万人次	1200	1400
旅游总收入 / 亿元	30	40

3．总体设计

形象定位：

风花雪月大理，休闲农业善地。

彩云之南高原明珠，洱海之畔特色农园。

大理风光、苍洱胜景、金花故里、休闲天堂。

宣传口号：

中部环海休闲区：畅游苍洱盛景，品味缤纷农庄；

东部农科博览区：博览妙香佛国，体验科技农园；

南部文化养生区：走进南诏古都，探寻养身逸趣；

西部生态风情区：醉意古道迷情，读道古木茶韵；

北部高原水乡区：沐浴温泉农城，共享绿色食粮。

4．产业布局

中部环海休闲旅游功能区：主要包括整个大理市辖区，定位为休闲度假和旅游集散地。按照以洱海为核心，突出“花海山水、文化大理”的理念，借机会展经济，重拳打造下关（风）、上关（花）、苍山（雪）、洱海（月）的特色花卉产业。重点项目：

依托旅游中央商务区，打造休闲农业服务中心；借势三大古镇改造，融入农家餐饮体验项目；依托洱海农业基地，建设环湖特色农庄；围绕国际茶花、兰花会展园址，构筑海西花海长廊。

东部农科博览旅游功能区：包括宾川、祥云、弥渡3县，为大理州的东大门。按照“博览科技，体验农园”的理念，以水果、蔬菜等规模化农业园区为基底，大力发展农业科技示范、科普培训和采摘体验等农科旅游项目，实现从农业产业化龙头向农业综合体的升级。重点项目：突出农科多彩，建立热区生态观光休闲园；借光佛都鸡足山，打造高原有机农业生态养生镇；立足果蔬标准园，打造各类主题采摘园。

南部文化养生旅游功能区：包括大理州南部的弥渡县、巍山县和南涧县，按照“无量药谷，养生天堂”的理念，立足无量药谷、南诏文化和民族风情，突出历史文化体验、生态养生、温泉休闲和民族歌舞演艺等项目。重点项目：开发无量山自然生态养生旅游区、无量药谷生态科考旅游区；保护开发巍山古城养生度假旅游区；建设弥城休闲农业温泉度假体验中心。

西部生态风情养生度假旅游功能区：位于大理市之西，包括云龙、漾濞、永平3县，以山地环境和乡村风貌为依托，培育绿色餐饮、林下采摘、山林探险等生态旅游产业，开发乡村旅游、民俗体验、养生度假等风光旅游产品。重点项目：光明核桃休闲养生农庄、漾濞核桃文化城；茶马古道曲硐民俗村；诺邓火腿旅游景区。

北部高原水乡旅游功能区：包括洱源、剑川、鹤庆3县，以大理地热国和鹤庆新华村为龙头，建设为以地热温泉、高原湿地为核心吸引物，以民族工艺、旅游商品为特色卖点，以观光旅游、休闲度假、温泉养生、购物品鉴、民族风情体验为主要功能的国际高端旅游目的地。重点项目：改造提升新华村“水乡银都”特色农产品购物旅游区；建设海门口稻麦复种系统农耕文化生态旅游区。

5．产品设计

以旅游市场需求为导向，顺应全域旅游发展需求，主动迎接自驾游、散客游、自助游迅速发展的新趋势，构建适合多样化市场需求的复合型休闲农业与乡村旅游产品体系，重点开发六大主题旅游产品。

农家体验产品：以全州各类现代农业庄园为抓手，以提高游客的参与性，增加观光农业游览的趣味性为目的，吸引长期身居闹市的城市居民和学生群体，开发生态农业园、观赏花园、观光果园、体验菜园、休闲垂钓园等景区，开展采摘、种植体验、果树花卉动物认养、纪念树、亲情花、自助式农家乐等项目。

休闲养生产品：以大理州丰富的地热温泉、森林雪山、湖泊湿地等资源为依托，针对商务、家庭、培训等市场，开发地热温泉＋花卉精油、森林氧吧＋高山中药材、湖泊湿地＋冷水产品、高山生态茶园＋户外运动等系列休闲养身旅游产品。同时针对将具有保健、康复、理疗功效的花、茶、药、蜜、酒等农产品融入旅游地产、风情小镇的开发中去，打造养生养老庄园。

乡村民俗产品：以少数民族文化为核心，针对亲子家庭、文化旅游者、海外游客等市场，将民俗节庆、民间工艺、歌舞表演、民族服饰等文化元素融入休闲农业的开发中去，深入挖掘、整理各民族乡土文化，重点培育蝴蝶之梦、南涧跳菜、弥渡花灯、石宝山对歌等民族风情表演和新华村银器、大理扎染、剑川木雕等民俗工艺，让游客在乡村旅游中欣赏体验到大理州的灿烂文化。

古村镇文化产品：依据“一镇一主题，一村一特色”的发展思路，针对文化爱好者、村镇考察、摄影爱好者等市场，依托历史遗存、建筑群落、民间文艺、生活习俗等文化，做精特色古村镇文化产品。坚持特色开发，打造大理镇、沙溪镇、草海镇、南诏镇、喜洲镇、诺邓镇、金华镇、密祉乡等主题旅游乡镇。推进魅力乡村旅游发展，分类打造历史文化民俗村（周城村、寺登街村、文盛街村、旧邑村、喜洲村、诺邓村等）、风景名胜旅游村（光明村、寺前村、东莲花村、双廊村、西湖村、金梭岛村等）和特色产业带动村（新华村、长头村、曲硐村等）等旅游村落。

农科会展产品：以国际茶花、兰花、影视大会等大型会议会展活动为契机，针对展览展示、商务洽谈、政务会议等市场，成立专业策展团队，大力拓展会议会展旅游，设计展会专题旅游线路，将会展与参观游览结合起来，形成展会交易、商务会议和休闲度假一体化的综合性旅游目的地，形成会展品牌，将大理州建设成我国著名的会议会展之都。

乡村美食产品：依托果蔬、核桃、野山菌、牛奶、花卉、茶叶等众多特色农副产品，针对美食爱好者、家庭及学生市场，整合各县市美食资源，挖掘整理和精心设计大理特色美食产品，建设一批如高山生态茶园、漾濞核桃、诺邓火腿、洱源梅园、鹤庆玫瑰等以食材为主题的知名景区，通过融入竞赛评比、美食节庆等活动，打造知名美食品牌。

6．庄园开发

为推动全州高原特色现代农业庄园发展，实现农旅深度融合，结合《大理州现代农业庄园发展总体规划》提出的 10 类农业庄园，规划提出 10 类庄园旅游新模式。

核桃庄园：依托大面积核桃生态林背景，突出“核桃林下·户外氧吧”主题，针对以家庭为主体的自驾群体，打造“核桃文化传播、山林户外探险、房车露营基地”三大品牌产品。在旅游产品开发上：一是农旅深度融合，做细核桃产品全链参与体验、品尝推介；二是展现核桃文化，做精核桃工艺品及文化产品；三是凸显产地生态环境，做强户外野营、林中探险、房车基地等时尚运动；四是利用林下资源，做特野生菌采摘、特种动物饲喂等趣味活动。总体上彰显出中国核桃第一州、县、村的气质风采，扛起漾濞核桃品牌大旗。

畜禽水产庄园：借势新希望、欧亚、来思尔等品牌基地和农家乐、渔家乐等生态农庄，突出“高原牧场·龙潭渔乡”主题特色，针对商务考察和美食爱好者群体，打造大理砂锅鱼、白族酸辣鱼、诺邓火腿、邓川乳扇、永平黄焖鸡、火烧猪肉等舌尖上的系列产品。在旅游产品开发上：一是打通养殖、生产、加工基地的参观走廊和科普教育长廊，做好产品推介；二是融入循环农业、精准农业和智慧农业，做强科技示范；三是结合地方品种保护与开发，适度拓展养殖庄园的观光功能；四是借助新媒体、新平台，做大乌骨鸡、乌骨羊、赤骨羊、三文鱼、裂腹鱼等特色产品品牌；五是结合新型村镇建设，打造多个碧树点染、草长莺飞的农家、渔家农庄。

生物药庄园：充分利用丰富的品种和适宜的气候优势，突出“彩云之巅 · 养生天堂”主题，针对以养生、养老为主体的游客，打造“药膳饮食、温泉养生、运动康体”等品牌产品。在旅游产品开发上：一是挖掘中药材保健、康体等养生功能，拓展药膳食品、菜品、饮品、化妆品及日用品等衍生产品；二是结合地热资源，开发药膳温泉、精油 SPA、中医保健、美容美体等中高端休闲产品；三是结合高海拔的种养基地，拓展登山攀岩、户外拓展、运动健身等运动娱乐项目。

蔬菜庄园：依托城郊周边设施蔬菜基地，突出“洱海湖畔 · 白家菜地”主题，针对中小学生、城市游客及大理市民，打造“博览农业科技、采摘绿色菜品、体验市民农园”等系列旅游产品。在旅游产品开发上：一是利用高档设施温室，建立中小学生农科博览园；二是立足四季如春的气候条件，开展错季、全季节果蔬采摘项目；三是适当开辟一些市民菜园，供游客种植体验；四是大力开发时令美食，建立具有白族特色的生态餐厅。

蚕桑庄园：深度挖掘蚕桑文化作为“最具中国特色的文化形态”和“人类非物质文化遗产”的文化底蕴与文化内涵，突出“桑园蚕庄 · 丝绸之源”主题，打造“桑园、蚕庄、丝作坊”等旅游体验产品。在旅游产品开发上：一是建立蚕桑文化博物馆和蚕桑文化体验园等系列文化体验场所；二是围绕标准化的桑园、蚕庄，开展采风、科普、儿童主题教育等系列活动；三是延伸蚕丝品加工链条，建立丝绸商品展示店，打开中高端旅游商品市场。

马铃薯庄园：依托山区马铃薯（种薯）种植基地，充分挖掘马铃薯的产品价值、文化内涵及衍生产品，从历史、种植、贮藏、加工、饮食到节会全方位打造集“文化、品牌、展示”于一体的马铃薯精品农业庄园。在旅游产品开发上：一是围绕马铃薯花开时节，举办以花海摄影采风、民族山歌对唱、种薯产品推介的旅游节会；二是结合营养膳食、餐饮，将地方特色美食融入其中，让品“马铃薯宴”、尝“马铃薯全席”成为一种旅游时尚；三是充分利用庄园展示功能，建设马铃薯科技文化博物馆、企业成果展示厅等场所，以发展休闲旅游观光农业。

生态茶庄园：以高山生态茶园为基础，突出“高山文韵 · 养生茶园”主题，针对商务考察和自驾群体，打造“白族茶文化、高山生态茶”等品牌产品。在旅游产品开发上：一是将山林水景、生态茶园、茶点餐饮、茶艺表演、采茶体验等项目融入建设中，结合民族节庆，打造茶文化主题旅游；二是以庄园为载体，配套茶文化展示体验功能，充分展示庄园茶叶品牌、产品、茶具、制茶器械，品尝不同类型茶叶制品，感受茶叶文化内涵；三是开发高山生态茶相关的饮品、食品、保健用品及文化产品，丰富旅游商品。

水果庄园：结合大片的果园开发建设，围绕各类水果特质及文化，针对中小学生、城市游客及大理市民，打造“欣赏奇果、采摘鲜果、品尝甜果”等品牌产品。在旅游产品开发上：一是从水果的营养和药用价值出发，深度挖掘种源和历史，建立科普展示厅，传播现代果业种植技术，体现文化与科技的交融，让健康、安全的理念深入人心；二是以绿色、有机水果生产为基础，突出区域果种和地方特色果种优势，强化品牌建设，提升庄园知名度，展现企业文化内涵；三是配套四季水果采摘、奇异水果观光、水果卡通游艺、果盘特色餐饮等活动项目，形成以绿色生产为基础，集观光、采摘、休闲、餐饮、娱乐、养生于一体的水果主题休闲。

花卉庄园：围绕特色及加工型花卉基地建设，突出“雪月风花 · 南诏花乡”主题，打造“茶花之乡”“兰花之国”“人间四月天，大理赏杜鹃”等品牌旅游产品。在旅游产品开发上：一是充分挖掘花卉的观赏、陶冶、保健、交际等功能，与艺术创意相融合，开发出具有地域、民族、养生等品质文化的创意产品；二是结合节庆活动、家居美化、健康美容等生活日用，建立花卉艺坊、品牌庄园、营销体验馆等互动中心；三是结合观赏温室、苗圃花园、花艺扎景及创意盆景等园林景观，拓展艺术摄影、婚庆典礼、聚会聚餐等品质功能。

综合型庄园：实现科技研发、生产示范、科普教育、文化传承及休闲体验等综合性功能，充分挖掘民族、企业及区域饮食文化，拓宽产业链条，突出庄园特色，构建吃、住、行、游、购、娱一体化的农业旅游综合体。

7．线路组织

将各类旅游产品融入区域黄金游线，按照不同层次的旅游消费需求，在巩固现有苍洱观光旅游线路的基础上，推介出全州农业旅游主题线路。具体如下。

农家体验游：宾川葡萄、柑橘、石榴采摘园—龙云蔬菜、梨采摘园—弥渡玫瑰产业园—漾濞古核桃园—洱源蓝莓、葡萄采摘园—鹤庆草海荷花园。

休闲养生游：无量药谷—无量樱花谷—弥渡温泉城—永平生态茶园—云龙八卦田—大理海西兰花、玫瑰园—西湖（温水）国家湿地公园—普陀泉—大理地热国—三营火焰山—牛街炼洞温泉。

乡村民俗游：喜洲古镇—周城白族村—双廊古渔村—洱源西湖村—茈碧湖梨园村—剑川狮河村（木雕石雕）—石龙牛炁村（霸王鞭、白族对歌）—沙溪古镇（寺登街）—洱源乔后古镇—漾濞光明村—诺邓千年白族村—永平曲硐村—巍山东莲花村—南涧跳菜村—弥渡弥祉村（花灯）—祥云大营村（哑巴舞）—宾川周城村—侨乡风情园—鹤庆新华村。

6.5.2 淡水渔业

1．现状与问题

渔业产量和产值稳步增长。2015 年，全州水产养殖面积达 15.97 万亩，水产品总量达8.53万吨，居全省第三；渔业产值达9.69亿元，占农林牧渔业总产值的2.7%。水产品市场供给充足，为丰富城乡居民“菜篮子”供给，稳定农产品价格发挥了重要作用。养殖方式主要以坝区池塘为主，有少量网箱及冷流水养殖。

宜渔水面众多。漫湾、小湾、功果桥、苗尾、龙开口、鲁地拉水电站的相继建成，辖区内形成库区水面面积17万亩；有洱海、茈碧湖、西湖、东湖、剑湖、海西海、青海湖、草海等高原湖泊，还有已建成的611座小（二）型以上水库，总库容6.73亿米^3，正常蓄水位时面积9.55万亩；有20万亩适宜开展稻田养鱼的水稻田。全州各类宜渔水面近90万亩（含洱海37万亩）。

鱼类品种繁多。全州目前已知分布鱼类105种，其中，土著野生鱼类81种（含亚种），81种土著野生鱼类中裂腹鱼种类分布有11种，约占全省裂腹鱼种类的45.8%，均为土著珍稀经济鱼类，一直以来被当地人民群众视为珍稀名贵鱼类，是宴请重要宾客的高档水产品，极具大理州高原特色。常规养殖品种主要为福瑞鲤、建鲤、鲫鱼、草鱼、鲢鱼、鳙鱼、武昌鱼、罗非鱼、青鱼等。名特优鱼类养殖仅有虹鳟、金鳟和鲟鱼，养殖面积约47亩，分布在剑川县、大理市、鹤庆县境内，年产约453吨。

存在的问题：一是苗种繁育体系尚不健全，没有优势种苗繁育基地；二是基础设施薄弱，老旧池坝塘较多，养殖主要依赖池塘、水库等自然水面，高效、先进和设施养殖较少，养殖方式传统落后，养殖科技含量和生产水平较低；三是产业化水平不高，水产品以鲜活或初级加工品为主，加工产品附加值低，产品原料利用率低；四是渔业监管与技术支撑体系不健全，缺少乡镇技术推广机构和人员，水产病害防治、水产品检测机构和相应的技术人员力量薄弱，水生动物防疫检疫体系、渔业环境监测体系尚未完善；五是新形成的电站库区水面资源丰富，但缺乏科学规划，开发利用率低。

2．思路与目标

按照高端化、集群化、特色化、园区化、低碳化、品牌化发展的要求，充分发挥大理州电站库区、湖泊和池坝塘众多的优势，重点突破电站库区养殖和特色土著鱼类养殖，建设环境友好型的高效水产养殖业，资源养护型的捕捞业，和谐体验型的休闲垂钓业，引领消费型的高质化水产加工业。推动种苗繁殖、生态养殖、精深加工、品牌营销一条龙整体开发，实现渔业产业化、规模化开发与经营。加强保护治理渔业水域生态环境，提高水产品质量，发展绿色、有机水产品，促进水产业持续、健康发展。

规划到2020年，全州水产养殖面积达到20万亩，水产品总产量达到12万吨。全州基本实现渔业与水域生态环境的协调发展，渔业生产结构进一步调整优化，渔业基础设施明显改善，科技水平进一步提高，水产品加工业水平有较大提升，渔业安全生产管理长效机制逐步建立和完善。淡水渔业发展目标见表6-19。

表 6-19　淡水渔业发展目标

指标	2015 年	2017 年	2020 年
养殖面积 / 万亩	15.97	17	20
水产品总产量 / 万吨	8.53	9.5	12
渔业产值 / 亿元	9.69	14	16
设施养殖面积 / 亩	50	100	200

3．发展重点

提高苗种生产能力。依托水产科研院所，应用现代育种技术，加强土著鱼类驯养繁育，加快水产原良种供应体系建设。建设州、县级水产良种培育场和乡镇级苗种繁育场、增殖放流站。重点建设 1 个裂腹鱼水产原种场，4 个省级水产良种场，满足全州水产苗种需求，提高水产良种覆盖率。

发展健康生态养殖。加强标准化、规范化水产健康养殖基地和水产健康养殖示范场建设，完善现有池塘的基础设施和技术装备，改善养殖水域环境，规范养殖生产行为，减少病害发生，提高生产效率、资源利用水平和产品质量安全水平，最大限度地减少自身污染。大力发展生态、健康的养殖方式，如稻田养鱼养虾养蟹、净水养鱼、鱼鸭混养、种青养鱼、流水养殖、网箱养殖、网栏养殖等，积极开发占地少，具有节地、节水、节能、无污染的新型渔业。同时，加大以湖泊、水库为主的大中型水域的开发和利用，摸索发展大水面渔业的最佳模式。

培育新型主体。积极探索运用工业化理念和管理模式发展设施渔业，鼓励、引进、扶持有意愿、有实力并有一定技术的养殖企业或个人，借鉴国内成熟先进的工厂化养殖管理技术，选择品质高、市场前景好的名优品种进行半工化和工厂化养殖。大力扶持水产养殖大户和龙头企业，形成“渔民＋公司＋市场”“种苗基地＋渔民”“饲料厂＋渔民”“水产品批发市场＋渔民”等多种互利联合体。加大家庭农场示范户创建力度，建成一批示范效益好、辐射带动强的新型养殖大户。

延伸产业链条。改善水产市场流通环境，结合养殖基地建设水产品批发市场和水产品冷冻加工企业，建设冷藏保鲜设施、信息化系统、质量安全检测系统等现代化实施，培育水产品运销体系。加强水产品精深加工，开发鱼干、鱼罐头、鱼火腿肠、鱼丸等食品，产品定位于国内和国际市场，扶持创建产地知名品牌。

注重资源养护。加强流域性水生生物资源调查评估，科学确定捕捞限额指标，完善捕捞限额和捕捞许可制度。加强库区水产养殖承载量的研究，科学确定库区网箱养殖面积、区域布局、养殖容量、养殖品种。加快各类水生生物自然保护区和水产种质资源保护区建设，有效遏制渔业水域生态环境恶化、水生生物种类数量减少、资源衰退的趋势。依据水源生态环境、资源状况和养护需求，切实抓好水生生物资源增殖放流工作，规范在天然水域开展的群众性自发放生行为。认真贯彻执行长江、洱海、青海湖、西湖、剑湖、草海禁渔制度，加强澜沧江渔政执法监管力度。切实加强对境内重点涉渔工程水生生物资源补偿措施实施情况的监督管理。

完善配套服务体系。加强水产技术推广服务体系建设，以水产主管部门为主导，加强与渔业协会和养殖户的紧密联系。加强鱼病监测与防控体系建设，以州级水产部门为基础，配置完善监控设施设备和人员，建立由水产技术人员和养殖户参与的鱼病及时报告制度和防控制度。加强水产品质量监督体系建设，建立州、县、乡三级水产品质量安全检验检测机构，推行产地准出、市场准入、产品追溯制度。加强渔政管理与执法体系建设，充实和完善现有渔政队伍，改善渔政执法装备，提高渔政执法水平。

加强安全监管。强化渔业生产安全监管，把渔船安全生产作为渔业生产安全监管的重点工作，巩固平安渔业的良好局面。抓好水域环境变化的监测与预警，加大渔业水域污染事件的查处力度，规范渔民群众自发性引种行为，确保水生生态安全。高度重视水产品质量安全，强化水产品“从池塘到餐桌”的全程质量安全监督管理，加大水产品质量安全执法检查和违法查处力度，严厉打击水产品质量安全违法犯罪行为。

积极发展休闲渔业。通过政府引导、科学规划、龙头带动、政策扶持等手段，培育一批生态与风情结合、旅游与休闲结合、人与自然结合的“农家乐”经营体，提高档次和综合服务水平，拓宽渔民增收渠道。培育和发展 10 个规模较大的休闲渔业基地，吸引游人前往垂钓、观赏、品鲜、度假、体验鱼文化等，打造一批精品型乡村休闲渔业示范点。

4．产业布局

重点布局在祥云（下庄镇、禾甸镇、沙龙镇等）、弥渡（红岩、新街、弥城、寅街等）、宾川（钟英乡）、剑川（金华镇、甸南镇、沙溪镇、老君山）、鹤庆（辛屯镇、草海镇、龙开口镇）、洱源（茈碧湖镇、右所镇、邓川镇等）、云龙（功果桥镇等）、南涧（小湾东镇等）。

大宗水产品养殖：布局在大理、巍山、祥云、宾川、弥渡、洱源 6 县市，总面积为 38 766 亩。

冷水性鱼类冷流水养殖：布局在鹤庆、剑川、漾濞、云龙 4 县，开发 100 亩冷流水。

电站库区网箱养殖：布局在金沙江龙开口、鲁地拉，澜沧江漫湾、小湾、功果桥、苗尾等电站的 17 万亩库区水面，开发利用网箱养殖 200 亩。

6.6 重点区域

围绕发展目标，依据总体布局，综合考虑区域特点、重点产业、发展基础等因素，规划重点建设“三中心一平台”和 100 万亩洱海流域高效生态农业示范区、100 万亩高原盆坝现代农业示范区、1000 万亩山地林畜茶果药生态产业带，辐射带动大理州高原特色农业实现跨越式发展。

6.6.1　三中心一平台

“三中心一平台”建设在昆瑞经济带中部，是滇西八州市的交通枢纽，属于大理州重点开发区，区内交通便捷，农业科研院所集聚，工业园区基础设施完善。规划依托现有科研院所、农产品加工物流园及高新技术企业，新建与改（扩）建相结合，打造滇西辐射南亚、东南亚的农产品生产基地与加工流通中心、农业科技推广服务中心、农业种质资源保护与开发利用中心和农产品电子商务公共服务平台。

1．农产品加工流通中心

抢抓国际产业分工调整和东中部产业转移机遇，以大理创新工业园区、祥云财富工业园区为核心，联动周边特色农产品生产基地与加工园区、农产品交易市场，打造贯通西南、连接泛珠合作区域、辐射南亚和东南亚的农产品加工流通中心。

重点建设以核桃、乳品、啤酒、生物制药、饲料、生物有机肥为主导产业的大理创新农产品加工产业园，以蔬菜、野生食用菌、果品、茧丝绸加工为主导产业的祥云八里路农产品加工产业园，以生物技术创新、生物产品开发、生物企业孵化、生物制药为重点的大理生物产业园，以精制茶、果蔬饮料、蔬菜加工为主导产业的银桥食品加工产业园，以中药材交易、中药饮片加工为主的云南滇西中药材物流经营中心，以原产地鸡蛋批发交易为主的祥云滇西禽蛋交易市场和中国（大理）—东盟果蔬拍卖交易中心，大理农产品交易市场、滇西蔬菜批发市场。

2．农业科技推广服务中心

依托大理大学、上海交通大学大理研究院高原特色农业研发中心、大理农林职业技术学院、滇西应用技术大学、云南省林科院漾濞核桃研究院、大理州农科院、大理州林科所、大理州家畜繁育指导站等科研院所及高新技术企业的科研力量，打造滇西辐射南亚、东南亚集科技创新、新品种新技术新设施引进试验示范、农业培训等功能为一体的农业技术推广服务中心。

重点建设大理州农业科学推广研究院海东新区、大理州家畜繁育指导站搬迁扩建项目和农业科技示范园等。

3．农业种质资源保护与开发利用中心

充分利用大理立体气候特征显著、生物多样性优势明显、物种资源聚集、农耕文化历史悠久、农业科技先进等优势，运用现代育种技术，研发利用优质资源，积极打造滇西面向南亚、东南亚开放的农产品种质资源保护与开发利用中心。

重点建设农作物种质资源库、核桃种质资源库、动物遗传资源保种场等。

4．农产品电子商务公共服务平台

依托大理州作为滇西特色农产品集散地的优势，建好“一馆三网”（淘宝特色中国·大理馆、大理特产网、大理农产品交易网和大理农业科技网），着力打造滇西面向南亚、东南亚开放的农产品电子商务平台。

重点建设大理州电子商务公共服务中心、电子商务创业园，抓好阿里巴巴“千县万村”宾川试点县建设，积极推进“网货下乡”和“农产品进城”。

6.6.2 100万亩洱海流域高效生态农业示范区

1．区域范围与特点

100万亩洱海流域高效生态农业示范区涉及中北部洱海流域高效生态农业区的30个乡镇，其中，大理市6个、洱源县9个、剑川县8个、鹤庆县7个。该区域是全州内联外引的交通要塞，区位交通条件优越；地处横断山脉南沿、“三江”并流区，地形、地貌和气候复杂多样，水资源和生物资源丰富；农耕历史悠久，近年来农田、水利、道路、电力等基础设施不断完善，是大理州高海拔农业的主要产区。区域农业发展面临着洱海环境保护压力大，耕地资源短缺，抗灾能力不强，规模化、产业化经营程度低等艰巨挑战。

2．建设思路

以洱海生态环境保护为核心，以“一控两减三基本”（严格控制农业用水总量，减少化肥、农药施用量，地膜、秸秆、畜禽粪便基本资源化利用）为目标，发展以绿色种植、畜禽标准化规模养殖和种养结合为特点的生态农业。重点开展农田环境生态化示范、绿色农产品生产示范、种养结合与循环农业示范、畜禽粪便综合利用示范及畜禽标准化规模养殖示范，建设30万亩粮食生产基地、15万亩中药材基地、10万亩生态菜园、10万亩生态果园、5万亩特色花卉、5万亩生态桑园、10万亩种质资源保护及良种繁育基地、10万亩人工牧草、200个标准化规模养殖场、5万亩生态湿地及淡水渔业基地，打造100万亩洱海流域高效生态农业示范区。

3．建设重点与布局

（1）绿色种植示范基地

调整农业种植品种结构，积极发展需肥少、用药少、经济效益高的作物新品种，建设绿色有机农产品生产基地，推广“增施有机肥、控氮、减磷、增钾、补充微量元素”为主的测土配方平衡施肥技术，病虫害绿色防控技术，“源头”控制农业面源污染。在水田集中区建设优质粳稻-鲜食蚕豆轮作优质粮食生产示范基地30万亩。利用山区高寒气候特点，建设以红豆杉、重楼为主的中药材和玛卡示范基地15万亩。控制湖区蔬菜发展，建设以春马铃薯、大蒜、常规蔬菜为主的绿色蔬菜示范基地10万亩。建设洱源梅果生态果园5万亩；发挥洱海流域温带气候优势，建设以蓝莓、车厘子、优质梨、高山苹果、冬桃为主的生态示范果园5万亩。在大理市沿214国道、鹤庆草海镇结合休闲农业发展建设特色花卉示范基地5万亩。利用坡耕地，在鹤庆建设绿色蚕桑种植的生态桑园5万亩。

（2）种质资源保护与现代种业示范基地

围绕洱海流域区生物资源保护与开发利用，建立粮食作物、经济作物、中药材和畜禽种质资源保护开发体系，建设现代种业示范基地。依托农科院等科研院所技术力量，建设以马铃薯、水稻、蚕豆、啤饲大麦、玉米为主的良种繁育基地 10 万亩；在漾濞建设核桃种质资源库；在苍山、老君山建设道地中药材种质资源保护基地；在洱源建设邓川牛保护场，在剑川建设乌骨山羊、红骨绵羊种质保护与开发利用基地；在鹤庆县辛屯镇建设裂腹鱼原种场、驯繁殖场。

（3）生态养殖示范基地

严格控制大理市、洱源县的奶牛、生猪养殖总规模，重点在鹤庆、剑川发展奶牛、生猪标准化规模养殖。根据农作物种植面积和环境纳污能力合理确定养殖规模，实现种养平衡；利用荒坡荒地种植牧草，推广农作物秸秆饲料化利用技术，实现草畜平衡；推广生态养殖技术，配套环保工程设施，实现畜禽粪便资源化利用。重点建设 120 个标准化规模养殖场，其中，建设奶牛标准化规模场 30 个（存栏 300 头规模场 20 个、存栏 500 头规模场 6 个、存栏千头规模场 4 个）；建设生猪标准化规模养殖场及种猪扩繁场 50 个（种猪扩繁场 5 个、出栏 500 头规模猪场 30 个、出栏千头规模猪场 12 个、出栏万头规模猪场 3 个）；建设肉牛标准化规模养殖场 20 个（年出栏 300 头规模场 10 个、出栏 500 头规模场 7 个、出栏千头规模场 3 个）；建设蛋鸡、肉鸡、乌骨羊、红骨羊规模养殖场 20 个。建设以紫花苜蓿、黑麦草、箭舌豌豆为主的优质人工牧草基地 10 万亩，推广农作物秸秆及全株玉米青贮技术；建设畜禽粪便收集站、有机肥加工厂和规模养殖场沼气工程，推广“牛（猪）—有机肥（沼）—菜（果、粮、菌）”循环农业模式。

（4）湿地生态农业示范基地

结合退耕还湖、退塘还湖，以生物净化为重点，建设生态湿地合理开发示范基地 5 万亩。其中，以洱海环湖区、近湖源头区和洱源右所镇东湖片区、西湖片区、茈碧湖片为重点，发展以莲藕、水芹、水生薄荷、香菜为主的水生蔬菜基地 1.5 万亩；沿环海路发展以荷花、千屈菜、菖蒲、水葱、芦竹、芦苇、睡莲为主的水生花卉 0.5 万亩；剑川县、鹤庆县发展以裂腹鱼、鲤鱼、鲟鱼为主的淡水鱼生态养殖 3 万亩。

（5）农产品加工物流园区和现代农业庄园

以芸豆、马铃薯、食用菌、中药材等加工为主导产业，建设剑川剑阳农产品加工物流园；以乳品、大蒜、梅果、饲料等加工为主导产业，建设洱源德源山高原农产品加工产业园。依托环洱海区域主导产业，以花卉庄园、水果庄园、马铃薯庄园、畜禽水产庄园、蚕桑庄园和综合庄园为重点，扶持培育现代农业庄园 10 个。

6.6.3 100 万亩高原盆坝现代农业示范区

1．区域范围与特点

100 万亩高原盆坝现代农业示范区涉及中东部高原盆坝现代农业区的 35 个乡镇，其中，宾川县 10 个、祥云县 9 个、弥渡县 8 个、巍山县 5 个、鹤庆县 2 个、南涧县 1

个。该区域地处金沙江干热河谷区，多山间盆坝，光热条件较好，尤其适宜葡萄、柑橘等优质水果和香葱、大蒜等特色蔬菜生长，素有“天然温室”“热区宝地”的美称；产业基础较好，宾川县是全国县级最大的早熟鲜食葡萄生产基地、弥渡县是国家级优质蔬菜生产基地，宾川、祥云、弥渡3个县均是云南省重要的出口水果、蔬菜商品生产基地县，同时，该区域是大理州畜牧业商品化生产重点区，也是实施种养结合发展循环农业的优势区，具备市场、信息、品牌等先发优势。区域农业发展存在土壤肥力普遍下降，质量安全风险加剧，专业化、集约化程度不高等突出问题。

2．建设思路

以现代农业园区为载体，重点实施水肥一体化节水灌溉、设施高效栽培、农产品精深加工、机械化农业、农村电子商务、畜禽标准化规模化养殖、病虫害绿色防控、农业基础设施提升等现代农业工程，利用大理州东部金沙江流域温热资源优势，建设50万亩粮食作物机械化生产示范基地、20万亩果蔬水肥一体化栽培、15万亩葡萄标准化栽培、10万亩设施蔬菜高效栽培、5万亩柑橘无病毒生态果园，200个畜禽标准化规模养殖场（小区），着力建设100万亩高原盆坝现代农业示范区。

3．建设重点与布局

（1）粮食作物机械化生产示范基地

在巍山、祥云、弥渡开展粮食全程机械化示范50万亩。玉米全程机械化重点示范深松整地、免耕播种、收获、秸秆还田机械、化肥深施等机械化作业技术。水稻全程机械化重点示范带土育秧、插秧、联合收获、烘干等机械化作业技术。其中，包括玉米制种基地12万亩，分布在祥云、弥渡、巍山坝区；水稻良种繁育基地4万亩，分布在祥云、弥渡。

（2）绿色果蔬水肥一体化示范基地

为提高水肥利用率、控制农业面源污染，在宾川、鹤庆建设特色果树水肥一体化示范基地10万亩，主要示范果树测土配方施肥、重力滴灌、灌溉施肥制度等技术的集成应用；在祥云、弥渡建设绿色蔬菜水肥一体化示范基地10万亩，主要示范测土配方施肥、微喷灌（喷灌、雾灌）、灌溉施肥制度等技术的集成应用。

（3）葡萄标准化栽培示范基地

发挥金沙江低热河谷气候优势，在宾川坝区建设15万亩葡萄标准化栽培示范基地，重点开展避雨栽培、间作套种、病虫害绿色防控、水肥一体化、三带整形、防灾减灾、一年两熟、控产提质、土壤改良、种养结合等先进适用技术集成示范，实现优质葡萄错季上市、周年供应。

（4）设施蔬菜示范基地

在祥云、弥渡建设设施蔬菜示范基地10万亩，以茄果类、瓜类等冬早春蔬菜生产为主，重点示范节水灌溉、绿色病虫害防控、土壤有机质提升等技术；配套蔬菜采后预处理车间，配备蔬菜采后清洗、分级、预冷、保鲜、包装等商品化处理设施，示范农超对接、农社对接经营模式。

（5）优质柑橘标准化示范基地

以优化熟期结构、黄龙病防控为重点，在宾川大营镇建设柑橘晚熟品种选育与脱毒种苗繁育基地500亩；在宾川、鹤庆适栽区建设柑橘无病毒生态果园5万亩，推广脱毒种苗和矮化、密植、丰产综合配套栽培技术，开展标准果园认证。

（6）畜禽产业化示范基地

培育生猪、蛋鸡、肉鸡、奶牛、肉牛产业化集群。重点建设230个标准化规模养殖场和种畜禽场，其中，建设种猪场及生猪标准化规模养殖场100个（大体型华系核心育种场1个、种猪扩繁场9个、出栏500头规模猪场50个、出栏千头规模猪场30个、万头猪场10个）；建设奶牛标准化规模场20个（存栏300头规模场10个、存栏500头规模场7个、存栏千头规模场3个）；建设肉牛标准化规模养殖场30个（年出栏300头规模场15个、出栏500头规模场10个、出栏千头规模场5个）；建设蛋鸡标准化规模场50个（存栏1万羽规模场30个、5万羽规模场15个、10万羽以上规模场小区5个）；建设肉鸡标准化规模场及种鸡场30个（扩建祥云温氏肉种鸡场、年出栏5万羽规模场20个、出栏10万羽及以上规模场9个）。

（7）农产品加工物流园区和现代农业庄园

建设年屠宰100万头生猪的屠宰及精深加工厂和祥云禽蛋交易市场。以葱蒜加工，葡萄、柑橘等特色果品仓储保鲜、商品化初级加工、包装、运销，果品包装物生产等为主导产业，建设宾川金牛农产品加工物流产业园；以外销蔬菜加工为主导产业，建设弥渡外销蔬菜加工产业园；以肉制品、农作物商品种子、中药制药、特色农产品加工为主导产业，建设巍山甸中农产品加工及畜产品交易流通产业园。依托盆坝区主导产业，以蔬菜庄园、畜禽水产庄园、水果庄园和综合庄园为重点，共扶持培育现代农业庄园20个。

6.6.4 1000万亩山地林畜茶果药生态产业带

1．区域范围与特点

1000万亩山地林畜茶果药生态产业带涉及西部山地林畜茶果药生态产业带的39个乡镇，其中，云龙县11个、永平县7个、巍山县5个、漾濞县9个、南涧县7个。该区域属于大理州典型的贫困山区。森林植被良好，自然生态环境优越；但山高坡陡、海拔高、气候寒冷，水、电、路等基础设施条件相对较差，社会经济和农业产业基础相对薄弱。

2．建设思路

充分发挥漾濞、永平、云龙3个百万亩核桃产业大县的优势和畜牧业传统生态养殖的优势，以种养大户、龙头企业、现代农业庄园、家庭农场、农民专业合作社为主要载体，重点实施600万亩核桃产业提质增效工程、250万亩林下种草养畜工程、25万亩生态茶园建设工程、25万亩生态果园建设工程、100万亩仿生中药材种植示范工程，着力打造1000万亩林畜茶果药生态产业带，带动山地生态农业发展。

3．建设重点与布局

（1）核桃抚育标准化管理基地

以云南省林业科学院漾濞核桃研究院、大理州林科所等林业科研机构为技术依托，以建设核桃抚育管理标准化示范基地10万亩，推进600万亩核桃抚育标准化管理。开展核桃幼林抚育、品种改良、丰产栽培、气化无烟烘烤技术等科技试验示范，配套集雨水窖、节水灌溉等水利设施，优化核桃品种结构，开展核桃标准化抚育管理，建设优质核桃绿色生产基地。

（2）林下种草养畜基地

选择树龄在5年以上、地形坡度在30°以下的核桃林地和水果园，建设250万亩核桃林下种草养畜示范基地。林下种植三叶草、紫花苜蓿、黑麦草等适应性强、产草量高优质牧草，采用林下放养、割草圈养的方式，发展无量山乌骨鸡，云龙县矮脚鸡，永平黄焖鸡原料鸡，漾濞黄鸡，巍山县山地鸡、云南鹅和高原黑猪、肉牛、肉羊生态养殖，集成推广合理饲养密度、轮牧间隔、适生牧草品种、牧草种植方式等林下养殖技术，形成畜禽吃虫草、畜禽粪便肥园的良性生物循环链。

（3）生态养殖示范基地

实施林畜、果畜、茶畜、药畜一体化生态种养模式，建设规模化养殖场、养殖小区，在云龙县、永平县发展以诺邓黑猪为主的特色养殖，配套沼气工程和有机肥加工厂，保障诺邓火腿加工原料供应，在云龙建设集保种、选育、开发、利用为一体的诺邓黑猪生态养殖项目。在南涧发展无量乌骨鸡规模化养殖，建设澜沧江、红河源头2个肉牛规模化养殖区；在巍山、永平、祥云等县建设10个肉牛规模化养殖区。

（4）生态茶园改造示范基地

沿澜沧江海拔2000米以上的适宜地区建设生态茶园改造示范基地25万亩。改良茶叶品种结构；在茶园山顶、四周、路旁和风口处营造防护林，梯壁梯岸种草护坡，行间套种绿肥，间隔种植经济林果，提高茶园生物多样性；配套以蓄水池、蓄水坑为主的蓄排系统，实现雨水截留排涝；安装虫情测报灯、物理杀虫灯等病虫害绿色防控设施；开展茶园林下养殖，散养山地鸡、鹅等家禽。

（5）生态水果基地

以巍山红雪梨、云龙麦地湾梨、漾濞玉香梨、高山生态苹果为主，建设25万亩高原生态果园。推行果园种植豆科牧草、果园养畜和畜禽粪便还园，建设生态果园。推进标准果园建设，建设园区公路、机耕道、集雨窖等基础设施，配套加工、仓储、冷藏设施和杀虫灯、色板、性诱捕杀器等绿病虫害绿色防控，引进物联网技术，建立质量安全追溯信息系统。重点示范标准化种植、产品加工、品牌打造、电子商务等集成技术。

（6）中药材仿生栽培基地

采用生态工程和现代农业生产技术，模拟野生药用植物群落的自然生态系统，开展中药材的仿生栽培 100 万亩。其中，利用山区、半山区连片坡耕地、未利用地，在云龙沘江沿岸发展 10 万亩金银花栽培示范基地；在南涧无量山镇、宝华镇等乡镇建设以三七、重楼、石斛等为主的 10 万亩中药材栽培示范基地；在澜沧江流域山区推广建设 80 万亩林下仿生中药材生产基地。

（7）农产品加工物流园区和现代农业庄园

建设年屠宰 20 万头高原诺邓黑猪及万吨诺邓火腿精深加工项目；年屠宰 700 万元山地鸡及冰鲜鸡外销项目。以生物药业、茶叶、核桃加工流通为主导产业，建设南涧生物药业及生态茶叶加工产业园；以核桃干果、核桃仁、核桃油等加工为主导产业，建设永平曲硐核桃加工流通产业园；以精深加工、核桃产业综合利用为主导产业，建设漾濞苍山西镇核桃综合利用加工产业园。依托西部山区主导产业，以核桃庄园、生态茶庄园、中药材庄园、畜禽庄园和综合庄园为重点，扶持培育现代农业庄园 20 个。

6.7　支撑服务体系

6.7.1　农业科技研究推广

1．发展思路

依靠科技创新加快转变农业发展方式，必须进一步明确农业科技创新重点和主攻方向，紧紧围绕确保粮食安全、促进可持续发展，聚焦动植物新品种选育、绿色增产与节本增效、农产品质量安全、农业资源环境保护、农业机械化、农业信息化、农产品加工与物流、农业防灾减灾减损等领域技术需求，加强基础理论研究，加强前沿技术、关键技术、核心技术和系统集成技术攻关，取得一批具有自主知识产权和重大应用价值的科技成果，持续提高农业综合生产能力，持续提高农业发展质量和核心竞争力。到 2020 年，农业科技实用成果转化率达 75%，技术集成推广率达到 85%，农业科技贡献率达到 60%。

2．发展重点

一是深化农业科技体制改革。积极推进农业科研单位改革。优化改革方案，强化分类指导，加快建立“职责明确、评价科学、开放有序、管理规范”的现代农业科研院所制度，落实科研单位在编制管理、人员聘用、职称评定、绩效工资分配等方面的自主权。完善符合创新规律、职能定位清晰的治理结构，依据学科领域、研究方向组建创新团队。提高公益性科研机构运行经费保障水平，建立与科技评价相配套的薪酬体系。推进农业产学研紧密结合。强化农科教、产学研、育繁推合作，消除资源共享的障碍。改进薪酬和岗位管理制度，促进农业科研人员在事业单位和企业间合理流动。鼓励农业科研院校的科研人员带项目和成果、保留基本待遇到企业工作或创办企业。依法依规实施科技成果入股工作，规范担任行政领导职务的科技人员参与技术入股。

二是健全农业科技运行机制。强化农业科技协同创新，不断完善现代农业产业技术体系，争取在现在实施的水稻、玉米、奶牛 3 个综合试验站，以及水稻、玉米、生猪、蚕桑、奶牛、马铃薯等 9 个区域推广站的基础上，强化优势特色产业科技培育，遴选一批发展潜力巨大、对全州经济发展具有重要支撑作用的蚕豆、生物药业、水果及花卉等优势特色产业，凝练科技需求，以壮大规模、提高效益、增强核心竞争力为目标。以农产品精深加工、延长产业链、提高附加值为重点，按照“龙头企业＋创新团队＋基地”的发展模式，每个产业由几家龙头企业牵头，1～2 位知名专家为领军人物，带领一个科研团队，企业提出科技需求，提供一笔科研资金，建立一批生产基地，省、州、县三级科技管理部门联动，立项持续扶持，组织产业重大科技攻关，以技术链支撑产业链，加快成果转化，把做大做强科技型龙头企业作为重要抓手，培育县域经济新的增长点。大力推进科技力量整合和资源共享，巩固强化联合、协作的新格局。建立院校企农业科技创新联盟，围绕农业发展重大问题组建一批联合攻关协作组，集聚合作农业科技优势资源，探索建立市场需求导向、项目任务带动、平台资源共享、机制创新推动的新型高效协同创新机制。围绕本地区农业发展需求和生态条件、资源禀赋开展协同攻关。优化农业科技投入机制。持续增加农业科技投入，重点是加大长期、稳定支持力度，让农业科技人员潜心研究、厚积薄发。建立目标明确和绩效导向的管理制度，管好用好科研项目和经费。完善农业科技成果评价机制。根据不同创新活动的规律和特点，以能力和贡献为导向，对从事基础、前沿、应用研究和成果转化等不同活动的人员，建立健全科学分类的创新评价制度。探索建立政府、社会组织、公众等多方参与的评价机制。

三是加速农业科技成果转化。继续深化基层农技推广体系改革建设。依法完善乡镇农技推广机构设置，理顺管理体制，实现管人与管事的有机统一，发挥县乡服务机构的整体功能。依托基层农技推广体系改革与建设补助项目，完善农技推广责任制度，创新农技推广方式，坚持不懈地抓实农业科技入户工程，把一批优秀的种养殖大户、农民专业合作社、家庭农场等新型农业经营主体培育成农业科技示范户，不断完善“主导产业＋产业专家＋农技指导员＋科技示范户＋带动农户”的产业发展模式。鼓励社会力量开展农技推广服务。采取政府购买服务、定向委托、实施项目等方式，引导和支持涉农企业、农民合作社、专业化服务组织等开展农技推广服务。打造农业科技服务与成果转化平台。充分利用手机 4G、5G 网络，利用好农业农村部大数据、云计算等信息技术系统设计和架构，用好国家农业科技服务云平台建设，重点是按照“体系是基础、数据是关键、服务是根本”的思路，将农业科研体系、产业技术体系、基层农技推广体系、新型职业农民培育体系和农业科技成果转化体系连为一体，打造贯通全国农业科教系统的云平台，提升农业科技服务信息化水平和农技推广效能，为广大农民和各类现代农业生产经营主体提供及时、精准、全程顾问式的科技服务。鼓励以转让、作价入股等方式加强技术转移，成果转移转化所得收入全部留归单位，主要用于研发与成果转化。提高农业科研人员成果转化收益比例，让农业科技人员获得更多合法权益。

四是提升农业科技条件能力。各地建设各具特色的农业科技示范基地，加强与科研、推广、教育机构的对接，实现科技与生产、集成与示范、教育与推广紧密结合。发挥企业在基地建设中的作用，探索面向市场的运行与服务模式。稳定支持基础性长期性农业科技工作。对农业种质资源收集、评价，水、土、气等科学观测，动物流行病学研究及菌毒种鉴定、保藏等，给予稳定支持。加强农业科技大数据平台建设，为农业科技创新提供长期连续、全面翔实的基础数据。

五是加强农业科技人才培养。强化农业科研人才队伍。加强聘用管理，严格上岗条件，对部分专业人员紧缺的岗位，各县市可根据需要实施农技推广服务特岗计划，所需费用从基层农技推广体系改革与建设补助项目中列支。广泛开展知识更新培训，每年组织 1000 名农技推广骨干赴异地参加不少于 10 天的短期培训。完善考核评价制度，出台中级以上职称农技人员分层分类评价办法，健全激励机制。强化新型职业农民队伍。建立健全“三位一体、三类协同、三级贯通”的新型职业农民培育制度，大力实施新型职业农民培育工程，每年培育认证 4000 人。组织实施“现代青年农场主计划”，吸引年轻人到农村创业兴业。发展农业职业教育，完善以农广校为主体的农民教育培训体系，加强师资队伍、精品课、精品教材、田间学校和新型职业农民创业基地建设。

六是促进企业开展技术创新。鼓励涉农企业科技创新平台建设，支持企业自主建立高水平研发机构，或与农业科研院所、高等院校联合组建高水平研发机构。鼓励涉农企业参与政府科技计划，开展农业应用技术研发和重大产品创新。面向企业建立农业科技资源开放共享机制。指导农业科教单位开发共享科技资源，建立面向企业特别是中小企业的开放机制。通过金融服务扶持农业企业增强创新能力。鼓励和引导企业面向生产一线开展农业技术服务和培训。鼓励涉农企业通过股权、期权、分红等激励方式聚集优秀人才，调动科研人员创新积极性。探索完善科研单位与企业合作新机制新模式。加强农业科研单位与企业对接，通过人才和项目合作实现产学研用一体化。

6.7.2 农产品质量安全

1．发展思路

健全农产品质量检测监管体系，推行农业标准化生产，加强农业投入品专项整治和日常监管，建设农产品可追溯体系，全面加强农产品质量安全监督管理。

2．发展重点

加强农产品质量安全监管体系建设。进一步提升州、县（市）级农产品质量安全检验检测中心质检能力；完善110个乡镇农产品质检站，配备人员设备，强化乡镇基层检验检测和监管能力；扶持农产品生产企业、批发市场和主导产业基地等建立120个速测站点，构建覆盖全市的主要农产品质量安全监管体系和检验检测体系。

加大农产品质量安全检测监管力度。加强农产品市场监管，在试点工作基础上，重点针对蔬菜、果品、畜禽等农产品，建立和完善农产品产地准出和市场准入制度。加强农业投入品监管，不断加大执法检查力度，严厉查处生产、销售和使用国家明令禁止的高毒、高残留农兽药等农业投入品行为，净化农业投入品市场，规范农业投入品使用，从源头上确保农产品质量安全。

加快标准化基地建设。完善以农兽药残留限量为重点、品质规格标准相配套、生产规范规程为基础的标准化生产规程。尽快将国家标准、行业标准技术要点转化为生产者能用、会用、爱用的生产操作规范。推动龙头企业、农民专业合作组织和专业大户率先实现标准化生产。加快发展“三品一标”认证工作，制定相关支持政策，促进其快速发展。

开展可追溯管理试点。以水果、蔬菜、畜产品等为突破口，以推行生产档案制度为重点，建立长效机制，完善质量安全追溯体系建设。在标准化生产基地、专业合作组织、龙头企业中全面推行生产日志、科学用药、进货查验、购销台账等登记备案制度，建立健全生产记录、投入品记录、销售记录等档案。

6.7.3 农业信息化

1．发展思路

整合现有信息资源，加强信息服务队伍建设，完善运行机制。推广农业信息技术应用，不断引进开发经济实用的农业信息化产品和服务，完善大理州高原特色农产品电子商务运营平台，大力发展农业物联网，为农民提供多样化、多层次的信息服务。

2．发展重点

构建“互联网＋”现代农业公共服务体系。围绕农业科研、生产、加工、流通、服务等环节，构建以“一个中心、三个系统、一个平台”为核心的大理州“互联网＋”现代农业公共服务体系，即农业大数据中心、农业物联网应用系统、农业监管与指挥调度系统、农业综合信息服务系统、农村电子商务公共服务平台，全面推进大理州互联网信息技术与农业农村的有效对接。

加快推进智慧农业发展步伐。大力引进和推广物联网信息技术、农业智能装备等在农业产业链各个环节领域的应用。创建大理州农业大数据中心及地理信息系统，结合卫星遥感技术应用于农作物大面积测产、自然灾害评估，形成产、学、研、用相结合的构建智慧农业科技创新体系。大力开展农业物联网技术的系统引进和应用，引导农业企业、家庭农场、农民专业合作社、专业大户等经营主体探索信息技术应用模式，探索建立优质、高产、高效的互联网农业生产管理模式。自主研发，培育培植农业物联网产业化研究基地、中试基地和生产基地，促进农业物联网新兴产业发展。应用互联网技术创新农业科技服务模式，搭建基于互联网的农业科技转化平台和农业科技服务平台。

大力发展农村电子商务。积极引进国内外电子商务企业进入大理州农业农村领域，扶持发展以农产品、农业生产资料、休闲农业等为主要内容的农业电子商务，鼓励和引导大理州涉农企业开拓电子商务业务，加快大理州电子商务创新创业园建设进度，培育返乡农民工、大学生村官成为农村电商创新创业的主力军，推进农村电商全面发展。深入推进“一馆三网”及其他农产品电子商务运营平台建设，建立州级大宗农产品电子交易中心，推动大宗型农产品批发市场对接电子商务平台，推进农产品电子商务品牌建设，构建具有竞争力的新型农产品流通模式。推进农村电子商务公共服务体系建设，建立以州级公共服务平台、县级公共服务中心、乡级服务站、村级服务点为核心架构的农村电子商务运营服务体系。

强化农村农业信息化服务。进一步完善农业信息网、大理州“数字乡村”网等各类网站，建立覆盖全州、适时更新的病虫害、土壤、气象、品种等涉农基础数据库，实现各级各类涉农信息资源共享。加大“三农通”农业电话信息服务，架起农民与专家、农民与政府之间互动沟通的桥梁。强化“进村入户”的农业信息服务组织建设，充实信息员队伍，提高信息报送质量和时效性，建设 55 个乡（镇）信息服务站和 300 个村乡信息服务点。加快完善农村集体“三资”信息化监管系统，使农村集体“三资”监管工作走上信息化规范化轨道。加快完善农村综合产权交易平台，开发“互联网＋”现代农业执法平台和“互联网＋农村环境”监管等系统，不断扩大互联网技术在农村、农业管理与服务领域的应用。

6.7.4　农业机械化

1．发展思路

强化政策支持，优化农机装备结构，推广农机化新技术，建设农机管理服务体系，扶持发展农机化服务组织，强化农机安全监管，加强农机化田间基础设施建设，不断提高农机装备水平、作业水平、管理服务水平。

2．发展重点

完善农机管理和社会服务和管理体系。完善州、县（市）级农机化推广服务站，建设乡镇维修服务点 110 个，稳定完善农机服务队伍，不断引进充实农机科技人才，有计划地组织在职人员科技培训，增强农机服务能力。大力发展农机专业合作社、农机大户，扶持50个农机合作社、500个农机大户，使其成为农机化服务的主力军，提高农机组织化程度。

强化农机安全监督管理。加强农机作业、农机供应、农机维修市场的执法、监督和检查，提高农机管理行政执法水平。加强农机职业技能鉴定和农机化培训，严把机车入户、审检及驾驶员考证关，提高培训质量，保障农机作业安全。

大力提高农机装备和作业水平。进一步加大农机购置补贴规模，引进推广水稻机播机收机械、玉米机收机械、秸秆粉碎还田机械、高效配套农机具、设施农业机械、微量化植保机械、畜牧养殖机械、秸秆综合利用机械、农产品加工机械、仓储设备等配套新机具，重点发展玉米机收、棚室机械生产、秸秆还田等新技术，因地制宜地制订机械化作业技术模式，加强农机农艺的融合。

6.7.5 农业防灾减灾

1．发展思路

突出抗旱防涝、病虫害防治和疫病防控，切实加强服务体系建设。加强灾害监测预警能力和病虫害预测预报网络建设，提高对气象灾害、次生灾害和突发性、流行性农作物灾害的预测、预警准备率，扩大信息发布的覆盖面。加强灾害应急处置和恢复重建能力建设，完善各类应急预案，提高政府对突发灾害的应急处置能力。健全农业风险防范机制，落实好农业保险政策。

2．发展重点

完善气象灾害预防体系。加快推进农业气象危害监测预警防御建设，建立农业气象灾害监测预警和调控服务体系、异常天气气候条件下粮食产量动态监测和综合评估决策服务系统，为最大限度地减轻农业气象灾害造成的粮食损失提供科技支撑。提高人工干预天气能力，开展抗旱人工影响天气作业，为农业抗御旱灾、保障粮食安全提供有效的服务。强化乡镇和农村气象防灾信息的服务和传播，每个乡镇建立1个多功能乡镇气象站和自动土壤水分观测站，布设自动气象监测设备，扩展人工影响天气作业网络和农村气象灾害监测网络，逐步实现气象预警信息视频到乡镇、音频到村庄，提高农村易发气象灾害的监测预警能力。

建设农业有害生物预警控制区域体系。提升农作物爆发性、迁飞性、流行性和危险性重大病虫草鼠害的监测预警与控制能力，确保病虫害预测预报及时准确。申报建设6个县级农业有害生物预警控制区域站，完善设施设备，提高技术水平，实现可视化公布。加大专业化防治力度，推进绿色防控、植保社会化服务工作，扶持120个统防统治专业化服务组织，购置防治药剂、田间作业防护用品、机械维护用品和病虫害调查工具等。

完善动物疫病防控体系。继续完善动物防疫基础设施，重点抓好动物标识及疫病可追溯体系建设；改善各级兽医部门在动物疫情测报、诊断、防疫监督管理和兽药监察等方面的硬件设施和工作条件；实施动物防疫工程，以重大疫病防控为重点，力争免疫密度达 100%；加强对动物疫病控制的技术支持和物资保障，建立起反应快速、保障有力的应急指挥系统。建立健全畜产品质量标准和检测体系，实行养殖全过程质量监管，确保产品质量安全。积极开展“三品一标”认证工作，建立可追溯、标志管理等相关配套制度。

6.8 重点工程

6.8.1 工程项目

依据大理州高原特色农业现代化发展目标，围绕重点产业和重点区域，组织实施一批重点工程项目，全面夯实现代农业发展的物质基础。

1．农业基础设施与装备提升工程

整合多渠道资金，实施高标准农田、节水农业、小型农田水利等工程项目，推进农田水利、机耕道路、防护林网、输变电线路等基础设施建设，建设高标准农田 70 万亩。加大农机补贴力度，健全农机监理和技术服务体系，提升关键环节机械化作业水平及农机作业公共服务能力。

2．重点产业培育工程

以良种繁育和推广为重点，着力提升良种对现代农业发展的引领和保障能力。加强种植基地、标准园和畜禽规模化养殖场建设，示范推广标准化生产。加强产业加工能力建设，延长产业链条，提高农产品附加值。

3．农业产业化促进工程

培育扶持产业化龙头企业、农民合作社、家庭农场、专业大户等新型经营主体，建立农业新型经营体系。大力发展农产品加工产业园，促进产业集聚。建设农产品批发市场和农资市场，加快改善市场交易条件，提升物流效率。

4．农业支撑服务体系建设工程

围绕提升农业综合服务能力，重点实施农业科技推广、农产品质量安全保障、农业信息化、农业防灾减灾等工程项目，使农业支撑服务体系达到手段完备、功能完善、保护有力、监管规范的要求。

5．洱海流域农业面源污染防治工程

积极防治洱海流域农业面源污染，以减量化、再利用、资源化为原则，调整种植结构，减少养殖总量，开展农药化肥减量施用、养殖废弃物处理和秸秆综合利用等相关建设，促进洱海流域农业生产废弃物生态消纳和循环利用、种植业与养殖业融合发展。加强水土流失综合治理和农田生态净化，实施节水灌溉，保护洱海水源，改善洱海水质。

6．现代农业庄园建设工程

围绕大理州特色优势产业，打造50个有主体、有基地、有加工、有品牌、有展示、有文化的“六有”现代农业庄园，为全州现代农业发展提供示范样板，推进农业现代化进程。

6.8.2 规划投资

规划重点实施六大工程，总投资218.4亿元。按照多渠道筹集资金的原则，由政府、银行、企业和农户等各种投资主体共同投资建设，其中，政府投资99.0亿元，占总投资的45.3%，包括争取的中央和省级财政投入，州、县（市）及乡镇财政投入；银行、企业和农户等社会资金119.4亿元，占总投资的54.7%。规划投资汇总见表6-20。

表6-20 规划投资汇总 单位：万元

投资项目	总投资	资金来源	
		政府投资	社会资金
农业基础设施与装备提升工程	486 950	327 560	159 390
重点产业培育工程	868 000	227 390	640 610
农业产业化促进工程	329 500	99 600	229 900
农业支撑服务体系建设工程	75 300	61 050	14 250
洱海流域农业面源污染防治工程	309 831	271 913	37 918
现代农业庄园建设工程	114 000	2 500	111 500
合计	2 183 581	990 013	1 193 568

6.8.3 效益分析

1．社会效益

规划实施将大幅改善农业生产条件，提升科技应用水平，转变农业发展方式，全面提升农业劳动力生产率、土地产出率和资源利用率。通过培植高原特色农业产业，产业链有效延伸，农业功能充分拓展，为扶贫开发提供产业支撑，为农民就业和增收提供来源。通过培育专业大户、家庭农场、农民合作社和职业农民，农民组织化和专业化程度将进一步提高，持续增收能力显著增强，农民人均可支配收入年均增长10%，到2020年达到14 000元，达到基本现代化水平。

2．经济效益

通过农业生产提质增效和精深加工、市场物流、品牌信息等发展，农业综合生产能力、抗风险能力和市场竞争力将大幅度提高，产业盈利能力进一步增强。农业产值年均增长 6.4%，到 2020 年达到 500 亿元，达到 420 亿元；高原特色现代农业综合产值达到 1000 亿元。

3．生态效益

规划将农业现代化发展与生态建设、环境保护紧密结合，通过发展休闲农业，大力美化农村环境，将大理打造成国际知名休闲农业与乡村旅游胜地。通过实行测土配方施肥、病虫害统防统治和绿色防控技术，减少农业面源污染。通过以沼气、有机肥为纽带的种养循环模式，以及秸秆还田等技术的推广应用，实现畜禽粪污、农作物秸秆等农村废弃物的无害化处理和资源化利用，提高可持续发展能力。

6.9　体制机制创新

6.9.1　推进多种形式规模经营

积极推进土地流转。加快土地确权颁证，力争到 2017 年全州完成土地确权颁证工作。完善土地流转管理服务体系，建立和完善县市、乡镇、村三级土地流转服务网络，县市建立土地流转服务中心，乡镇设立服务站，村委会设立联络员，在有条件的乡镇成立流转服务中心。规范流转程序，加快制定和推广土地流转标准合同，建立健全土地流转档案管理制度。加大扶持力度，州级财政对规模连片流转承包耕地（签订合同 5 年以上）并进行规模化经营的经营主体给予不同规模的奖补，各县市要尽快制定土地流转的奖励政策，安排专项财政资金补助流转主体，同时对积极推动土地流转的县市、乡镇和村组给予表彰奖励。到 2020 年，土地流转规模占承包地面积 25% 以上。

推进区域经营规模化。利用特色农产品种植基地、畜牧养殖小区和现代农业庄园等规模化平台，打造规模化经营样板。大力推进“一乡一业”“一村一品”建设，推进特色产业向优势区域集中，提高农业的区域规模化水平。积极引导龙头企业流转农户土地，在进行整理后返租倒包给农户，建立规模化、标准化农产品原料基地。

发展新型社会化服务。以多元化服务组织为载体构建新型农业社会化服务体系。鼓励开展一条龙农机作业服务，建设专业化病虫防控队伍，开展土壤统测、肥料统配、统采统供为主的生产资料服务，打造农业公共信息、农产品电子商务、农业资源信息管理等服务平台，推进形成新的统分结合的规模经营。加快培育经营性服务组织，鼓励龙头企业、种养大户、农民合作社为农户提供农资供应、农机作业、技术指导、疫病防治、市场信息、产品营销等有偿服务，政府在市场准入、税费减免、资金支持、人才引进等方面给予扶持。

6.9.2 建立新型生产经营体系

规范壮大农民合作社。将农民合作社发展作为构建新型农业生产经营体系的重要内容加以推进。鼓励专业大户、营销能人等牵头自愿组织农民专业合作社。加大规范化建设力度，加强合作社章程的制定，完善内部各项管理制度，建立健全成员账户，加强核心成员培训，做到依法办社、依章办事。开展示范社创建，围绕设立登记、建章立制、利益联结、统一服务、民主管理等方面，开展示范社评定，重点建设 150 个州级以上农民专业合作社、示范社。促进合作社多元化发展，鼓励合作社从产品合作向产业合作转变，从单一要素合作向多要素合作转变，从生产合作向全产业链合作转变。引导合作社之间的联合，组建包括生产、加工、经营、分配、管理的综合服务型合作联社。加大扶持力度，州、县财政每年安排专项资金用于奖励示范社；认真落实有关合作社税收优惠政策；各类农业项目优先投向符合条件的合作社；金融机构要将合作社作为信贷支持重点，探索组建农民资金互助合作社，增强融资能力；合作社发展所需建设用地，各级国土部门要依法依规优先安排。

大力发展家庭农场和专业大户。加大家庭农场和专业大户扶持力度，鼓励支持各类能人发展规模种养殖、兴办家庭农场，各类农业项目和新增农业补贴重点向其倾斜，实行以奖代补，对带动能力较强的家庭农场、专业大户予以不同程度的奖励。着力培育骨干农民和青年农场主，推动农业经营主体职业化。重点提升种养大户、农民合作社和农村经纪人获取信息、树立品牌、直销配送等方面的经营能力，提高农户议价水平。开展示范家庭农场评定，按照《大理州州级示范家庭农场评定管理暂行办法》，每年评定 20 个州级示范家庭农场，力争到 2020 年州级示范家庭农场超过 100 家。

培育扶持龙头企业。扶持重点龙头企业做大做强，围绕优势特色农产品，通过品牌嫁接、资本运作、产业延伸等方式，着力培育一批产业关联度大、带动能力强的大企业，打造一批市场竞争力强、产品知名度和美誉度高的品牌，重点培育 250 户州级以上农业龙头企业。打造龙头企业集群，以农产品加工园区、农产品物流园区等园区建设为载体，围绕生产、加工、包装、贮运各个环节，加大招商引资力度，广泛吸引国内外大公司、大集团建立生产加工基地，着力推进农业一二三产业融合发展。增强龙头企业带动能力，积极引导龙头企业与合作社、专业大户、家庭农场、农户合作，共建农产品原料基地，创新企业与农户利益联结机制，探索推广收益分成、利润保底等新型合作方式，对带动能力强的龙头企业给予一定的政策、税收优惠。

6.9.3 创新市场营销体系

加强产销紧密衔接。大力发展订单农业，支持龙头企业向订单农户统一提供良种、技术和社会化服务，倡导龙头企业发展利益兜底、利润返还、收益分成、一体化经营等模式，实行农产品原料收购价格与制成品销售价格挂钩联动、价款二次结算等办法，与农户、合作社建立紧密合作关系。推行“农超”“农餐”“农企”对接等产销模式，引导组建农产品经销、直销和配送中心。建立健全农业经济监测和批发市场监测网点，引导以销定产，为专业大户、合作社及时提供市场信息，加强市场导向作用。

构建市场流通网络。加快市场改造升级，以宾川滇西果蔬交易中心、大理滇西中药材批发市场、弥渡滇西蔬菜批发市场、鹤庆辛屯生猪交易市场、巍山滇西大牲畜与畜产品交易市场、漾濞中国核桃城、南涧茶叶交易市场、大理省级特色花卉产业示范园区（批发市场）等大型农产品批发市场为龙头，建设质量检测、冷藏保鲜、加工配送、电子结算、信息追溯等现代化基础设施，打造产地批发市场网络。支持龙头企业、合作社建设具有集中采购、跨区域配送能力的现代化配送中心、销售网点和专卖店，以生产基地、批发市场为载体，配套全程冷链物流，构建稳定的农产品流通体系。壮大流通载体，构建由企业、协会、营销大户、运输队伍、农民经纪人组成的营销网络。

积极发展品牌营销。加强品牌创建。积极打造特色农产品区域公用品牌，引导鼓励龙头企业、合作社注册品牌，对申报省级以上品牌的主体给予一定的奖励，支持龙头企业、合作社通过电视、广播、报纸、网络、微信等多种方式进行品牌宣传和推介。加强产品营销。在北上广深等一线城市设立大理特色农产品展销旗舰店，并逐步向各省会城市拓展，积极组织参加中国国际农产品交易会、农博会、云南农产品北京展示交易会等各类展会。在每年主要农产品收获季节前，通过召开产销洽谈会等拓宽销售渠道，促进加工与流通，重点组织开展推介活动。

6.9.4 打造农业投融资平台

引导金融资本投入。加强银政银企合作，与国家开发银行、农业发展银行、邮政储蓄银行、商业银行、村镇银行等金融机构，进行涉农项目对接。对金融机构涉农贷款增长超过一定比例的部分和金融机构在农村新设营业网点予以奖励；建立信贷风险补偿奖励基金，按照贷款对象信用等级对企业和合作社贷款进行补贴奖励。整合财政支农资金、农村集体建设用地出让受益资金，吸纳农业产业化龙头企业资金入股，组建现代农业发展投资公司，对农业产业化项目提供委托贷款，为农村产权流转提供担保、反担保服务。

发展贷款担保抵押。鼓励企业组建农业担保公司，财政设立风险补偿基金，对农业担保贷款损失或担保费给予补偿。创新信贷担保方式，推行俱乐部会员模式，将财政补贴作为原始金，融纳企业固定资金、合作社股金等作为贷款担保放大基金；发展联保互保贷款，推动各类信用协会发展，聚合龙头企业、合作社、农户个体信用。发展农村产权抵押贷款，总结林权证抵押贷款的成功经验，建立完善农村产权价值评估体系，重点开展农村土地承包经营权、农村房屋、大棚养殖圈舍、活体动物等抵押贷款，促进农村资源资本化转变。

加强农业保险保障。尽快建立和完善政府补助、社会支持、农民参与的农业保险制度。扩大农业保险险种和覆盖面，探索开展经济作物、农作物种子、农业设施、农机具、农房等涉农保险；开展政策性险种试点，针对龙头企业全程易发风险开发集农业保险、财产保险、责任保险、货物运输保险、信用保险等为一体的组合型保险产品。建立农业保险与农村金融挂钩机制，对涉农企业、合作社和农民担保贷款项目实行先保险、后支持；建立农业风险转移分担机制，采用保险公司与政府联办模式，经营风险由政府和保险经办机构共担。各乡镇建设农村保险服务点及协保员队伍，建立有利于农业保险健康发展的服务机制。

6.10 保障措施

6.10.1 加强组织领导

将特色农业建设纳入全州经济和社会发展重要工作议程之中。建立由州主要领导挂帅，涉农各部门主要负责人参加的现代农业建设领导小组，切实发挥领导小组的组织领导和协调管理作用，有关部门要按照职责分工，密切合作，形成政府统一领导、部门齐抓共管、社会广泛参与的工作机制。承担规划任务的各级各部门要切实加强组织领导，落实责任。由现代农业建设领导小组，对各县市、乡镇、各部门特色农业建设工作进行督导，做到各负其责、全力配合。

6.10.2 加强考核评价

加快制订科学合理的绩效考评标准和办法，明确考核标准、确定考核指标、规范考核方法。明确奖励与处罚措施，做到考薪挂钩、考职挂钩，落实现代农业建设责任。建立州、县（市）、乡（镇）三级特色农业建设目标责任制，逐级分解任务，层层签订责任状，严格检查考核。对规划实施进行中期评估和末期评估考核。对任务完成好、建设质量高、效果明显、成绩突出的部门给予表彰奖励；对重视不够、投入不增加、措施不落实、建设质量不达标、示范带动不明显，未完成目标任务的单位及其领导，要通报批评、追究责任。

6.10.3 增加资金投入

增加财政支农投入，按照规划列出的重点建设工程项目，积极开展前期工作，争取中央部委和省级农业建设项目并认真实施。不断加大地方本级财政支农力度，积极推进政府强农惠农资金整合，进一步完善涉农资金管理办法，加强各部门在涉农投资安排、规划编制、项目审核、投资计划编制下达、项目组织实施等环节的沟通和衔接，按照“渠道不变、用途不改、各负其责、各记其功”的原则，把资金向主导产业倾斜。创新财政资金投入机制，采取贷款贴息、以奖代补等方式，发挥财政投入的杠杆作用和乘数效应，吸引社会资金投入，扩大建设资金总量。制定优惠政策，加大招商引资力度，引导鼓励社会资金投入现代农业建设，形成政府企业和农民共同投入的建设合力。采取培育龙头企业、开展招商引资等措施，引导各类企业和投资主体建立生产基地、发展加工物流。采取贷款贴息、投资补助、以奖代补、费用补贴等方式，加大对农民专业合作组织、农业龙头企业和种养殖大户等扶持力度，引导社会力量投资现代农业建设。

6.10.4 加强宣传引导

通过报纸、网络、电视等媒体和发布会、研讨会、论坛等形式，宣传大理州特色农业的战略部署，大力宣传特色农业建设领域的先进典型和成功经验，引导各级政府、社会各方面全面提高对现代农业发展的认识，增强实施规划的内生动力。加强大理州特色农产品品牌的宣传，提高知名度和品牌影响力。

参考文献

埃比尼泽·霍华德，2000．明日的田园城市［M］．北京：商务印刷馆．

安佳，2019．十八大以来中国共产党“三农”政策调整与创新研究［D］．西安：西安理工大学．

岸根卓郎，1990．迈向21世纪的国土规划：城乡融合系统设计［M］．北京：科学出版社．

巴顿K J，1984．城市经济学：理论和政策［M］．上海社会科学院部门经济研究所，城市经济研究院，译．北京：商务印书馆．

北京天则经济研究所《中国土地问题》课题组，2010．土地流转与农业现代化［J］．管理世界，(7)：66-85．

蔡昉，2006．“工业反哺农业、城市支持农村”的经济学分析［J］．中国农村经济，(1)：11-17．

蔡昉，王德文，2005．经济增长成分变化与农民收入源泉［J］．管理世界，(5)：77-83．

蔡键，张岳恒，2012．农业现代化发展的内在动力：工业化与城镇化［J］．福建农林大学学报（哲学社会科学版)，15(2)：38-43．

陈宝兰，王园，2013．安徽省新型城镇化与农业现代化协调发展研究［J］．合肥工业大学学报（社会科学版)，(6)：21-28．

陈传锋，2008．进城农民市民化心理转型［M］．合肥：安徽人民出版社．

陈丰，2007．从“虚城市化”到市民化：农民工城市化的现实路径［J］．社会科学，(2)：111-121．

陈国宏，2019．河南省新型城镇化和农业现代化协调发展研究［J］．安顺学院学报，21（6)：111-115，120．

陈江涛，张巧惠，吕建秋，2018．中国省域农业现代化水平评价及其影响因素的空间计量分析［J］．中国农业资源与区划，39（2)：205-213．

陈克，2020．习近平关于农业现代化的重要论述研究［D］．成都：西华大学．

陈孟平，2001．农业现代化与制度创新［J］．北京社会科学，(3)：55-62．

陈书卿，刁滕，常丹青，2009．统筹城乡发展视角下的重庆市土地资源承载力及农民市民化研究［J］．农业现代化研究，30（5)：547-551．

陈锡文，2002．农民增收需打破制度障碍［J］．产经评论，(11)：4-6．

陈寅雅，2019．乡村振兴与新型城镇化协同推进研究［J］．学理论，(12)：6-8．

陈俞闽，王家清，2011．农村金融服务创新模式探讨［J］．特区经济，(5)：189-190．

陈彧，2012．“粮农”身份及其在农民市民化前后的变动［D］．上海：华东师范大学．

迟清涛，2015．中国农业现代化发展研究［D］．吉林：吉林农业大学．

董晓林，王娟，2004．我国农村地区金融发展与经济增长：内生增长模型分析［J］．南京农业大学学报（社会科学版)，4（4)：44-48．

窦森，2009．城乡统筹发展中金融资源的配置问题［J］．中州学刊，(1)：56-58，98．

窦祥胜，2000．中国农业：市场化、产业化与现代化［J］．中共福建省委党校学报，5：39-42．

杜俊平，赵育凤，2017．我国“五化”协同发展存在问题及对策［J］．河套学院学报，14（1)：4-6，10．

杜乃涛，2008．农村经济问题探索［M］．北京：中国经济出版社．

冯兴元，何梦笔，何广文，2004．试论中国农村金融的多元化：一种局部知识范式视角［J］．中国农村观察，(5)：17-29．

高帆，2002．我国农村中的需求型金融抑制及其解除［J］．中国农村经济，(12)：68-72．

高耿子，2020．从二元分割到城乡融合发展新思路：中国农村经济高质量发展研究［J］．现代经济探讨，(1)：108-116．

高敏，2007．论农业现代化与城市化的协调发展［J］．河南农业，(10)：21-22．

关雪妍，2019．江苏省新型城镇化、农业现代化与旅游产业协调发展研究［D］．南京：南京财经大学．

郭剑雄，2003．城市化与中国农业的现代化［J］．经济问题，(11)：48-50．

郭连强，祝国平，李新光，2020．新时代农村金融的发展环境变化、市场功能修复与政策取向研究［J］．求是学刊，47（2)：66-76，181．

郭庆然，丁翠翠，2017. 中国“三化”协调发展的区域格局及其影响因素研究：基于省际面板数据的实证研究［J］. 河北经贸大学学报，38（1）：101-109.
郭颖，姜启军，吴学军，2019. 工业化、城镇化与现代农业效率分析：基于江苏昆山水产养殖业的实证研究［J］. 复旦学报（自然科学版），58（6）：765-774.
郭震，2013. 河南省“三化”互动关系的实证研究［J］. 河南农业大学学报，47（6）：768-776.
韩俊，2006. 建立和完善社会主义新农村建设的投入保障机制［J］. 宏观经济研究，（3）：13-17.
韩旭东，杨慧莲，王若男，等，2020. 土地规模化经营能否促进农业社会化服务获取：基于全国3类农户样本的实证分析［J］. 农业现代化研究，41（2）：245-254.
何德旭，饶明，2007. 金融排斥性与我国农村金融市场供求失衡［J］. 湖北经济学院学报，5（5）：54-60，70.
何晓红，2005. 论农民工市民化的主要障碍［J］. 前沿，（10）：228-231.
侯捷，1998. 中国城乡建设发展报告［M］. 北京：中国城市出版社.
胡亦琴，2002. 新土地革命：浙江农村土地流转方式调查［J］. 经济理论与经济管理，（2）：67-71.
胡泽勇，2007. 湖北小城镇发展战略中的农民市民化问题［J］. 城市发展研究，14（1）：146-148.
黄鸿星，2020-10-14. 拥抱金融科技　服务农业现代化发展［N］. 中国城乡金融报（B01）.
黄季焜，2000. 中国农业科技投资经济［M］. 北京：中国农业出版社.
黄少安，2003. 制约农民致富的制度分析［J］. 学术月刊，（6）：96-102.
黄涛，2020. 推动重庆农业现代化的农田基础设施技术研究［D］. 重庆：西南大学.
黄勇，谢朝华，2008. 城镇化建设中的金融支持效应分析［J］. 理论探索，（3）：91-93.
黄祖辉，王敏，2002. 农民收入问题：基于结构和制度层面的探析［J］. 中国人口科学，（4）：16-22.
季凯文，武鹏，2008. 农村金融深化与农村经济增长的动态关系：基于中国农村统计数据的时间序列分析［J］. 经济评论，（4）：21-28.
姜作培，2003. 农民市民化：制约因素及突破思路分析［J］. 浙江社会科学，（6）：95-99.
蒋伏心，1995. 体制现代化与中国特色的农业现代化［J］. 江海学刊，5：29-34.
金虎斌，2012. 工业化、城镇化和农业现代化协调发展实证研究：以中原经济区为例［J］. 创新，6（5）：59-63.
荆扬，2019. 新时代中国特色新型城镇化问题研究［D］. 长春：长春理工大学.
柯福艳，2011. 统筹城乡背景下城镇化与农业现代化互促共进长效机制研究［J］. 农村经济，（5）：36-39.
李辉，刘春艳，2007. 东北地区土地资源承载力与农民市民化问题研究［J］. 吉林大学社会科学学报，（2）：121-127.
李建兴，2006. 主体性因素与农民的市民化：关于农民市民化的调研［J］. 成都理工大学学报（社会科学版），14（2）：23-27.
李庆志，马艳丽，2006. 农民市民化的实现模式探析［J］. 特区经济，（9）：158-160.
李锐，朱喜，2007. 农户金融抑制及其福利损失的计量分析［J］. 经济研究，（2）：146-155.
李生校，娄钰华，2004. 失地农民市民化的制约因素分析及其对策研究［J］. 农村经济，（9）：26-29.
李喜梅，2007. 我国农村金融发展与经济增长关系的分形分析［J］. 农业技术经济，（4）：95-95
梁树广，2013. 工业化、城镇化和农业现代化互动关系的实证研究［J］. 经济论坛，（11）：156-162.
梁亚楠，2020. 新型城镇化背景下解决“三农”问题的途径研究［J］. 山西农经，（19）：15-16.
廖凤华，2010. 对绵阳城镇化建设中金融支持问题的探讨［J］. 西南金融，（9）：55-58.
刘传江，周玲，2004. 社会资本与农民工的城市融合［J］. 人口研究，28（5）：12-18.
刘奇，2013. 都市农业：农业现代化的先头劲旅［J］. 中国发展观察，（6）：37-40.
刘启明，2002. 关于辽宁省农村土地使用权流转情况的调查报告［J］. 农业经济，（1）：9-12.
刘易斯·芒福德，2005. 城市发展史：起源、演变和前景［M］. 北京：中国建筑工业出版社.
刘玉，2007. 农业现代化与城镇化协调发展研究［J］. 城市发展研究，14（6）：37-40.
卢巧玲，2005. 从“民工荒”现象看农民市民化［J］. 农村经济，（6）：120-123.
路小昆，2009. 徘徊在城市边缘：城郊农民市民化问题研究［J］. 成都：四川人民出版社.
马克思，恩格斯，1995. 马克思恩格斯全集［M］. 北京：北京人民出版社.
马晓河，崔红志，2002. 建立土地流转制度，促进区域农业生产规模化经营［J］. 管理世界，（11）：63-77.
马兴彬，2013. 我国农村城镇化进程中土地流转问题研究［D］. 哈尔滨：哈尔滨工业大学.
马远，龚新蜀，2010. 城镇化、农业现代化与产业结构调整：基于VAR模型的计量分析［J］. 开发研究，150（5）：88-91.

马忠悦，2020．习近平的“三农”观研究［D］．泰安：山东农业大学．
毛智勇，李志萌，杨志诚，2013．我国工业化、城镇化、农业现代化协调度测评及比较［J］．江西社会科学，（7）：45-50．
潘团，汪增洋，商玉萍，2017．农业现代化、城镇化与农民增收问题的实证研究：以中部6省为例［J］．城市学刊，38（1）：24-28．
彭维，2020．新型城镇化背景下耕地集约节约利用［D］．南昌：南昌大学．
钱丽，陈忠卫，肖仁桥，2012．中国区域工业化、城镇化与农业现代化耦合协调度及其影响因素研究［J］．经济问题探索，（11）：10-17．
钱忠好，2008．非农就业是否必然导致农地流转：基于家庭内部分工的理论分析及其对中国农户兼业化的解释［J］．中国农村经济，（10）：13-21．
乔海曙，2001．农村经济发展中的金融约束及解除［J］．农业经济问题，（3）：19-23．
裘涵，等，2004．农民市民化的现实困境及其突破：对宁波市北仑区城市化进程中农民市民化问题的分析［J］．农村经济，（3）：84-86．
冉光和，张金鑫，2008．农村金融发展与农村经济增长的实证研究：以山东为例［J］．农业经济问题，29（6）：47-51．
桑军帅，禚彦辰，2020．经济新常态下农业产业化的金融支持研究［J］．商场现代化，（1）：140-141．
尚欣，2012．吉林省2001—2010年农村城镇化和农业现代化协调分析［J］．长春理工大学学报（社会科学版），25（5）：67-69．
史静静，2019．我国农业现代化与新型城镇化互动关系的实证研究［D］．南京：中共江苏省委党校．
舒凯彤，2019．中国农村金融发展的模式与路径选择［D］．长春：吉林大学．
斯密，2002．国民财富的性质和原因的研究［M］．北京：商务印书馆．
宋瑾泽，2020．吉林省新型城镇化与农业现代化协调发展研究［D］．长春：吉林大学．
孙继辉，2004．增加农民收入的新思路［J］．管理世界，（4）：141-141．
田珍，秦兴方，2010．农民市民化的路径选择与逻辑次序：基于农民群体分化的视角［J］．农村经济，（6）：79-83．
王贝，2011．中国工业化、城镇化和农业现代化关系实证研究［J］．城市问题，9：21-25．
王博莹，2019．农村金融发展问题分析与解决途径探讨［J］．营销界，（32）：224-225．
王成豪，2019．农村发展的顶层设计研究［D］．石家庄：河北师范大学．
王利民，傅金戈，刘玉洋，等，1999．农业现代化的条件与选择：潍坊市农业现代化理论研讨会综述［J］．中国农村经济，（6）：72-74．
王莉叶，2020．1992—2017年中国农业生态效率和农业现代化的时空耦合研究［D］．兰州：兰州大学．
王梦丹，2019．中国新型城镇化发展水平及影响因素分析［D］．沈阳：辽宁大学．
王维国，1995．论国民经济协调系数体系的建立［J］．统计研究，12（4）：66-68．
王喜明，2007．论城镇化与农业现代化的协调发展［J］．理论导刊，（4）：73-75．
王也，2018．安徽省新型城镇化和农业现代化协调发展水平评估［D］．合肥：安徽建筑大学．
王莹，徐璋勇，2008．我国农村金融发展与经济增长关系的实证分析［J］．内蒙古农业大学学报（社会科学版），10（4）：52-55．
王正中，2006．“民工荒”现象与新生代农民工的理性选择［J］．理论学刊，（9）：75-76．
温涛，2005．中国农村金融风险生成机制与控制模式研究［D］．重庆：西南农业大学．
温铁军，2000．中国农村基本经济制度研究［M］．北京：中国经济出版社．
文军，2004．农民市民化：从农民到市民的角色转型［J］．华东师范大学学报（哲学社会科学版），36（3）：55-61．
闻忠旗，2020．安徽省小农户和现代农业发展有机衔接研究［D］．舟山：浙江海洋大学．
吴亚辉，2019．中国农业现代化的金融支持路径探索：基于乡村振兴视角［J］．农村经济与科技，30（16）：65-66．
吴振明，2012．工业化、城镇化、农业现代化进程协调状态测度研究：以中国西部地区为例［J］．统计与信息论坛，27（7）：101-105．
西奥多·W.舒尔茨，1987．改造传统农业［M］．北京：商务印书馆．
夏显力，郝晶辉，2013．陕西省工业化、城镇化与农业现代化互动关系的实证研究［J］．华中农业大学学报（社会科学版），（1）：19-24．
辛爱云，2010．关于完善我国农村金融服务体系的探讨［J］．特区经济，（8）：184-185．
行怀勇，2008．发展社区银行推动农村金融［J］．科技经济市场，（4）：40-41．

徐大伟，段姗姗，刘春燕，2012．“三化”同步发展的内在机制与互动关系研究：基于协同学和机制设计理论［J］．农业经济问题，(2)：10-15，112．

徐旭，蒋文华，2002．我国农村土地流转的动因分析［J］．管理世界，(9)：144-145．

徐元明，2004．失地农民市民化的障碍与对策［J］．现代经济探讨，(11)：20-23．

亚当·斯密，郭大力，王亚南，1972．国民财富的性质和原因的研究：上卷［M］．北京：商务印书馆．

杨礼琼，2008．社会保障权获取意愿、诉求与进城农民市民化［J］．广东技术师范学院学报，(5)：62-65．

杨群，2013．土地流转：实现城镇化与农业现代化协调发展［J］．学术交流，(2)：96-99．

杨茹茹，2019．新时代中国特色社会主义乡村振兴战略研究［D］．大庆：东北石油大学．

杨巍，杨绍安，2005．农民市民化的内部视角：其制约因素及对策分析［J］．现代经济探讨，(9)：45-48．

姚耀军，2004．中国农村金融发展与经济增长关系的实证分析［J］．经济科学，(5)：24-31．

叶兴庆，1998．农业生产结构：变化过程与政策启示［J］．中国农村经济，(6)：9-16．

应巧艳，2010．基于社会稳定角度分析城中村失地农民的市民化：以台州市黄岩区柔桥村为例［J］．特区经济，(3)：185-187．

喻金田，娄钰华，李会涛，2014．中部地区“三化”协调发展评价模型构建及其分析：基于农业现代化、工业化和城镇化的考察［J］．企业经济，(2)：165-168．

袁俊现，2007．我国农村金融体制改革问题研究［J］．枣庄学院学报，24(1)：58-60．

约翰·海因里希·杜能，1986．孤立国同农业和国民经济的关系［M］．北京：商务印刷馆．

占纪文，2011．福建省城镇化发展、农业现代化与农民收入增长关系的动态计量经济分析［J］．中国农学通报，27(30)：307-312．

张爱云，2003．关于推进农村土地使用权流转的思考［J］．学习论坛，(7)：12-15．

张俊飚，颜廷武，2019．中国农业经济管理学科发展70年：回顾与展望［J］．华中农业大学学报（社会科学版），(5)：1-11，164．

张培丽，2018．2017年“三农”问题研究新进展［J］．学习论坛，(12)：44-53．

张强，余桂荣，2009．加快农村现代金融制度建设的思考［J］．郑州航空工业管理学院学报，27(1)：1-5．

张世友，2004．三峡库区城镇化进程中农民市民化的角色障碍及其调适策略［J］．农村经济，(12)：85-87．

张宇婷，2019．山东省农业现代化与新型城镇化耦合协调性研究［D］．泰安：山东农业大学．

张正斌，2008．宁夏金融发展与城镇化关系的实证研究［J］．宁夏师范学院学报，29(3)：85-87．

郑长德，2007．中国的金融中介发展与城镇化关系的实证研究［J］．广东社会科学，(3)：7．

钟真，胡珺祎，曹世祥，2020．土地流转与社会化服务：“路线竞争”还是“相得益彰”：基于山东临沂12个村的案例分析［J/OL］．中国农村经济，(10)：52-70［2020-11-16］．http://kns.cnki.net/kcms/detail/11.1262.F.20201102.0828.008.html．

周琳琳，2017．新型城镇化背景下解决三农问题的途径研究［J］．农业经济，(1)：18-20．

周战强，乔志敏，2012．工业化、城镇化与农业现代化［J］．城市发展研究，19(10)：12-15．

朱伟真，2020．基于空间计量的农村金融发展对农业现代化影响研究［D］．哈尔滨：哈尔滨商业大学．

BLOOM D E, CANNING D, FINK G, 2008. Urbanization and the wealth of nations [J]. Science, 319 (5864): 772-775.

HARRIS J R, TODARO M P, 1970. Migration unemployment and development: a two-sector analysis [J]. American Economic Review, 60 (1): 126-142.

LEWIS, W A, 1954. Economic development with unlimited supplies of labour [J]. The Manchester School of Economic and Social Studies, 22 (2): 139-191.

MELLOR J W, 1966. Production problems and issues in agricultural development [J]. Journal of Farm Economics, 48 (5): 1195-1202.

RANIS G, FEI J C H, 1969. A theory of economic development [J]. American Economic Review, 51 (4): 533-565.

TODARO M P, 1969. A model of labor migration and urban unemployment in less developed countries [J]. American Economic Review, 59 (1): 138-48.

TODARO M P, 1977. Economic development in the Third World [M]. London: Longman.